AF590028

LES GUERRES DE LA RÉVOLUTION

(PREMIÈRE SÉRIE)

LA PREMIÈRE

INVASION PRUSSIENNE

VERSAILLES

CERF ET FILS, IMPRIMEURS

59, RUE DUPLESSIS, 59

LES GUERRES DE LA RÉVOLUTION
(PREMIÈRE SÉRIE)

LA PREMIÈRE INVASION PRUSSIENNE

(11 AOUT — 2 SEPTEMBRE 1792)

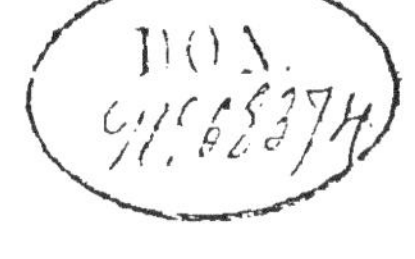

PAR

ARTHUR CHUQUET

Ouvrage couronné par l'Académie française

TROISIÈME ÉDITION

PARIS

LIBRAIRIE LÉOPOLD CERF

13, RUE DE MÉDICIS, 13

PRÉFACE

La première des guerres de la Révolution, celle qu'on nomme d'ordinaire la campagne de l'Argonne, est une des moins connues. Elle a quelque chose d'archaïque et de légendaire. Les historiens l'ont esquissée à grands traits, et la rapidité de leur récit égale celle de la campagne. Et pourtant que de particularités curieuses il reste encore à apprendre sur cette invasion prussienne qui déchaîna la Révolution française et la précipita sur l'Europe! Tous ces événements, disait Dumouriez, se sont passés en moins de six semaines et tiennent du merveilleux. N'est-il pas temps d'expliquer ce merveilleux, de l'analyser minutieusement, de le discuter — le merveilleux, écrit Voltaire, disparaît dès qu'on le discute — et, par exemple, de montrer ce que valait l'armée royale qui devenait l'armée de la Révolution, et ce qu'était en réalité cette armée prussienne qui passait pour la première du monde?

On a voulu, dans le présent ouvrage, mettre en pleine lumière cette singulière et dramatique campagne. Les documents abondaient ; ils étaient de deux sortes : non seulement les documents inédits, mais les documents imprimés qu'on est trop porté de nos jours à négliger et qui, lorsqu'on prend la peine de les chercher et de les lire, en disent souvent plus que les archives.

On a consulté, parmi les documents inédits, la correspondance des généraux et du ministre au dépôt de la guerre[1], les dossiers des capitulations de Longwy et de Verdun et les papiers du général Galbaud aux archives nationales et à la bibliothèque de Verdun ; parmi les documents imprimés, les ouvrages de Häusser, de MM. de Sybel et de Ranke, les articles de M. Sorel, les mémoires authentiques des contemporains, de Dumouriez, de Caraman et des autres émigrés, le *Moniteur* et les autres gazettes de l'époque, les journaux des officiers prussiens, comme Minutoli, Strantz, Valentini, le travail de l'Autrichien Gebler, le livre de Ditfurth sur l'armée hessoise pendant la Révolution, le récit de Gœthe et de l'officier anonyme qu'on nomme le témoin oculaire, l'autobiographie du soldat Laukhard, les *Réminiscences* du prince royal de Prusse, les souvenirs de l'Anglais Money, la *Minerva* d'Archenholz, la consciencieuse histoire de Sainte-Menehould de Buirette, le *Compte-rendu* d'Arthur Dillon, les *Observations* de Galbaud, l'extrait des *Mémoires* de Nassau-Siegen publiés par M. Feuillet de Conches, la correspondance de Fersen et celle du

[1] J'adresse ici tous mes remerciements à MM. Huguenin, Félix Brun et Martinien.

commissaire des guerres Brémont, les lettres du secrétaire royal Lombard, traduites récemment par M. Hüffer dans la *Deutsche Revue*, etc.

En s'aidant de ces documents, l'auteur de ce volume a tenté de se faire le contemporain des combattants de 1792, de vivre au milieu d'eux et dans leurs camps, de se pénétrer de leurs idées et de leurs sentiments, de voir les événements comme les uns et les autres les ont vus. Il a suivi jour par jour et, pour ainsi dire, pas à pas, l'invasion prussienne et la défense française. Il a retracé les moindres incidents de l'expédition. On lui reprochera peut-être de tomber dans la minutie, de s'appesantir sur des riens, de trop viser à la précision. Mais la vérité historique est à ce prix. On ne peut connaître une époque et la faire revivre qu'en s'attachant à être complet. Trop d'historiens s'en tiennent à la surface des choses; ils omettent les petits combats qui préparent la victoire et s'ils racontent une campagne, ils ne parlent que du général en chef, sans dire un mot des instruments dont il disposait, de ses lieutenants et de ses soldats. Mais ne peut on donner à tous les acteurs leur place et leur coin, à condition de laisser à chacun son importance? Ne peut-on prodiguer les détails, pourvu qu'ils soient expressifs, *significants* et que leur grand nombre ne nuise pas à la clarté de l'ensemble?

Un mot encore sur ce volume. Avant d'entamer le récit de l'invasion, on a cru nécessaire d'exposer avec brièveté les événements non militaires qui précèdent et suivent la déclaration de guerre du 20 avril 1792.

Ce chapitre est suivi d'un tableau de l'armée française ; le lecteur y trouvera, entre autres choses, une solution nouvelle de la question tant débattue des volontaires. Enfin, les pages consacrées à l'armée prussienne, aux émigrés, aux redditions du 23 août et du 2 septembre, au suicide de Beaurepaire, aux dispositions des populations de la Lorraine prouveront que l'auteur s'est efforcé de rester équitable, qu'il n'a pas fait une œuvre de parti, qu'il juge les événements et les hommes dans un esprit impartial et indépendant.

CHAPITRE Ier

LA DÉCLARATION DE GUERRE

I. Sentiments de l'Autriche. — Répugnance de Léopold et de Kaunitz à la guerre. — Démarches de Louis XVI et de Marie-Antoinette. — Fersen. — Breteuil. — Le congrès armé. — II. Choc inévitable. — Déclarations de Padoue et de Pillnitz. — Lettres de Kaunitz et de Mercy. — Irritation de la France contre l'Autriche. — La Gironde. — L'affaire des princes de l'Empire possessionnés en Alsace. — Les émigrés. — Échange de notes. — Chute de Delessart. — Dumouriez. — Réponse de Kaunitz. — Hostilité évidente de l'Autriche. — Mission de Goguelat. — Déclaration de guerre. — III. Négociations de Dumouriez avec la Prusse. — François de Custine. — Heymann et Benoît. — Sentiments de Frédéric-Guillaume. — IV. Les événements en France jusqu'à la journée du 10 août ou de la Saint-Laurent.

I. La Prusse et l'Autriche, dont les armées envahirent le territoire français au mois d'août 1792, virent sans colère les débuts de la Révolution. Elles ne mesuraient pas encore la puissance de ce grand mouvement qu'elles regardaient comme une crise éphémère et locale. Elles croyaient même que la Révolution affaiblirait la France et la priverait désormais de « l'influence que la nature avait destinée à l'État le mieux situé et relativement le plus grand de l'Europe[1] ».

Vainement les comtes de Provence et d'Artois, les émigrés et tous ceux qui prétendaient former, sur les

[1] Vivenot, *Quellen zur Geschichte der deutschen Kaiserpolitik Oesterreichs*, 1873. I. 187 (Kaunitz à Cobenzl, 8 juillet 1791). Cp. Calonne, *Tableau de l'Europe*, 1796, p. 6.

bords du Rhin, à Coblenz et à Worms, la *France extérieure*, se vantaient de rentrer prochainement dans leur patrie avec l'appui des armées étrangères. Ni le roi de Prusse, Frédéric-Guillaume II, ni surtout l'empereur d'Allemagne, Léopold II, ne voulaient d'abord intervenir par la force ouverte.

L'Autriche, épuisée d'hommes et d'argent par la guerre contre les Turcs, n'avait pas envie de se jeter dans de nouvelles luttes pour rendre à Louis XVI ses anciennes prérogatives. Lorsque Léopold et Frédéric-Guillaume se virent à Pillnitz pour signer un traité d'alliance, ils ne résolurent pas, comme on le crut alors et comme on l'a répété depuis, l'invasion de la France. Ils n'invitèrent même pas le comte d'Artois à cette conférence. Ce fut d'Artois qui se rendit à Pillnitz, de son propre mouvement, et les deux monarques se bornèrent à déclarer que la situation de Louis XVI intéressait tous les souverains, qu'ils emploieraient les moyens les plus efficaces pour affermir son autorité, mais seulement *dans le cas* où les autres puissances de l'Europe se joindraient à eux. Deux jours plus tard, l'impatient d'Artois priait l'empereur d'ajouter les effets aux paroles et de mettre ses troupes en mouvement; Léopold l'engagea rudement à se tenir coi; *ibunt quo poterunt*, disait Kaunitz; l'Autriche ne voulait rien entreprendre sans le concours du reste de l'Europe. Ses dispositions, rapporte le marquis de Bouillé, étaient très éloignées de la guerre; le maréchal de Lacy me répétait qu'on ne devait pas la faire légèrement contre la France dont les ressources étaient immenses et les frontières impénétrables, que les conséquences de cette guerre pouvaient être dangereuses pour l'Empereur et pour l'Empire; c'était le sentiment de tous les ministres[1].

Lorsque Louis XVI accepta la Constitution de 1791, Léopold le félicita sincèrement, et Kaunitz assura que le roi de France « ce bon homme de roi » tirait l'Europe

[1] Vivenot, *Quellen*, I, 234, 242, 243 ; Bouillé, *Mém.*, édit. Barrière, 1859, p. 299. « Je ne vois point, écrivait Marie-Antoinette à Fersen, *surtout par la déclaration de Pillnitz*, que les secours étrangers soient si prompts. » Cette déclaration est du 27 août 1791.

d'un mauvais pas. Le vieux diplomate trouvait, il est vrai, la nouvelle Constitution bien métaphysique; il se doutait qu'elle n'aurait pas la vie longue; mais, après tout, Louis XVI ne s'en plaignait pas; dès qu'il était content, tout le monde devait l'être, et, si la constitution avait ses inconvénients, le « relâchement des ressorts internes de cette formidable monarchie détournerait à l'avenir son énergie des entreprises étrangères [1] ».

Mais Louis XVI et Marie-Antoinette appelèrent bientôt l'Europe à leur aide. Leurs agents étaient le comte de Fersen et le baron de Breteuil; le roi et moi, disait Marie-Antoinette, leur donnons toute confiance, ils connaissent parfaitement nos intentions et notre position [2]. Fersen avait alors trente-six ans; c'était un grand seigneur suédois, fils du Fersen qui dirigeait le parti politique des *chapeaux*. Il avait été, dans la guerre de l'indépendance américaine, aide de camp de Rochambeau, et fut, jusqu'à la fin de 1790, colonel-propriétaire du régiment de Royal-Suédois. Beau, froid, réservé, plus judicieux que spirituel, sans assurance et sans entrain, c'était, dit le duc de Lévis, un héros de roman, mais non d'un roman français. Il plut à Marie-Antoinette. Gustave III, roi de Suède, l'avait chargé de rester auprès de Louis XVI pour faciliter la correspondance des deux souverains : Fersen devint le conseiller intime du ménage royal, il prépara l'évasion du 20 juin 1791 et mena les fugitifs jusqu'à Bondy. Ce fut lui qui servit d'intermédiaire entre Marie-Antoinette et les cours de l'Europe; il recevait les lettres des Tuileries, tantôt cousues dans la doublure d'un vêtement ou d'un chapeau, tantôt cachées dans un paquet de thé ou de chocolat, ou dans une boite de biscottes. Personne ne déploya, pour le salut de la famille royale, un dévouement plus chevaleresque et plus fécond en ressources. Le baron de Breteuil, ou, comme on l'appelait tout simplement dans le monde de l'émigration, *le baron*, admis en 1759 au *secret du roi*, ministre de France à Saint-Pétersbourg, puis ambassadeur

[1] Vivenot, *Quellen*, I, 259, 275, 284.
[2] Arneth, *Marie-Antoinette, Joseph II und Leopold II, ihr Briefwechsel*, 1866, p. 257 (lettre à Mercy, 2 mars 1792).

à Naples, à La Haye et à Vienne, successeur d'Amelot (8 octobre 1783), chef du conseil des finances (11 juillet 1789), avait émigré en Suisse après la prise de la Bastille et le rappel de Necker. Mais il n'avait cessé de correspondre avec la cour; il conseillait à Louis XVI, avant les journées d'octobre, de se rendre à Metz au milieu des troupes commandées par Bouillé. Le 26 novembre 1790, par une lettre autographe, le roi lui « confia les intérêts de sa couronne » et lui donna plein pouvoir pour traiter avec les puissances étrangères; Breteuil ferait de cette autorisation l'usage qui lui plairait; Louis XVI approuvait à l'avance tous ses actes. Breteuil ménagea, de concert avec Fersen, la fuite de la famille royale, qu'il attendait sur les frontières du Luxembourg. Le coup manqué, il s'établit à Bruxelles, près de Fersen et de Mercy-Argenteau, l'ancien mentor de Marie-Antoinette; il négociait de tous côtés; il avait sa diplomatie; il envoyait le marquis de Bombelles à Saint-Pétersbourg, le vicomte de Caraman à Berlin; en octobre 1791, il faisait dire à la reine, par le chevalier de Coigny, que l'Espagne et la Russie « étaient très bien[1] ».

La reine et le roi ne voulaient pas d'abord appeler en France les armées étrangères. C'est par la voie des négociations seule, disait Marie-Antoinette, que le secours des puissances pourrait être utile, et dès le mois de juillet 1791, avant que Louis XVI eût accepté la Constitution, elle demandait à son frère Léopold la convocation d'un congrès armé qui pût « en imposer aux factieux et fournir les moyens de parler et d'agir[2] ». Ce plan était celui de Fersen et de Breteuil. Les puissances auraient rappelé leurs ambassadeurs qui se seraient réunis soit à Cologne, soit à Aix-la-Chapelle, pendant que des forces considérables, venues de tous les côtés, auraient été rassemblées sur les frontières de France. Ce congrès engagerait l'empereur d'Allemagne toujours hésitant et le mènerait plus loin qu'il ne le voulait; il contiendrait la folle ardeur des émigrés qui menaçaient

[1] *Le comte de Fersen et la cour de France*, p. p. Klinckowström, 1878, I, 195.
[2] *Fersen*, I, 147 et 240.

d'agir avec leurs propres forces et projetaient un coup de main sur Strasbourg ; il frapperait de terreur le parti populaire. Louis XVI s'efforçait alors de gagner la confiance ; il écrivait publiquement à ses frères pour blâmer l'émigration ; et faisait exécuter littéralement la Constitution qu'il avait sanctionnée. La nation, effrayée par le langage ferme et uniforme de toute l'Europe qu'appuierait une armée formidable, se jetterait dans les bras de son roi et le supplierait d'intervenir comme médiateur ; il sortirait de Paris, il gagnerait librement la frontière, il se rendrait même au congrès pour être, disait Marie-Antoinette, en quelque sorte chargé des intérêts du pays [1].

Sur les conseils de Breteuil et de l'infatigable Fersen, le roi et la reine écrivirent de tous côtés, à l'Autriche, à la Prusse, à la Russie, à l'Espagne, à la Suède pour demander la formation du congrès armé. Un long mémoire de Fersen avait fourni le canevas des lettres particulières qu'il fallait envoyer aux divers souverains. Marie-Antoinette rédigea la lettre à Léopold. Notre sort, disait-elle, va être entièrement entre les mains de l'empereur ; de lui va dépendre notre existence future; j'espère qu'il se montrera mon frère et le véritable ami et allié du roi. C'est dans ce moment, ajoutait-elle, que le congrès armé pourrait encore être de la plus grande utilité. Nous ne voulons ni ne pouvons tenir à une Constitution qui fait le malheur et la perte de tout le royaume; nous désirons arriver à un ordre de choses supportable qui ne peut s'établir sans le secours imposant des autres puissances [2].

De son côté, Louis XVI écrivit au roi de Prusse. Les factieux, mandait-il à Frédéric-Guillaume le 3 décembre 1791, montrent ouvertement le projet de détruire entièrement les restes de la monarchie; un congrès des principales puissances de l'Europe, appuyé d'une force armée, était le meilleur moyen d'arrêter ces factieux, de rétablir un ordre de choses plus désirable et d'empêcher

[1] Corresp. de Fersen et mémoire du 26 novembre 1791 ; cp. l'extrait du Mémoire de Louis XVI, I, 231.
[2] Vivenot, *Quellen*, I, 330-335.

que le mal qui travaillait la France pût gagner les autres états de l'Europe[1].

La plupart des puissances consentirent à la formation du congrès armé. Frédéric-Guillaume répondait, il est vrai, à Louis XVI, que l'arrangement de ce congrès éprouverait des lenteurs et des difficultés, et qu'il sollicitait une juste indemnisation des frais que lui coûterait le rassemblement de ses troupes. Mais Breteuil répondit, sur-le-champ, au nom du roi, que toutes les dépenses de la Prusse seraient remboursées exactement et à échéances fixes. Il donna la même assurance à la cour de Vienne[2].

II. L'Autriche croyait encore éviter la guerre; cette guerre, disait Kaunitz, serait ruineuse et entraînerait des risques et d'incalculables dépenses; l'empereur et le roi de Prusse, ajoutait-il, sont d'avis que c'est par la négociation, accompagnée de quelque démonstration propre à en imposer, qu'on pourrait établir, entre Louis XVI et la nation française, une Constitution supportable pour la dignité royale, et plus ou moins satisfaisante pour tous les ordres de l'État[3].

Mais la lutte à laquelle l'Autriche essayait de se soustraire devait éclater tôt ou tard. La France de 1789 et l'Europe monarchique et féodale ne pouvaient vivre longtemps d'accord. Un choc était inévitable entre les vieux gouvernements et cette Révolution qui proclamait la souveraineté du peuple et menaçait tous les pouvoirs établis. Selon le mot d'Isnard, il fallait en venir à un dénouement, et la voie des armes était la seule qui restait[4].

Malgré ses protestations pacifiques, l'Autriche avait fini par redouter la contagion des idées révolutionnaires et du *mal français*. L'arrestation de Louis XVI à Varennes avait profondément ému Léopold. Il dénonça cet attentat « inouï » à toute l'Europe et revendiqua, par la déclaration de Padoue (6 juillet 1791), l'inviolabilité de la personne royale. Les souverains, disait l'empereur, se

[1] Flammermont, *Négoc. secrètes de Louis XVI et du baron de Breteuil avec la cour de Berlin*, 1885, p. 9-10.
[2] *Id.*, p. 12 et suiv.
[3] Vivenot, *Quellen*, I, 343 (24 janvier 1792).
[4] Discours du 19 novembre 1791.

réuniraient pour venger avec éclat le roi de France outragé, mettre des bornes aux extrémités dangereuses de la Révolution et « faire cesser le scandale d'une usurpation de pouvoir qui porterait les caractères d'une révolte ouverte et dont il importerait à tous les gouvernements de réprimer le funeste exemple[1] » La déclaration de Pillnitz, malgré sa clause évasive, exprimait les mêmes craintes et faisait les mêmes menaces L'empereur et le roi de Prusse avaient dit hautement que la situation de Louis XVI était un objet d'un intérêt commun à tous les souverains de l'Europe, et annoncé qu' « ils donneraient à leurs troupes les ordres convenables pour qu'elles fussent à portée de se mettre en activité ». C'était, avouait Mercy, confirmer, réaliser presque les menaces d'une croisade, d'une guerre de parti contre l'indépendance de la nation française. C'était, reconnaît un historien allemand, faire germer en France la crainte d'une contre-révolution armée, et ce germe devait, à l'heure décisive, se développer avec une force et une rapidité qui trompèrent les calculs des souverains[2]. Kaunitz lui-même ne cessait pas d'entretenir les cours de cette Révolution française, qui menaçait de saper les fondements de tous les États et propagerait partout l'insubordination et la révolte ; il montrait les progrès incessants que faisait le parti républicain ; il flétrissait ses menées de séduction, ses manœuvres audacieuses et criminelles, ses principes funestes au repos et à la tranquillité des nations ; il représentait qu il fallait faire tous ses efforts pour maintenir en France le gouvernement monarchique, le seul durable, le seul que l'expérience des siècles eût consacré[3]. Mercy écrivait que les idées révolutionnaires répandaient le fanatisme dans le peuple et promettaient la terre aux pauvres, comme le christianisme leur promettait le ciel ; que les droits de l'homme devenaient l'évangile commun à tous les peuples, et que tout gou-

[1] Vivenot, *Quellen*, I, 185-186, lettre de Léopold aux souverains et projet de déclaration commune.

[2] *Corresp. entre Mirabeau et La Marck*, 1851, III, 349 (lettre du 3 octobre 1792) ; Häusser, *Deutsche Geschichte*, 4e édit., 1869, I, 320.

[3] Toutes ces expressions sont de Kaunitz (Vivenot, *Quellen*, I, 208, 211, 213-216, circulaire et mémoire de juillet 1791).

vernement était désormais impossible; que le voisinage *empesté* des Français était la seule cause des obstacles que rencontraient les gouverneurs généraux des Pays-Bas autrichiens [1].

D'autre part, la France regardait depuis longtemps l'Autriche comme son adversaire naturel et comme une sorte d'ennemi héréditaire. L'alliance des deux cours, de Versailles et de Vienne, si vacillante qu'elle fût, subsistait encore. Mais le public la condamnait; il regardait l'Autriche, selon le mot de Bernis, comme la sangsue de l'État; il l'accusait de tenir la France dans une dépendance absolue et une complète vassalité; il imputait au *système* de 1756 les désastres de la guerre de Sept-Ans, les échecs de la diplomatie, le partage de la Pologne, les revers de la Turquie, l'écrasement du parti républicain en Hollande; il détestait en Marie-Antoinette non seulement la princesse légère et frivole, mais l'*Autrichienne*, la fille de Marie-Thérèse et la sœur de Léopold. Partout, dans les salons, dans les cercles du temps, même à la cour, on répétait que l'Autriche était la seule puissance ambitieuse, la seule qui menaçait l'Europe, la seule qui causait les malheurs et l'humiliation de la France. On était persuadé que, si le pays changeait son système d'alliance, il reprendrait dans le monde le rang qu'il y tenait sous le règne de Louis XIV. Lorsque parut la première édition des mémoires de Favier et du comte de Broglie, trouvés dans les papiers de Louis XVI, on l'accueillit avec transport et son succès fut prodigieux; ils attribuaient l'abaissement de la France au traité du 1er mars 1756; ils flattaient, dit Ségur, la haine de l'Autriche qui était alors la passion dominante [2].

Aussi la Gironde, qui dominait l'Assemblée législative, soutenait-elle avec ardeur la guerre contre l'Autriche. Elle la voulait à tout prix. Elle comptait d'ailleurs, en la provoquant, renverser la Constitution et se saisir du pouvoir. Elle savait qu'elle déchainerait la tempête,

[1] Vivenot, *Quellen*, I, 331-332.

[2] *Politique des cabinets de l'Europe*, 1824, I, préface, p. XIX et XXIV; Favier, dit encore Ségur (II, 152), ne voit que l'Autriche à craindre, c'est un fantôme qui l'oppresse et trouble son jugement. Cp. les *Mémoires ou souvenirs* du même, 1826, II, 83-84.

mais cette tempête emporterait la royauté. Elle se croyait sûre de la victoire ; elle avait confiance dans la force de la Révolution ; elle disait à l'avance que les peuples vaincraient les rois et que la liberté triompherait de la tyrannie. L'étendard de la liberté, s'écriait le fougueux Isnard, est celui de la victoire, et le moment où le peuple s'enflamme pour elle, celui des sacrifices de toutes les espèces, de l'abandon de tous les intérêts, et de l'explosion redoutable de l'enthousiasme guerrier.

La Gironde fit déclarer la guerre à l'Autriche. Mais la France, comme l'ont dit les écrivains allemands, avait-elle les premiers torts, et l'Autriche fit-elle tout ce qu'il fallait faire pour conserver la paix? Les notes de Kaunitz ne furent-elles pas provocantes et comme rédigées exprès pour surexciter violemment l'opinion de la France et blesser son orgueil[1]? Il fallait, disait l'ambassadeur Noailles, éviter toute observation qui tendrait à censurer notre administration intérieure ; mais j'ai vainement répété que de semblables critiques, tout au plus permises dans des entretiens particuliers, lorsqu'elles étaient consignées dans des écrits ministériels, devenaient les offenses les plus sensibles à l'honneur d'une nation.

L'Assemblée constituante avait aboli les droits féodaux des princes de l'empire possessionnés en Alsace. Léopold, au nom du corps germanique dont il était le chef, protesta contre la suppression de ces droits garantis par la paix de Westphalie. Vainement la France répondit qu'elle ne pouvait admettre sur son territoire l'existence de privilèges contraires aux lois de l'État; vainement elle offrit des indemnités pécuniaires, une *amicabilis compositio*, aux princes qui se disaient dépouillés. La diète de Ratisbonne refusait cette équitable transaction et défendait avec entêtement le vieux droit public; elle soutenait que les privilèges des princes d'Empire avaient été formellement réservés en Alsace et que la France, liée par un traité, devait en observer strictement les clauses ; violer un seul article de ce traité, c'était remettre tout en question, c'était même

[1] Cp. Hüffer, *Oestreich und Preussen*, 1868, p. 31.

annuler les droits de souveraineté que la France exerçait sur l'Alsace [1].

A cette question des princes possessionnés se joignait une question plus grave encore, celle des émigrés. Les princes français et leurs adhérents, rassemblés dans les électorats de Trèves et de Mayence, y recevaient le meilleur accueil et y faisaient ouvertement des préparatifs de guerre. « Ils forment, disait Vergniaud, autour de la France une ceinture de conspirateurs ; ils s'agitent et se tourmentent pour lui susciter des ennemis ; ils excitent les soldats à la désertion ; ils soufflent parmi ses enfants le feu de la discorde ; le fer et la torche à la main, ils élèvent au ciel indigné des vœux criminels pour hâter le jour où ils pourront la couvrir de cendres et de ruines [2]. » L'Assemblée législative exigea la dispersion des émigrés et Léopold la promit. Mais l'empereur ajouta qu'il donnait ordre au maréchal Bender de porter aux états de l'électeur de Trèves les secours les plus prompts et les plus efficaces, au cas qu'ils fussent violés ou menacés par des incursions hostiles. Il déclara qu'on répandait sur les desseins de l'émigration des alarmes exagérées, que les gazettes françaises retentissaient de déclamations injurieuses contre tous les souverains de l'Europe, que ces déclamations étaient applaudies au sein de l'Assemblée, que de tels faits sollicitaient l'attention la plus sérieuse des *puissances étrangères réunies en concert pour la sûreté et l'honneur des couronnes*. L'Assemblée avait voté vingt millions de fonds extraordinaires, et cent cinquante mille hommes venaient d'être mis en réquisition pour former trois armées qui devaient garder la frontière de Dunkerque à Bâle. L'empereur observa qu'une invasion de troupes françaises sur le territoire de l'Empire serait regardée comme une déclaration de guerre pour le Corps germanique [3].

On ne pouvait mieux s'y prendre pour exciter la colère nationale. L'Assemblée déclara traître à la patrie et coupable du crime de lèse-nation tout Français qui pren-

[1] Voir le rapport de Koch et l'office du 3 décembre 1791.
[2] Discours du 25 octobre 1791.
[3] 21 décembre 1791 et 5 janvier 1792 (Vivenot, *Quellen*, I, 567 568).

drait part à un congrès dont l'objet serait soit une modification de la Constitution française, soit une médiation entre les émigrés et la nation soit une composition avec les princes possessionnés en Alsace (14 janvier 1792). Elle décida de demander à l'empereur s'il entendait, comme chef de la maison d'Autriche, vivre en paix avec la France (25 janvier).

Kaunitz répondit le 17 février que le beau-frère et l'allié du roi avait eu raison de provoquer un concert des puissances, et que ce concert subsistait encore, à cause de l'anarchie populaire et de l'influence du parti républicain sur l'Assemblée ; l'empereur, disait le ministre, croyait devoir au bien-être de l'Europe de dénoncer publiquement la secte des jacobins, ses provocations, ses menées dangereuses. Le cabinet de Vienne persistait donc à se mêler des affaires intérieures de la France et intervenait dans ses querelles domestiques ; l'Assemblée, reconnaît le feuillant Mathieu Dumas, fut unanimement indignée [1].

Narbonne était alors ministre de la guerre [2]. Il avait visité les frontières, il poussait activement les préparatifs militaires ; Rochambeau témoigne qu'il montrait le zèle le plus vif et le plus soutenu pour vaincre les difficultés et qu'il savait se faire entendre de l'Assemblée [3]. Mais Narbonne était constitutionnel ; il reprochait au roi sa « conduite inactive, expectante et stationnaire [4] » ; s'il plaisait aux girondins, il avait contre lui ses collègues, Bertrand de Molleville, ministre de la marine, et Delessart, ministre des affaires étrangères.

Louis XVI renvoya Narbonne et le remplaça par un jeune maréchal-de-camp, le chevalier de Grave. L'Assemblée irritée déclara que Narbonne emportait toute sa confiance et accusa de trahison Bertrand de Molleville et Delessart. Bertrand parvint à se justifier ; mais Delessart fut vivement attaqué par Vergniaud et Brissot ; on lui reprocha de tenir un langage indigne de la France et

[1] Mathieu Dumas, *Souvenirs*, 1839, II, 109.
[2] Depuis le 6 décembre 1791 ; il avait remplacé Duportail.
[3] Rochambeau, *Mém.* 1839, I. 397-398.
[4] Mém. du 24 février 1792 (pièces de l'armoire de fer, nº 217).

de professer des doctrines inconstitutionnelles en face de l'étranger ; on le traduisit devant la haute cour d'Orléans.

Il fallait former un nouveau cabinet. Le roi prit ses ministres dans la Gironde. Il laissa le portefeuille de la guerre à de Grave et donna les affaires étrangères à Dumouriez, l'intérieur à Roland, les finances ou, comme on disait alors, les contributions publiques à Clavière.

Dumouriez était l'homme le plus remarquable du conseil. Il voulait la guerre. Son langage fut ferme, énergique, hautain ; il a, dit Schlosser, introduit dans la langue diplomatique le ton rude que les Français ont conservé jusqu'à la Restauration [1]. Léopold venait de mourir (1er mars). Dumouriez demande à son successeur, l'archiduc François, une réponse catégorique et décisive. Il exige de la cour de Vienne qu'elle diminue ses troupes des Pays-Bas et qu'elle expulse de ses provinces tous les émigrés ; il rappelle à l'archiduc l'alliance de l'Autriche avec la France ; il le somme de rompre les traités qu'il a faits avec d'autres ; la négociation doit être terminée avant le 15 avril ; si l'Autriche persiste à rassembler ses troupes sur la frontière, il ne sera plus possible, dit Dumouriez, de contenir la juste indignation d'une nation fière et libre qu'on cherche à avilir, à intimider, à jouer, jusqu'à ce que tous les préparatifs soient faits pour l'attaquer [2].

La cour de Vienne répondit à Dumouriez qu'elle, de son côté, exigeait la réintégration des princes allemands d'Alsace dans leurs droits féodaux et la rétrocession d'Avignon et du comtat Venaissin au pape ; qu'elle avait pris des mesures défensives qu'on ne pouvait comparer aux préparatifs hostiles de la France ; qu'elle ne reconnaissait à personne le droit de lui prescrire les dispositions qu'elle devait prendre pour étouffer les troubles fomentés en Belgique par l'exemple de la France et les menées du parti jacobin ; enfin, qu'elle persisterait à se concerter avec les puissances de l'Europe aussi long-

[1] Schlosser, *Hist. des révol. polit. et litt. de l'Europe au* XVIIIe *siècle*, trad. par Suckau, 1825, II, 117.

[2] Lettres à Noailles, 19 et 27 mars.

temps que durerait la crise révolutionnaire et qu'une faction sanguinaire et furieuse viserait à réduire à des jeux de mots illusoires la liberté du roi, le maintien de la monarchie et l'établissement de tout gouvernement régulier [1]. Cette réponse rendait la guerre inévitable [2].

Mais déjà l'Autriche avait résolu de prendre les armes. L'archiduc François, alors âgé de vingt-quatre ans, était moins pacifique et moins prudent que Léopold ; l'émigration avait accueilli son avènement avec une joie bruyante ; c'est heureux pour le roi de France, écrivait Fersen, et l'archiduc a souvent improuvé la conduite lente, molle et indécise de son père. Dès le 8 mars, le comte de Mercy disait à Breteuil qu'on allait changer de système, et mettant la main à la garde de son épée, c'est de cela qu'il faut, ajoutait-il, on y est décidé, et bientôt vous en aurez, il ne reste plus d'autre moyen [3]. Le 30 mars arrivait à Vienne, sous le nom de Dommartin, un agent de la cour, le baron de Goguelat. Il s'entretint longuement avec Cobenzl. Louis XVI, disait-il, s'abandonnait en apparence au parti de la Révolution ; mais il désirait ardemment qu'on vînt le plus tôt possible à son secours ; il croyait que, la guerre une fois allumée, un parti considérable se rallierait autour de lui ; il comptait sur sa garde, sur deux tiers de la garde nationale de Paris, sur toute sa cavalerie, sur les Suisses et sur les sept huitièmes de la bourgeoisie ; la canaille des faubourgs Saint-Antoine et Saint-Marceau suivrait seule l'impulsion des jacobins [4]. Le 3 avril, le roi de Hongrie donnait au duc de Brunswick le commandement général des forces qu'il destinait à « sauver la France et l'Europe de l'anarchie [5] ». Le 17, Thugut annonçait au baron de Breteuil qu'on était décidé à *faire marcher* ; que le roi de

[1] Note du 18 mars, à laquelle Cobenzl renvoie Noailles le 7 avril.

[2] Schlosser, II, 117.

[3] *Fersen*, II, 12 et 205.

[4] Vivenot, *Quellen*, I, 430-432 (récit de Cobenzl à Kaunitz), et *Fersen*, II, 14. Goguelat était porteur d'un billet de la reine et du roi au roi de Hongrie : « Je vous prie, mon neveu, d'avoir confiance à tout ce que le porteur vous dira de notre part. » MARIE-ANTOINETTE. « Je me joins à votre tante et pense absolument comme elle. » LOUIS.

[5] Vivenot, *Quellen*, I, 434.

Hongrie était las de ce qui se passait en France ; qu'il joindrait ses troupes à celles de Prusse [1].

La France prit les devants, comme Frédéric II en 1756 [2] ; ce fut elle qui déclara la guerre. Le 20 avril, à midi et demi, Louis XVI entre à l'Assemblée. Dumouriez, debout auprès de lui, lit un rapport sur la situation politique de la France et sur ses griefs contre l'Autriche. Le roi prend la parole après son ministre et, d'une voix profondément émue, propose la guerre contre le roi de Hongrie et de Bohême. L'Assemblée s'ajourne à cinq heures du soir. La discussion s'ouvre par un discours de Pastoret. Le futur pair de France se prononce pour la guerre; n'est-il pas temps de s'arracher à l'incertitude qui depuis longtemps tourmente toutes les pensées? Ne faut-il pas défendre la France provoquée ? La victoire, dit Pastoret, sera fidèle à la liberté ; jamais le peuple français ne fut appelé à de plus hautes destinées ; jamais il n'a mieux senti le besoin de la gloire et de l'indépendance. Le patriote hollandais Daverhoult, député des Ardennes, lui succède ; voulez-vous, s'écrie-t-il, rendre Avignon au pape et leurs droits féodaux aux princes ? Un peuple qui veut être libre doit-il consentir que les cours étrangères forment des concerts pour porter atteinte à sa Constitution? Oui, il faut faire la guerre, car notre liberté est menacée, et nous avons juré de vivre libres ou mourir. Aubert-Dubayet déclare, au nom de l'honneur national, qu'il serait lâche de ne pas décréter la guerre : nous sommes tous Français, et des puissances coalisées ont l'audace de prétendre nous donner un gouvernement ! Nous ne le souffrirons jamais. Nous voulons la guerre puisqu'elle est nécessaire pour défendre notre liberté, et, dussions-nous tous périr, le dernier de nous prononcerait le décret ! Un seul membre, Becquey, parle contre la proposition au milieu des murmures et d'un violent tumulte. La guerre est votée presque unanimement et par acclamation ; le public des tribunes éclate en applaudissements ; les députés lèvent leurs chapeaux en l'air ; combien d'entre eux, dit Mme de

[1] *Fersen*, II, 233, 242.
[2] L'exemple fut allégué par Gensonné et Brissot.

Staël, devaient périr d'une manière violente et avaient à leur insu prononcé leur arrêt de mort[1] !

III. La guerre était déclarée à François, roi de Bohême et de Hongrie ; c'est notre chère alliée l'Autriche toute seule, écrivait Dumouriez à Biron, que nous déclarons notre ennemie, et nous avons soin de la séparer des autres puissances qui forment le concert, c'est-à-dire une ligue infernale contre nous[2]. L'habile ministre fit davantage. Il avait reçu six millions de fonds secrets et remanié le personnel diplomatique. Il négocie de tous côtés pour isoler l'Autriche. Il obtient la neutralité de l'Empire ; ses agents représentent aux princes qu'il vaut mieux obtenir une indemnité que de courir les risques de la guerre et assurent l'appui de la France à la Bavière que l'Autriche désire annexer. Il offre le Milanais à la Sardaigne, si Victor-Amédée veut rester neutre et céder Nice et la Savoie. Il fait proposer à l'Angleterre, par Chauvelin et Talleyrand, l'alliance de la France et lui promet en échange la confirmation du traité de commerce de 1786, la neutralité de la Belgique qui deviendrait une république fédérative, l'affranchissement des colonies espagnoles désormais ouvertes au commerce britannique, au besoin la cession de l'île de Tabago Il tente de provoquer une diversion en Orient et charge Sémonville d'annoncer aux Turcs l'arrivée prochaine d'une flotte française qui détruira le port de Kherson et assurera, par son apparition dans la mer Noire, l'indépendance de la Crimée[3].

Mais attaquer l'Autriche, c'était attaquer la Prusse. Il existait entre les deux États un traité d'amitié et d'alliance défensive, convenu dès le 25 juillet 1791 et signé le 7 février 1792. Lorsque Kaunitz envoyait sa note du 17 février, le comte de Goltz, ambassadeur de Prusse à Paris, déclarait que cette dépêche renfermait les principes sur lesquels les cours de Vienne et de Berlin

[1] Math Dumas, *Souvenirs*, II, 118-119 ; Mme de Staël, *Considérations sur les principaux événements de la Révolution française*, 1818, II, 40.
[2] Lettre du 18 avril (arch. guerre).
[3] A. Sorel, *Revue des Deux-Mondes*, 15 juillet 1884, p. 313-318.

étaient parfaitement concertées. La mort de Léopold n'ébranla pas la nouvelle alliance ; le jour même où son père expirait, l'archiduc François écrivait à Frédéric-Guillaume que son plus vif désir était de « cimenter de plus en plus l'heureux lien qui venait d'unir la Prusse et l'Autriche[1] ».

Dès son arrivée au ministère, Dumouriez s'efforça de rompre cette alliance. Tout le monde en France, députés, généraux, journalistes, la regardait comme fragile et aisée à briser. On avait trouvé pour la qualifier deux ou trois épithètes consacrées et pour ainsi dire officielles qui reviennent sans cesse dans les discours et les écrits de l'époque : *monstrueuse*, *inouïe*, *inconcevable*, mais c'était *monstrueuse* qu'on employait de préférence[2]. Ce fut longtemps, disait Lebrun, et c'est encore un sujet d'étonnement pour les hommes d'État que l'alliance de ces deux maisons essentiellement rivales et ennemies sous tous les rapports de localités, de prétentions et d'intérêts[3]. D'ailleurs, la France n'avait alors nulle haine pour la Prusse ; si l'Autriche était son naturel adversaire, la Prusse était son allié nécessaire. Comment, s'écriait Lacombe Saint-Michel, le 25 juillet, Frédéric-Guillaume s'est-il réuni à son ennemi irréconciliable pour venir opprimer son allié naturel[4] ? On avait ri de Rossbach et prôné le vainqueur de Soubise. On répétait partout que la politique française devait tendre à ce but unique : s'unir à la Prusse pour combattre et vaincre l'Autriche. Telle était la conclusion des écrits de Favier. Dès la fin du règne de Frédéric II, observe Ségur, la France et la Prusse se rapprochaient et il est plus que probable qu'elles se seraient intimement unies si l'avènement de Frédéric-Guillaume II, l'ardeur de son ministre Hertzberg, son dévouement à l'Angleterre et la révolution de Hollande n'avaient pas renversé tout d'un coup ces nouvelles combinaisons[5].

[1] Vivenot, *Quellen*, I, 403.

[2] C'est ainsi, selon Voltaire, que le parlement anglais avait appelé l'union de la France et de l'Autriche en 1756.

[3] Séance de la Convention du 26 septembre, *Monit.* du 28.

[4] *Monit.* du 26 juillet.

[5] Ségur, *Polit. des cabinets de l'Europe*, I, 278-279, et III, 151 :

Dumouriez nomma François de Custine ministre plénipotentiaire à Berlin. Mais Custine ne fut pas écouté. Déjà son prédécesseur, Ségur, n'avait trouvé que des visages hostiles. On avait répandu le bruit qu'il était chargé de gagner à prix d'or le favori et la maîtresse du roi. On avait conté que l'accueil méprisant qu'il recevait partout, le désespérait et le rendait fou ; que, dans un dîner, il avait jeté soudainement son chapeau sur le parquet, proféré des paroles incohérentes et quitté la salle comme un furieux. Il s'était fait poser des sangsues et on le vit couché dans son lit dont les draps étaient naturellement tachés de sang ; on assura que, dépité de l'insuccès de sa mission, il avait essayé de se donner la mort [1]. François de Custine fut traité de même. On le tenait à l'écart, on s'éloignait de lui comme d'un pestiféré. La propagande jacobine, les défis que les girondins jetaient aux souverains de l'Europe, le meurtre du roi de Suède Gustave III, les aveux d'Ankarström et de ses complices qui déclaraient que la lecture des écrits révolutionnaires avait inspiré leur attentat, l'amnistie votée par l'Assemblée législative en faveur des meurtriers de la Glacière [2], avaient indigné Frédéric-Guillaume et ses ministres. Schulenbourg disait à Ségur qu'il fallait se préserver de la gangrène. Comment voulez-vous, s'écriait le ministre, que la tranquillité soit maintenue lorsque tous les jours des milliers d'écrivains insultent les rois et publient qu'il faut exterminer tous les princes parce que ce sont des tyrans ? Il tint le même langage à Custine. L'envoyé de Dumouriez lui représentait que l'intérêt de la Prusse lui commandait la paix. Il faut, répondit Schulenbourg, compter aussi l'honneur des couronnes, et il ajouta que son roi voulait surtout repousser l'es-

cp. Tratchevsky, *La France et l'Allemagne sous Louis XVI*, 1880, p. 33 ; Vergennes disait que Frédéric pouvait être considéré comme un allié naturel de la France.

[1] A. Sorel, *Le Temps*, 10, 12 et 15 octobre 1878.

[2] 16 mars 1792. Rien, écrivait Custine, n'a plus contribué à nous perdre dans l'opinion, et plusieurs des plus précieux défenseurs de notre Constitution dans la classe des gens de lettres et des savants ont annoncé ouvertement qu'ils ne pouvaient soutenir un gouvernement qui se déshonorait par de pareilles mesures (cité par Sorel).

prit de prosélytisme qui semblait menacer tous les potentats[1].

Dumouriez ne se découragea pas. Il se souvint qu'un de ses anciens camarades, le maréchal de camp Heymann, avait pris du service en Prusse. Il lui dépêcha Benoît, un de ses agents politiques. Ce Benoît remit à Heymann le billet suivant, daté du 9 avril : « Je vous envoie M. Benoît avec qui vous pouvez vous entretenir en toute confiance ; je profite avec plaisir de cette occasion que j'ai fait naître pour vous donner une preuve d'amitié. » Mais Schulenbourg refusa de donner audience à Benoît ; il ne voyait dans ces négociations que « la dernière arme dont se servaient les factieux » ; il craignait, en s'abouchant avec un agent du ministère qu'on nommait le ministère des sans culottes, de découvrir le roi de Prusse et, comme il disait, de compromettre Sa Majesté prussienne avec ces misérables. Benoît mit par écrit les propositions de Dumouriez. Elles firent sur Schulenbourg une très vive impression. Le ministre des affaires étrangères priait le roi de Prusse d'intervenir comme arbitre entre la France et les princes allemands possessionnés en Alsace, et lui promettait de « se prêter avec toute la déférence et toutes les facilités possibles à ce qu'il proposerait ». Il s'engageait à donner aux frères de Louis XVI les compensations que demanderait Frédéric-Guillaume; les émigrés rentreraient en France et la Constitution actuelle serait maintenue; on ne pouvait rétablir sans danger les privilèges de la noblesse et les grandes magistratures; la restitution des biens du clergé vendus pour la plupart et devenus la propriété des particuliers, rencontrerait une résistance ; mais en revanche, le roi, même en restant sur le terrain de la Constitution, verrait ses prérogatives augmentées[2]. Ces « insinuations » semblaient extraordinaires, mais Benoît les renouvelait dans les entretiens avec Heymann; il ajoutait qu'on craignait à Paris la puissance militaire de la Prusse : « l'armée de Frédéric-Guillaume renverserait

[1] A. Sorel, *Revue des Deux-Mondes*, 15 juillet 1884, p. 325.

[2] Arch. de Berlin, Secretissima sur les affaires de France, 1792. Schulenbourg à Frédéric-Guillaume, 28 avril (copie de Flammermont).

peut-être le frêle édifice du nouveau gouvernement. « Mais, à l'heure même où Dumouriez faisait ces ouvertures au ministère prussien, il déclarait la guerre à l'Autriche. Schulenbourg fit dire par Heymann à Benoît que le roi de Prusse ne se séparait point du roi de Hongrie, son allié « avec lequel il se tiendrait toujours sur la même ligne » et que les deux souverains refuseraient d'entrer en négociations avant que le « pouvoir royal, le seul avec qui l'on pût traiter, fût rétabli en France avec l'autorité nécessaire ». Benoît eut ordre de quitter Berlin sur-le-champ. Il partit, mais il avait la conviction que le dernier mot n'était pas dit : je reviendrai, assurait-il à Heymann, quand et où la Prusse le souhaitera ; la négociation n'a peut-être chance de réussir que lorsqu'une armée prussienne sera sur le territoire français [1].

L'échec de Benoît ne rebuta pas Dumouriez. Il avait envoyé à Deux-Ponts un conseiller d'ambassade, M. de Naillac ; le duc de Deux-Ponts était l'héritier présomptif de l'électeur de Bavière ; il avait besoin de la France. Dumouriez lui offrit, par M. de Naillac, un million de livres, s'il parvenait à « empêcher la marche des Prussiens et à faire accéder la cour de Berlin à la même neutralité que le reste de l'empire ». Il promit même deux cent mille livres à « celui ou *celle* qui aurait fait réussir cette négociation ». Il échoua. Le cabinet de Berlin répondit au duc de Deux-Ponts, comme à Benoît, que la Prusse ne se séparerait pas de l'Autriche et n'entrerait dans aucun pourparler avant le rétablissement de l'autorité royale [2].

Il était désormais certain que les forces prussiennes envahiraient la France. Frédéric-Guillaume haïssait la Révolution plus vigoureusement encore que ses ministres. Plein de mépris pour les jacobins, sans cesse excité par les émigrés, ému de l'infortune de Louis XVI, avide de gloire et croyant s'illustrer par une campagne qu'on lui représentait facile et brillante, sollicité par la Russie qui lui promettait pour prix de sa croisade une part du

[1] Cp. sur cet épisode Sybel, *Geschichte der Revolutionszeit*, 4e édit., 1882, I, 375-377, et *Fersen*, II, 251 et 253 (Caraman à Breteuil).
[2] A. Sorel, *Revue des Deux-Mondes*, 15 juillet 1884, 326-327.

gâteau polonais, il annonçait hautement avant la déclaration de guerre qu'il réprimerait en France l'ardeur du parti populaire et y rétablirait la paix et le bon ordre [1]. Dès la fin de 1791 un personnage influent conseillait à Massenbach, aide de camp du roi, de rentrer dans l'état-major général : « Nous ferons marcher au printemps 50,000 hommes sur le Rhin, le duc de Brunswick sera général en chef, le roi l'accompagnera, et vous ne jouerez que le rôle de chambellan, prenez vos mesures. » Au mois de février 1792 Frédéric-Guillaume mandait à Potsdam le duc de Brunswick; on voyait l'inspecteur Reymann, portant sous son bras la carte de France, traverser la cour du château pour se rendre dans la salle où le roi conférait avec son généralissime, et le soir de l'entrevue, à la table des maréchaux, les officiers de l'état-major, certains de la guerre, buvaient à la confusion de l'Assemblée législative et à la prise prochaine de Paris [2]. Aussitôt que Frédéric-Guillaume connut le décret du 20 avril, il courut de Postdam à Berlin et ordonna de hâter les préparatifs ; Custine remarqua son émotion; il laissait, écrit-il, paraître la colère et la violence dont il était possédé. Le 1er mai Schulenbourg annonçait à l'envoyé français que la Prusse entrait en campagne. On l'a voulu, dit le ministre, depuis dix mois les tribunes françaises retentissent d'injures contre les têtes couronnées; il fallait que cela finît. Il ajouta qu'on ferait la contre-révolution, qu'on se vengerait du passé, qu'on assurerait pour toujours le repos des monarchies; on veut, mandait Custine à Dumouriez, que la France disparaisse de la balance européenne [3].

IV. On sait les événements qui s'écoulèrent entre la déclaration de guerre et l'invasion prussienne, comment l'armée française envahit la Belgique le 28 avril et prit la fuite à la vue des Autrichiens, comment le cri de trahison jeté à Quiévrain retentit à Paris, où l'on crut

[1] Vivenot, *Quellen*, I, 460.
[2] Massenbach, *Memoiren über meine Verhältnisse zum preussischen Staat und insbesondere zum Herzoge von Braunschweig*, 1809. I, 23-26.
[3] A. Sorel, *Revue des Deux-Mondes*, 15 juillet 1884, p. 226.

désormais, non sans raison, à l'existence d'un comité occulte que dirigeait la reine et qu'on nomma le *comité autrichien*. Le girondin Servan remplace au ministère de la guerre l'impuissant de Grave. L'Assemblée se déclare en permanence ; elle licencie la garde constitutionnelle du roi, et envoie son chef, le duc de Brissac, devant la haute cour d'Orléans ; elle décrète que les prêtres insermentés pourront être condamnés à la déportation par les directoires des départements sur la simple dénonciation de vingt citoyens actifs ; elle décide, sur la proposition de Servan, le rassemblement d'un camp de 20,000 fédérés des départements qui se rendront à Paris, à l'occasion de la fête du 14 Juillet. Le roi consent au licenciement de sa garde, mais refuse de sanctionner les décrets contre les prêtres insermentés et sur l'établissement du camp. Roland répond à Louis XVI en lisant, en plein conseil, la lettre fameuse qui le somme de s'unir à la nation et d'accepter franchement la Révolution. Le roi irrité renvoie du ministère les trois girondins, Roland, Clavière, Servan ; il accepte la démission de Dumouriez ; il confie les affaires à d'obscurs feuillants, Chambonas, Terrier-Monciel, Lajard. Mais le 20 juin la multitude en armes envahit le Château. Vainement une partie de la France proteste contre la violation du domicile royal ; vainement Lafayette demande à l'Assemblée le châtiment des auteurs du 20 juin et la destruction de la secte jacobine ; personne, pas même le roi, ne soutient Lafayette. Bientôt on apprend que les Prussiens se mettent en marche. On ne doute plus que le roi presse de ses vœux et de ses messages secrets l'invasion du territoire. On soupçonne qu'il attend à Paris les troupes allemandes [1], et c'est alors en effet que Louis XVI envoie Mallet du Pan aux alliés [2], c'est alors que Marie-Antoinette exprime à Mme Campan l'espoir de la prochaine délivrance. « Vers le milieu d'une de ces nuits où la lune éclairait sa chambre, dit Mme Campan, elle la contempla et me dit que dans un mois elle ne

[1] Bailleul, II, 114.

[2] Le fait était connu, car le *Moniteur* du 5 juillet annonce que Mallet du Pan a traversé Bonn le 24 juin « chargé d'une mission secrète ».

verrait pas cette lune sans être dégagée de ses chaînes; elle me confia que tout marchait à la fois pour les délivrer, mais que les opinions de leurs conseillers intimes étaient partagées à un point alarmant, que les uns garantissaient le succès le plus complet, que les autres faisaient entrevoir des dangers insurmontables..... elle ajouta qu'elle avait l'itinéraire de la marche du roi de Prusse, que tel jour il serait à Verdun, tel autre dans un autre endroit, que le siège de Lille allait se faire[1]. » Fersen et Breteuil reçoivent des Tuileries l'avis qu'il faut se hâter, que six semaines d'attente sont bien longues, qu'un délai d'un jour peut produire des malheurs incalculables, qu'il importe de gagner vingt-quatre heures, que *si on n'arrive pas*, Louis XVI est perdu. Le roi et la reine, mande Breteuil à Schulenbourg, désirent uniquement que les armées combinées agissent aussi promptement que vigoureusement en leur faveur, qu'on compte pour rien les dangers qu'ils pourraient courir, que les opérations militaires une fois commencées soient poussées avec activité[2]. Mais l'Assemblée, résolue à se défendre contre la cour, déclare la patrie en danger; elle dissout les états-majors de la garde nationale; elle décrète que les volontaires qui doivent former le camp de réserve de Soissons passeront par Paris et assisteront le 14 juillet à la fête de la Fédération; elle éloigne de la capitale toutes les troupes de ligne, excepté les Suisses. Déjà une commission extraordinaire discute la déchéance de Louis XVI; déjà Vergniaud affirme que le nom seul du roi est le prétexte ou la cause de tous les maux et que Louis XVI, abusant la France par des protestations hypocrites, n'oppose à l'étranger qu'une armée inférieure en nombre et vouée à la défaite; déjà le bataillon des Marseillais est entré dans Paris. Le 25 juillet parait le manifeste de Brunswick. Le 3 août la déchéance du roi est demandée par toutes les sections de Paris, puis proclamée par la section Mauconseil.

[1] Mme Campan, *Mém.*, édit. Barrière, 1884, p. 340.

[2] Fersen, II, 309, 319, 333, 341, 26 juin, 24 juillet, 1er août (Marie-Antoinette à Fersen); Flammermont, 29-30 (Breteuil à Schulenbourg, 14 juillet).

Le 10 août, deux jours après que la majorité de l'Assemblée a refusé de mettre Lafayette en accusation, éclate l'insurrection populaire. On connaît les incidents de cette décisive journée que les contemporains nommèrent la journée de la Saint-Laurent : l'assaut des Tuileries, le massacre des Suisses, Louis XVI réfugié avec sa famille à l'Assemblée dans la loge du tachygraphe, la foule victorieuse entrant dans la salle des séances et imposant sa volonté. L'Assemblée, réduite à 284 membres, suspend le roi et convoque à Paris pour le 20 septembre une Convention nationale chargée d'assurer la souveraineté du peuple; elle confie le pouvoir exécutif aux ministres; Roland, Clavière, Servan reprennent possession de leur département. Quarante jours plus tard les envahisseurs s'arrêtent sous le feu des canons de Valmy. Nous sortons d'une crise violente, écrivait alors un habitant de Port-Louis à l'un de nos résidents aux Indes ; le roi de Prusse, à la tête de 80,000 hommes, est entré en France; maître de Longwy et de Verdun, il marchait sur Paris; la France entière s'est levée, l'ange tutélaire qui veille sur nos destinées a détourné le coup que voulait nous porter le despotisme; une maladie contagieuse a détruit une partie de l'armée prussienne; la bonne conduite de nos troupes a fait le reste [1].

[1] Vinson, *Mélanges de linguistique et d'anthropologie*, 1880, p. 31, lettre du 25 octobre 1792.

CHAPITRE II

L'ARMÉE FRANÇAISE

I. Désorganisation de la France. — Les ministres. — Les places fortes. — II. L'armée de ligne et les bataillons de volontaires. — Les premiers bataillons des régiments. — Ils ne sont pas au complet. — Augmentation des bataillons de volontaires. — Les quatre-vingt-trois bataillons de 1791. — Les levées de 1792 avant le 10 août. — Défaut de fusils. — Manque de temps. — III. Position des armées. — L'émigration. — Méfiance des troupes de ligne. — Leur indiscipline. — Désordres des volontaires. — L'habit blanc et l'habit bleu. — L'armée du Rhin. — IV. Deroute de Mons et de Tournay. — V. Mésintelligence des généraux. — Lafayette, Luckner, Dumouriez. — Le chassé-croisé. — Insubordination de Dumouriez. — VI. Le 10 août et Lafayette. — Lutte du général et de l'Assemblée. — Fuite de Lafayette. — VII. Dévouement de l'armée à la Revolution. — Les officiers et les soldats. — On ne pense qu'aux Prussiens. — Force du patriotisme. — VIII. Causes du succès final. — Délais de l'Autriche. — Discipline des armées du Nord et du Centre. — Hemptinne, Glisuelle, Mairieux. — Le grenadier Pie. — Le camp de Maulde. — Le règlement de 1791. — La classe des sous-officiers. — Les volontaires de 1791. — Il ne faut pas les confondre avec ceux de 1792. — Les futurs généraux. — Bon esprit et bravoure. — Embrigadement et commencement d'amalgame. — Stricte défensive. — La manière nouvelle de combattre. — La cavalerie. — L'artillerie. — Sa supériorité. — L'artillerie à cheval. — L'intendance. — L'unité de commandement.

I. Rien n'est plus triste à lire que la correspondance des généraux et des ministres, pendant les quatre mois qui s'écoulent entre la déclaration de guerre et l'invasion. Un mot de Lafayette résume tout. « Je ne puis concevoir comment on a pu déclarer la guerre, en n'étant prêt sur rien[1]. »

[1] Lafayette à de Grave, 6 mai (arch. guerre).

La France, en effet, est prise au dépourvu; elle ébauche à peine son organisation militaire et il semble évident que son armée, incomplète, confuse, déchirée par la méfiance et l'indiscipline, dénuée de tout, pliera dès le premier choc. *On n'est prêt sur rien*, non pas, comme on le croyait alors, parce que le roi trahit la nation et laisse, de dessein prémédité, la frontière sans défense; mais le désordre universel, la ruine de toute autorité, la désorganisation sans cesse croissante des administrations, le manque d'argent, voilà ce qui paralyse la défense, ce qui produit l'incohérence des préparatifs et l'insuffisance des moyens militaires.

Les ministres de la guerre se suivent avec rapidité sans avoir le temps de remédier au mal; après Narbonne, de Grave; après de Grave, Servan; après Servan, Dumouriez; après Dumouriez, Lajard; après Lajard, d'Abancourt. En cet instant de crise, où le département de la guerre devrait être dirigé par un seul homme qui eût la netteté des desseins et l'esprit de suite, sept ministres se succèdent dans l'espace de six mois, et leur impuissance égale leur instabilité. Ils avaient tous d'excellentes intentions. Constitutionnels ou girondins, feuillants ou républicains, ils étaient animés d'un sincère patriotisme, résolus à repousser l'étranger et à déployer contre l'invasion prochaine toutes les ressources de la France. Lajard, créature de Lafayette et d'Abancourt, neveu de Calonne, montrèrent autant d'activité que le patriote Servan. La victoire, a-t-on dit fort justement, était pour eux une question vitale, car le parti populaire les menaçait de la hache, et l'émigration, de la corde[1]. Lajard n'hésitait pas à demander la formation d'une *légion batave* composée de réfugiés hollandais. D'Abancourt voulait s'emparer de Germersheim et faisait livrer par son département 547,000 cartouches nécessaires à la totalité des districts[2]. Mais que pouvaient les ministres de la guerre, au milieu des conflits perpétuels du pouvoir exécutif et de l'Assemblée, sous la menace des partis et

[1] Sybel, 4e édit., I, p. 544.

[2] *Monit.* du 9 juillet : Lajard à Luckner, 22 juin : d'Abancourt à Luckner, 8 août (arch. guerre), et au président de l'Assemblée (arch. nat., AA, 61).

la crainte des insurrections, aux prises à tout moment avec l'imprévu, accusés sans cesse de se laisser tromper par leurs commis et de tromper la nation? De Grave succombe sous le fardeau; il donne sa démission dans les premiers jours de mai; il avait si bien perdu la tête qu'il signait de Grave, maire de Paris[1]! Servan, entraîné par la Gironde, songe à renverser la Constitution. Il propose de former un camp de 20,000 hommes pour donner à son parti, et non à la France, une force capable d'intimider la garde nationale. Il laisse aux corps administratifs le soin de lever les nouveaux bataillons de volontaires, et lorsque la région de l'Est appelle son attention sur le délabrement des places, je ne peux, écrit-il à Lafayette, que vous communiquer ces réclamations; vous êtes plus à portée que moi de juger jusqu'à quel point elles sont fondées, et je vous prie d'user de tous les moyens pour tranquilliser ces départements[2]. Dumouriez reste trois jours au ministère de la guerre et n'a que le temps de rédiger le rapport le plus décourageant; les bureaux, dit-il, sont au moins reprochables par la lenteur des expéditions, le désordre des détails et l'espèce des marchés dont plusieurs, comme celui des chevaux de peloton, sont frauduleux[3]. Lajard écrit à Luckner que les événements de l'intérieur exigent impérieusement tout son temps et se retire, au bout d'un mois, en déclarant qu'il manque à la France la force la plus puissante, l'union des volontés, et que l'anarchie menace de tout engloutir[4]. D'Abancourt ne sait plus quelle est la limite des commandements de Lafayette et de Luckner; il ignore les mouvements des troupes; il ne sait rien d'une armée postée à soixante lieues de Paris et n'en parle que par conjecture; ne semblerait-il pas, dit-il avec tristesse, qu'il s'agit de la marche d'une armée ennemie[5]?

Aussi le territoire est ouvert à l'invasion. On sait

[1] Dumont, *Souvenirs*, 1831, p. 383 : « je tiens ce fait de lui-même ». Il est vrai, disait la marquise de Coigny, que pour avoir de ces ministres-là, il n'y a qu'à se baisser et à prendre. (*Lettres*, 1884, p. 123.)
[2] Servan à Lafayette, juin (arch. guerre).
[3] Rapport du 13 juin, *Moniteur* du 16.
[4] Lajard à Luckner, 22 juin, et *Moniteur* du 12 juillet.
[5] D'Abancourt à Luckner, 1er août (arch. guerre).

d'avance que la guerre débutera par des échecs. On ne compte pas sur « la chance des premiers combats ». On n'ignore pas que la frontière éclatera sous le premier coup des alliés. On regarde Châlons comme le point où pourront se rallier « les débris d'une armée battue ». La plupart des places, dit publiquement Dumouriez, sont aussi démantelées qu'en temps de paix. Il faudrait, assurait Bouillé dans une note confidentielle, dix à douze millions et au moins six mois de temps pour mettre en défense la frontière depuis Huningue jusqu'à Givet[1].

Vainement les municipalités, les généraux, Luckner, Victor de Broglie, Kellermann, avertissent le ministre que l'état des forteresses de la Lorraine, même de Metz, inspire les plus grandes inquiétudes. Les ouvrages étaient commencés, mais bientôt interrompus ou exécutés avec une lenteur désespérante; on n'avait pas d'argent pour payer les entrepreneurs. Lafayette s'efforçait d'armer complètement les points les plus importants de la région qu'il commandait; mais il passait de mauvais marchés pour Longwy et Montmédy. Il représentait qu'on ne devait épargner aucune dépense pour fortifier et approvisionner Verdun; mais les bureaux s'obstinaient à regarder Verdun comme une place de deuxième et même de troisième ligne. Au milieu de juillet, Avesnes n'avait pas encore reçu les fonds votés par l'Assemblée législative pour la défense de la ville, et sur 38,000 palissades qui devaient l'entourer, 10,000 seulement étaient faites, mais restaient dans les magasins. Custine entrait à cheval dans Landau par une brèche où quarante hommes auraient pu pénétrer de front. L'Alsace assurait à l'Assemblée qu'elle saurait concourir à la défense générale de l'empire et qu'elle serait toujours le boulevard de la France; mais ses places, même les plus importantes, étaient dépourvues de tout et n'avaient que des fortifications insuffisantes[2].

[1] Rapport de Lajard, *Moniteur* du 12 juillet; Délib du cons. exéc. appelant Luckner à Châlons; Rapport de Dumouriez, 13 juin; Bouillé, *Mém.*, 417.

[2] V. de Broglie et Kellermann à Servan, 22 mai et 17 juin; Lafayette à Lajard, 25 juin (arch. guerre); lettre de la municip. d'Avesnes, *Monit.* du 27 juillet; lettre de Custine, *Monit.* du 18 août; lettre des admin. du Bas-Rhin, *Monit.* du 20 juillet.

II. L'armée de ligne, réorganisée par l'Assemblée constituante, et recrutée par enrôlements volontaires à prix d'argent, se composait, en temps de paix, de 150,000 hommes, dont 110,000 d'infanterie, 30,000 de cavalerie et 10,000 d'artillerie[1]. Il y avait 104 régiments d'infanterie, parmi lesquels 11 régiments suisses qui furent licenciés le 20 août. Tous ces régiments étaient désignés par des numéros d'ordre. Chacun d'eux comptait 1,029 hommes, répartis en deux bataillons. Il avait à sa tête trois officiers supérieurs, un colonel et deux lieutenants-colonels qui commandaient les deux bataillons. Le bataillon, fort de 504 hommes, comprenait 9 compagnies, dont une de grenadiers et 8 de fusiliers[2].

Aux 104 régiments d'infanterie s'ajoutaient 14 bataillons d'infanterie légère, chacun à huit compagnies.

La cavalerie comprenait 2 régiments de carabiniers, 24 régiments de cavalerie proprement dite, 18 régiments de dragons, 12 régiments de chasseurs, 6 régiments de hussards. Chaque escadron se composait de 142 hommes répartis en deux compagnies. Les régiments de carabiniers, de chasseurs et de hussards étaient formés de quatre escadrons ; les régiments de cavalerie et des dragons, de trois escadrons ; ceux-ci comptaient 580 hommes, ceux-là 439.

Le génie n'avait, comme sous l'ancien régime, que des officiers, au nombre de 334.

L'artillerie comprenait 7 régiments désignés par des numéros, 6 compagnies de mineurs et 10 compagnies d'ouvriers, chacune a 50 hommes.

La maréchaussée avait été remplacée par une *gendarmerie nationale* qui formait 30 divisions, commandée chacune par un colonel.

Les sous-officiers — on ne les nommait plus les *bas officiers* — étaient nommés de la façon suivante : les sous-officiers du régiment présentaient chacun à leur

[1] En réalité, 164,269 hommes ; voir, pour ce chapitre, Grimoard, *Tabl. histor.*, I, 347-359 ; Poisson, *L'armée et la garde nationale*, 1858, I, passim ; le *Journ. militaire* de Gournay, 1790-1792, et le *Moniteur*.

[2] Il y avait dans chaque compagnie : 1 capitaine, 1 lieutenant, 1 sous-lieutenant, 1 sergent-major, 1 sergent, 1 caporal-fourrier, 4 caporaux, 4 appointés, 40 simples soldats et 1 tambour.

capitaine le nom du sujet le plus capable, le capitaine dressait une liste de trois noms, le colonel choisissait. Une place de sous-lieutenant, sur quatre, appartenait de droit aux sous-officiers ; elle était donnée alternativement au choix et à l'ancienneté. On ne devenait lieutenant et capitaine qu'à l'ancienneté. Un tiers des places de lieutenant-colonel et de colonel et la moitié des grades de maréchal de camp et de lieutenant-général se donnaient au choix. Il y avait 60 maréchaux de camp, 34 lieutenants-généraux et 4 généraux d'armée. L'état-major se composait de 30 adjudants-généraux dont 17 colonels et 13 lieutenants-colonels, et de 137 aides de camp, dont 4 colonels, 4 lieutenants-colonels et 129 capitaines[1].

Après la fuite de Louis XVI et son arrestation à Varennes, l'armée de ligne eut ordre de se former au complet de guerre et de porter ses bataillons à 750 hommes et ses escadrons à 170.

A côté de cette armée de ligne existaient les volontaires destinés à la soutenir. L'Assemblée constituante avait décrété la levée de 169 bataillons qui formeraient un effectif de 101,000 soldats. Chaque bataillon comptait 574 hommes, répartis en 9 compagnies, huit de fusiliers et une de grenadiers. Il était commandé par un lieutenant-colonel en premier et un lieutenant-colonel en second qu'il élisait lui-même. Les officiers (deux capitaines, un lieutenant et un sous-lieutenant), et les sous-officiers étaient pareillement nommés dans chaque compagnie à la majorité des suffrages. Deux pièces d'artillerie pouvaient être attachées à tout bataillon. On avait dispensé les soldats ou, comme on les appelait, les *volontaires nationaux*, des conditions de taille exigées des troupes de ligne. Ils étaient libres de se retirer après chaque campagne, c'est-à-dire au 1er décembre de chaque année, en prévenant leur capitaine deux mois à l'avance. Ils pouvaient s'absenter par permission, lorsque des affaires urgentes les obligeaient à suspendre momentanément leur service. Le soldat touchait 15 sous par jour, le capitaine cinq soldes ou 75 sous, le lieutenant-colonel six soldes ou 90 sous.

[1] Le roi seul nommait les maréchaux de France, au nombre de six.

On croyait opposer à l'envahisseur près de 300,000 hommes de troupes régulières et de volontaires. Mais, en réalité, les garnisons déduites, les forces défensives de la France, de Dunkerque à Bâle, ne se composaient, au 10 août, que de 82,000 soldats[1].

Tout d'abord, l'armée de ligne n'était pas au complet de guerre. Sur les deux bataillons de chaque régiment, le premier seul commandé par le lieutenant-colonel le plus ancien, avait été dirigé sur la frontière; le second demeurait dans l'intérieur pour servir au recrutement du premier bataillon, à l'instruction des recrues et à la défense des places. La cavalerie fut l'objet de la même mesure. On fit partir deux escadrons sur trois ou trois sur quatre; le dernier escadron restait au dépôt. Les généraux avaient protesté contre cette décision. Vous avez des troupes de ligne très inutiles dans l'intérieur, écrivait Kellermann au ministre, il faut les remplacer par des bataillons de volontaires ou charger les gardes nationales de veiller au bon ordre; il est sans exemple que l'on ait été réduit à ne faire entrer en campagne qu'un bataillon par régiment d'infanterie, et à peu près les deux tiers de la cavalerie[2]. On devrait, mandait le commissaire Prieur à Servan, porter dans les camps toutes les troupes de ligne qui sont actuellement dans les garnisons et suivre en cela l'exemple de Washington, qui destinait les hommes d'un âge avancé à garder la défensive, tandis que ceux qui étaient dans la vigueur de l'âge attaquaient l'ennemi[3]. Mais ni Kellermann ni Prieur ne furent écoutés.

Or ces premiers bataillons n'atteignirent jamais le chiffre légal de 750 hommes. Vainement on s'efforçait de réparer les pertes que leur causaient les combats, les désertions, les maladies en puisant dans les bataillons de dépôt; ceux-ci mêmes, disait Lafayette, se réduisent à rien et, si l'on ne prend pas des moyens vigoureux de recrutement, nous verrons fondre d'abord les deuxièmes bataillons, et ensuite les premiers[4]. Vainement Lajard

[1] 24.000 (Flandre), 19,000 (Sedan), 17,000 (Metz), 22,000 (Rhin).
[2] Kellermann au ministre, 1er juillet et 23 août (arch. guerre).
[3] *Monit.* du 23 août, lettre de Prieur.
[4] Lafayette à Lajard, 25 juin (arch. guerre).

déclarait que la mesure la plus urgente était le complètement de ces corps déjà exercés et aguerris, de cette partie la plus solide des forces françaises qui s'énervait par la consommation [1]. On ne pouvait renforcer les troupes régulières que par le recrutement spécial à prix d'argent ou par l'incorporation des volontaires.

Des dépôts destinés à recevoir les recrues furent établis à Valenciennes, à Strasbourg, à Metz, à Nimes. Mais personne ne se présenta. Les racoleurs envoyés par les régiments ramenaient à peine quelques hommes. L'armée du Nord envoyait de tous côtés des officiers et des sous-officiers ; il n'y eut pas vingt recrues en deux mois [2]. Tous les jeunes gens qui voulaient défendre la patrie entraient dans les bataillons nationaux. Pourquoi se seraient-ils engagés dans l'armée de ligne ? Ne trouvaient-ils pas dans les corps de volontaires une discipline plus indulgente et plus douce ? Ne touchaient-ils pas une solde de quinze sous par jour ? N'élisaient-ils pas leurs officiers ? N'avaient-ils pas la faculté de s'absenter pour affaires instantes et de se retirer à la fin de chaque campagne ?

L'Assemblée législative aurait dû décréter que l'armée de ligne pourrait se recruter parmi les volontaires. Tous les généraux demandaient ce décret au ministre de la guerre. Si l'on donne seulement la liberté aux volontaires de passer dans les troupes de ligne, écrivait Kellermann, ce seul moyen suffirait pour les compléter [3]. Narbonne avouait à l'Assemblée qu'il manquait 51,000 hommes à l'armée régulière, et il proposait de combler ce vide en incorporant les volontaires dans les vieux régiments. « La formation des bataillons nationaux, disait-il, a porté vers ce genre de service la classe précieuse d'hommes qui fournissaient le plus généralement aux recrues. Le travail du recrutement, suspendu partout, ne donne aucun espoir d'être ranimé avec succès, à moins de se soumettre à des conditions ruineuses pour

[1] Rapport de Lajard, *Monit.* du 12 juillet.

[2] Luckner à l'Assemblée, *Monit.* du 19 juillet.

[3] Kellermann à Servan, 10 juin, et à Lajard, 21 juillet ; cp. Victor de Broglie à Narbonne, 9 janvier (arch. guerre).

nos finances par un prix excessif dans les engagements. Renforcer les troupes de ligne par les volontaires serait un de ces moyens tout à la fois vastes et simples de maintenir au complet nos régiments. Les volontaires n'éprouveraient, dans cette destination momentanée, qu'une différence bien légère. Par leur dévouement ils sont engagés comme de véritables soldats de ligne et soumis au même régime tant que la patrie réclamera leur secours » (rapport du 11 janvier).

L'Assemblée législative repoussa la proposition de Narbonne. Elle forma, il est vrai, deux nouveaux corps avec d'anciens soldats en ordonnant aux seize cents brigades de gendarmerie de fournir chacune un gendarme monté; ces cavaliers, dirigés sur Paris, devaient être organisés en deux divisions de 800 hommes chacune. Elle invita les compagnies de vétérans et d'invalides à se transporter dans les places de guerre réputées en danger. Elle appela les anciens soldats et les militaires mutilés à se réunir à leurs anciens compagnons d'armes pour rendre encore un dernier service à la patrie. Elle autorisa tout citoyen, de dix-huit ans jusqu'à cinquante, à s'engager pour la durée de la guerre moyennant une prime de 80 livres dans l'infanterie, de 120 livres dans la cavalerie et l'artillerie. Elle rendit, le 17 juillet, un décret tardif et impuissant qui enjoignait aux quatre-vingt-trois départements de fournir, suivant un tableau de répartition, 50,000 soldats destinés à compléter l'armée de ligne. Enfin, le 12 septembre, en pleine invasion, elle accorda par décret une prime de 30 livres pour chaque année d'engagement à tout volontaire dont le bataillon ne serait pas encore formé et qui voudrait entrer dans les troupes de ligne. Mais elle refusa obstinément d'augmenter les vieux régiments par l'incorporation des gardes nationaux en activité et, comme elle les nommait, des soldats de la liberté; la formation des bataillons de volontaires par les municipalités et les corps administratifs leur imprimait, disait-elle, une sorte de naissance civique qui écartait les préjugés militaires; la discipline de l'armée affaiblirait leur patriotisme, leur inspirerait un esprit d'obéissance aveugle et absolue, les rendrait idolâtres de leurs chefs, les attacherait à la cause du royalisme ; après une vive discussion elle décida que dans aucun temps et sous aucun prétexte l'infanterie, la cavalerie, l'artillerie ne pourraient se recruter parmi les volontaires [1].

L'armée de ligne s'affaiblissait donc de jour en jour. Luckner ne cessait d'écrire que ses troupes régulières étaient peu nombreuses, incomplètes, nullement recrutées. Il demanda même la suspension des cours martiales et proposa, pour augmenter son monde, de relâcher six cents soldats qu'on détenait en prison pour cause d'indiscipline [2].

Il ne restait qu'un seul moyen de remédier à la diminution de l'armée ; c'était d'accroître le nombre des volontaires nationaux. Déjà, comme on l'a vu, la Constituante avait décrété la levée de 169 bataillons. Un élan généreux répondit à cet appel ; l'affluence des volontaires sembla surpasser un instant le chiffre déterminé par l'Assemblée ; un grand nombre de jeunes gens s'équipèrent à leurs frais ; les directoires des départements, chargés de l'habillement, promirent d'employer sans retard les fonds que leur envoyait le ministre et offrirent de prendre leur part de la dépense ; les villes donnèrent l'argent des caisses municipales, passèrent des marchés à terme, contractèrent des emprunts. Mais, dit Grimoard, on ne crée pas des soldats à coups de plume. Si les départements du Nord-Est organisèrent promptement leurs volontaires, si le Jura donna sept bataillons qui furent prêts en six semaines, si la Meurthe, les Vosges, le Haut-Rhin, la Gironde, l'Isère, fournirent cinq bataillons, si les Ardennes, la Marne, la Meuse, la Moselle, la Haute-Saône, la Drôme, Seine-et-Oise, mirent chacun sur pied quatre bataillons dans les derniers mois de l'année 1791, l'Ardèche, l'Aveyron, le Cantal, la Dordogne, le Gers, la Haute-Loire, le Lot, le Lot-et-Garonne, la Lozère, le Tarn, ne payèrent leur dette à la patrie qu'aux mois de juin et juillet 1792 [3]. Paris qui devait six bataillons n'en donna que trois, qui offraient, selon le

[1] Décret du 24 janvier, sanctionné le 25, art. I.
[2] *Monit.* du 19 juillet.
[3] Cp. les « annexes » de Rousset, *Les Volontaires*, 307-329 ; discours

mot du commissaire Prieur, des bigarrures embarrassantes de composition. Un grand nombre de départements ne parvinrent pas à compléter le contingent fixé, et on voyait errer dans les villes de petites bandes de volontaires oisifs et inutiles qui prétendaient former un bataillon entier et se faisaient armer et nourrir au détriment des bataillons de la frontière. D'autres départements envoyèrent aux armées un nombre de volontaires suffisant, mais sans leur donner leurs effets d'habillement et d'équipement. Ils n'ont pas le sol, disait François Wimpffen. et ce n'est pas non plus de leur ressort ; leur comptabilité me semble étrange, compliquée, propre à favoriser les gaspillages de toute espèce. Ils ne répondent pas aux réclamations, écrivait le maréchal de camp commandant à Boulogne, et ne paient même pas les premières fournitures faites d'après leurs ordres. Le 1er bataillon de la Drôme n'avait que vingt-cinq uniformes et ses hommes étaient déguenillés « au point d'inspirer le mépris ». Le département d'Eure-et-Loir, mandait le jeune Marceau à ses amis de Chartres, ne fournit aucun habit et ses recrues manquent du nécessaire [1]. En somme, sur ces 169 bataillons de la première levée, 83 seulement s'organisèrent à temps pour se rendre soit dans les places fortes, soit aux armées de la frontière [2].

Il eût fallu donner aux 83 bataillons déjà formés et prêts à combattre tout ce qui leur manquait et organiser complètement les 86 autres. Mais l'Assemblée législative ne recherchait que le nombre et croyait que les foules font des armées ; elle décrétait, décrétait, et ne daignait même pas, en appelant aux armes de nouveaux bataillons, dresser l'état estimatif de la dépense et assigner au ministre les fonds nécessaires. Le 5 mai 1792 elle décida d'ajouter aux 169 bataillons de 1791 45 autres bataillons,

de Carnot et de Cambon (*Monit.* du 21 juillet) ; le Jura forma, du 1er octobre 1791 au 12 août 1792, jusqu'à douze bataillons de volontaires, et la Meurthe, dix.

[1] Rousset, *Les Volontaires*, 21, 43, 44 ; Doublet de Boisthibault, *Marceau*, 1851, p. 147 ; cp. le rapport de Dumouriez, 13 juin : « Plusieurs bataillons (de 1791) manquent encore des équipements les plus nécessaires et sont à peine organisés ».

[2] 83 est le chiffre officiel donné par Dumouriez (rapport du 13 juin).

et elle porta l'effectif de chacun de ces corps de 574 hommes à 800.

Naturellement les deux levées de volontaires, celle de 1792 (45 bataillons) et celle de 1791 (qui durait encore puisque la moitié des bataillons n'étaient pas formés et que tous sans exception devaient se renforcer de 226 hommes), se croisèrent, s'enchevêtrèrent, se nuisirent fort l'une à l'autre. Dans la Haute-Marne, les citoyens inscrits depuis l'année précédente refusèrent soit de compléter le bataillon de 1791, parce qu'ils n'avaient ni le droit de nommer leurs officiers, ni l'espérance d'obtenir un grade par l'élection, soit d'entrer dans le bataillon de 1792 parce qu'ils ne regardaient pas leur enrôlement comme un engagement véritable, parce qu'ils s'étaient mariés depuis leur inscription, etc. [1].

Le zèle de la nation s'était évidemment refroidi. Il fallait frapper fortement les esprits et rallumer l'enthousiasme. L'Assemblée déclara la patrie en danger. Elle mit en état d'activité permanente tous les citoyens valides qui avaient déjà fait le service de la garde nationale et arrêta qu'ils se réuniraient par cantons pour choisir parmi eux, au prorata des contingents demandés, les hommes qui marcheraient au secours de la patrie (11 juillet). Elle ordonna la levée de 42 nouveaux bataillons de volontaires qui formeraient les corps de réserve entre les frontières et Paris (19 juillet). Elle abaissa de dix-huit à seize ans la limite d'âge requise pour le service militaire. Elle décida que les localités qui fourniraient, outre les levées décrétées, des bataillons, des compagnies, même de simples escouades, auraient bien mérité de la patrie (17 juillet). Elle avait autorisé la formation de 54 compagnies franches, de 200 hommes chacune, qui « seraient habillées de drap gris, attendu la disette du drap vert [2] », et de légions étrangères, composées des patriotes de tous les pays . la légion allobroge, organisée par les patriotes savoisiens; la légion belge et liégeoise, composée de réfugiés brabançons; la légion batave, que tentèrent de créer des Hollandais

[1] Rousset, 68, le ministre au président de l'Assemblée, 13 juillet.
[2] Loi du 6 mai 1792 et décret du 7 juillet.

expatriés [1]. Elle décréta la formation de compagnies de *chasseurs volontaires nationaux*, chacune de cent cinquante hommes (17 juillet), et de *légions* qui prirent le nom des armées ou des généraux : légion du Nord, légion du Centre ou de Luckner, légion de Kellermann, légion du Rhin, légion du Midi. Elle accorda, par un décret qui devait être imprimé dans toutes les langues, une pension viagère de cent livres et une gratification de cinquante livres à tout sous-officier ou soldat qui abandonnerait le drapeau des alliés (2 août) ; ces déserteurs étaient invités à s'engager dans l'armée française et à défendre la cause des peuples et de la liberté ; ils obtiendraient les mêmes récompenses et les mêmes retraites que les citoyens français.

Ce n'est pas tout. On se rappelle que Servan avait proposé la formation d'un camp de 20,000 hommes aux portes de Paris; chaque canton du territoire aurait envoyé cinq hommes armés ; ces nouveaux volontaires devaient recevoir le nom de *fédérés*, parce qu'ils assisteraient, comme délégués de toutes les gardes nationales, à la fête du 14 Juillet et prêteraient le serment civique de la fédération. Ce décret demandé par Servan fut voté par l'Assemblée, Louis XVI refusa de le sanctionner, mais le constitutionnel Lajard le présenta de nouveau. Il existait, disait-il, à la frontière du Nord deux points vulnérables, l'un près de Maubeuge, l'autre entre Longwy et Montmédy; les deux routes qui menaient à ces deux trouées, se rejoignaient à Soissons; c'était donc à Soissons, et non à Paris, qu'il fallait placer la réserve destinée à couvrir la capitale L'Assemblée adopta ce projet le 2 juillet, en ajoutant que les 20,000 *fédérés* passeraient par Paris et prendraient part à la cérémonie du serment. Cette fois le roi sanctionna le décret. Mais déjà les fédérés s'étaient mis en route sans attendre une convocation légale; ils fraternisèrent le 14 Juillet avec les Parisiens et prirent successivement le chemin de Soissons.

En même temps l'Assemblée réquisitionnait une partie des compagnies de grenadiers et de chasseurs de la

[1] Dumouriez avait eu l'idée de cette légion ; il forma un comité hollandais et lui donna 700,000 livres sur les fonds secrets.

garde nationale. Ces compagnies formaient l'élite de la population sédentaire armée; depuis le commencement de la Révolution elles étaient habillées, équipées, armées; elles avaient fait l'exercice. L'Assemblée divisa le royaume en quatre grandes circonscriptions qui correspondaient à chacune des quatre armées du Nord, du Centre, du Rhin et du Midi. Elle autorisa les quatre généraux d'armée Lafayette, Luckner, Biron, Montesquiou, à requérir, dans chaque circonscription, la moitié des compagnies de grenadiers et de chasseurs de la garde nationale pour les organiser en bataillons. Le premier, Biron, requit (19 juillet) les départements du Haut et du Bas-Rhin, du Doubs, du Jura, de la Haute-Saône, des Vosges et de la Meurthe, de mettre en armes le sixième de leurs citoyens actifs. Quelques jours plus tard (11 août) il ordonnait aux départements de Saône-et-Loire, de la Côte-d'Or, de la Haute-Marne, de l'Aube, de l'Yonne, de la Nièvre, de l'Allier, du Puy-de-Dôme, du Cher, de l'Indre et d'Indre-et-Loire, de former et d'envoyer immédiatement à Strasbourg un bataillon de 800 hommes. Les trois autres généraux d'armée suivirent l'exemple de Biron et s'empressèrent de requérir dans la circonscription de leur commandement l'élite de la garde nationale sédentaire [1].

En résumé, l'Assemblée avait approuvé ou décrété, pour soutenir l'armée de ligne, la levée de 256 bataillons de volontaires, la formation d'un camp de 20,000 fédérés à Soissons, la création de corps francs et de légions, la réquisition d'une partie de la garde nationale. Mais avait-on assez de provisions de bouche, assez de munitions et même assez d'armes pour cette multitude d'hommes [2]? Que de fusils avaient été donnés depuis trois ans à la garde nationale et depuis quelques mois aux habitants des frontières! On passa des marchés de tous côtés, on voulut acheter au prix de vingt-quatre millions cinq cent mille fusils; quelques milliers seulement

[1] Rousset, 70-71; *Monit.* des 25 et 26 juillet.

[2] Cp. le rapport de Dumouriez, 13 juin. Ajoutons, à ce propos, que l'armée avait encore le fusil du modèle de 1777 qui servit pendant toutes les guerres de la Révolution; la longueur du canon était de 42 pouces, l'arme pesait 9 livres 8 onces.

furent livrés; les commerçants savaient le désordre des finances et craignaient de n'être pas payés. On établit une nouvelle manufacture d'armes à Moulins; on stimula les ouvriers des fabriques de l'État à Maubeuge, à Charleville, à Saint-Étienne, à Tulle, en leur offrant des primes. Mais rien ne se faisait qu'avec lenteur. Avant 1789 la manufacture de Charleville fournissait 25,000 armes à feu tous les ans; elle n'en donnait plus que 5,000 depuis le commencement de la Révolution [1]. Des villes armèrent à leurs frais des volontaires; elles furent trompées par des spéculateurs; sur dix fusils qu'elles reçurent, un seul faisait feu. On vit dans quelques garnisons des volontaires monter la garde avec un bâton. Carnot proposa de fabriquer trois cent mille piques; il soutenait que le Français avait toujours l'avantage à l'arme blanche et qu'il saurait assez bien manier la pique, cette « arme de la liberté », pour arrêter la charge des escadrons prussiens [2]. Un ancien colonel de dragons, Scott, écrivit un *Manuel du citoyen armé de la pique*. L'Assemblée décida que la pique serait donnée à tout citoyen qui ne possèderait pas une arme à feu, que les municipalités feraient fabriquer des piques de six à dix pieds de long et en armeraient les citoyens dans le délai d'un mois; elle envoya partout une instruction sur le mode le plus favorable de disposer un bataillon de fusiliers et de piquiers. Mais que peuvent les piques contre le canon ?

Cette levée générale, comme l'avait dit Dumouriez dans son rapport du 13 juin, ne pouvait opposer à l'invasion qu'une « tourbe sans ordre et sans force, qui, rassemblée tumultueusement, aurait le sort de ces immenses armées indiennes que quelques hommes aguerris dissipaient facilement ». Heureusement, elle n'eut pas le temps de se rendre aux armées. Quelques corps francs arrivèrent et rendirent d'importants services; ce furent, entre autres, la légion belge et la première compagnie franche; la légion belge ou *belgique*, composée de 350 hommes et divisée en quatre compagnies, accompa-

[1] Rapport des commissaires envoyés à Sedan, *Monit.* du 6 sept.
[2] *Monit.* du 27 juillet.

gna Duval et Beurnonville en Champagne ; la première compagnie franche ou des *Ransonnets* était commandée par le capitaine Ransonnet et fit la campagne de l'Argonne à l'avant-garde de l'armée de Dumouriez [1]. Les bataillons de grenadiers volontaires, formés des compagnies d'élite de la garde nationale, purent renforcer les garnisons. Mais ni les fédérés du camp de Soissons, ni les bataillons de volontaires que l'Assemblée législative appelait en 1792 à la défense de la patrie en danger, ne prirent part à la lutte. Deux armées, celle du Nord et celle du Centre, devaient tenir tête à l'invasion ; au 10 août, la première ne comptait que trente-deux, et la seconde, que dix-huit bataillons de volontaires, et ces bataillons appartenaient à la levée de 1791 décrétée par la Constituante [2] !

III. En somme, au 10 août 1792, la France avait sur la frontière que menaçaient les Austro-Prussiens trois armées insuffisantes en nombre : 1° l'armée du Nord, commandée en chef par Lafayette, et répartie entre Dunkerque et Montmédy, dans les camps de Maulde, de Famars, de Pont-sur-Sambre et de Sedan ; les camps de Maulde, de Famars et de Pont-sur-Sambre, sous les ordres du lieutenant-général Arthur Dillon, contenaient 24,000 hommes environ ; les troupes de Sedan, qu'on nommait plus spécialement l'armée des Ardennes ou de la Meuse et qui devaient être l'armée de l'Argonne, comptaient 19,000 hommes ; 2° l'armée du Centre ou de Metz, de Montmédy à Bitche ; elle avait à sa tête le maréchal Luckner et comprenait 17,000 soldats ; 3° l'armée du Rhin, entre Landau et Porrentruy ; elle était commandée par Biron et forte de 22,000 hommes, mais 15,000 seulement, détachés en observation vers Lauterbourg, avaient une valeur sérieuse. Il faut ajouter à ces trois armées l'armée du Midi, sous les ordres de Montesquiou ; il

[1] Cp. l'ordre de bataille de l'armée du nord. Les *Ransonnets* firent, avec Miaczynski, la pointe du 1er septembre sur Stenay (*Monit.* du 6 sept.) ; ils étaient, le 19 septembre, au Four-le-Moine (lettre de Ransonnet à Herman, *Annales patriot.* du 2 octobre).

[2] Ordres de bataille du 10 août (arch. guerre).

avait fallu la créer pour réprimer les troubles du sud de la France et se défendre contre la Sardaigne.

Ces troupes, numériquement faibles, avaient été désorganisées par l'émigration des officiers et par l'indiscipline des soldats. On peut assurer, sans crainte de se tromper, que sur 9,000 officiers de l'armée de ligne, près de 6,000 quittèrent leur emploi [1]. Malgré les décrets de l'Assemblée, l'émigration était jugée avec indulgence dans les camps; « elle avait encore un grand caractère, dit Gay de Vernon; nous l'avons plus tard traitée sévèrement lorsqu'elle eut dévoilé ses intrigues et ses haines, mais beaucoup de nous pensaient qu'elle avait été commandée par l'honneur, par le dévouement à d'anciens devoirs, par la sainteté des vieilles habitudes ».

L'avant-garde de l'armée du Rhin devait être dirigée par quatre maréchaux de camp; l'un d'eux, Pestalozzi, émigrait; un autre, Dulac, donnait sa démission « parce que les choses allaient trop mal »; il ne restait au camp de Neukirch que Kellermann et l'Anglais Sheldon. Lafayette ne trouvait à l'armée du Nord que deux lieutenants-généraux sur cinq et trois adjudants-généraux sur six. Le régiment de Berwick (88e de ligne), le régiment de Royal-Allemand (15e cavalerie), celui des hussards de Saxe (4e hussards), celui de Berchiny (1er hussards) passaient la frontière et se rangeaient sous les drapeaux de l'émigration. La défection du 4e hussards excita l'émotion la plus vive; elle eut lieu dans la nuit du 9 mai, trois semaines après la déclaration de guerre; pas un officier, pas un maréchal des logis ne resta au camp de Neukirch. Quelques soldats revinrent et 150 hommes de la garde nationale de Strasbourg offrirent avec un patriotique dévouement de combler le vide qu'avait fait cette désertion; mais, écrivait Victor

[1] 2,160 officiers émigrèrent du 15 septembre au 1er décembre 1791, en deux mois et demi; c'étaient 46 officiers de l'état-major, 190 officiers supérieurs, 1,294 officiers inférieurs (Buchez et Roux, Ass. législ., II, 387). 187 officiers d'artillerie abandonnèrent leur emploi sans donner leur démission, du 1er septembre 1791 au 15 juillet 1792; 144 officiers de cavalerie et 398 officiers d'infanterie quittèrent leur emploi « soit en donnant leur démission soit autrement » du 27 avril 1792 au 15 juillet 1792. (Arch. nat., AA, 61.)

de Broglie, dans d'autres circonstances, la perte de 150 hussards mériterait peu d'attention ; dans l'état où nous sommes, ce qui peut aggraver les craintes, augmenter les défiances, me paraît de la plus haute importance [1].

Pour comble de malheur, cette fatale émigration dura jusqu'au jour où les alliés envahirent le territoire ; elle était pour le ministre, dit Rochambeau, l'ouvrage de Pénélope et défaisait le lendemain tout son travail de la veille. A tout instant, de nouvelles vacances se produisaient dans les cadres. Des officiers ne désertaient qu'au dernier moment ; ils étaient inscrits sur les registres de Luxembourg et de Coblenz, mais ils restaient à l'armée pour envoyer leurs appointements aux camarades dont l'absence n'était pas encore officiellement constatée. Ils semblent, écrivaient les administrateurs du Bas-Rhin, s'être concertés pour abandonner successivement les postes afin de multiplier les embarras de nos généraux et de communiquer à l'ennemi leurs plans de campagne. En vain Lafayette priait au nom de l'honneur les officiers royalistes d'émigrer sur-le-champ. Le commandant de Longwy, Gaston, ne s'enfuit à l'étranger qu'après avoir reçu six mille livres destinées à l'espionnage. Les officiers de Royal-Suédois (89e) ne passèrent à l'ennemi que dans la nuit où le premier détachement de l'armée franchissait la frontière belge.

Notre position, dit Lafayette, était donc incertaine et pénible, et on comprend la trop juste méfiance des soldats à l'égard d'une grande partie des officiers [2]. Les soldats, écrivait Biron le 23 août, sont si habituellement trahis et trompés par ceux qui les commandent et qu'ils voient journellement déserter à l'ennemi, que leur méfiance est bien naturelle [3]. On regardait la plupart des officiers comme des *aristocrates*, tout prêts à pactiser avec l'envahisseur. Quiconque avait la

[1] Vieusseux à Brissot, 10 mai ; Lafayette à de Grave, 25 avril ; Kellermann et V. de Broglie à de Grave, 10 et 11 mai (arch. guerre). Ce fut alors que la législature décréta que tout émigré serait réputé déserteur et, s'il passait à l'ennemi, puni de mort.

[2] Lafayette, *Mém.*, III, 297 ; les administrateurs du Bas-Rhin à l'Assemblée, 11 juillet.

[3] Biron à Servan, 23 août (arch. guerre).

particule passait pour un traître. Le 6 septembre, un officier d'infanterie, député par le corps d'armée qui campait sous les murs de Huningue, se présentait à l'Assemblée et la priait de nommer commandant un homme qui ne fût point noble; « nous vous indiquons, disait l'officier, M. Ferrières; un sang corrompu ne coule pas dans ses veines; il n'est pas de cette caste qui a produit tant de crimes et si peu de vertus. » La défiance, s'écriait Pastoret, voilà la source principale de nos maux : quoi qu'il arrive, on accuse et on égare; quand nos armées seront victorieuses, on dira : tremblez, méfiez-vous de vos chefs; si la victoire se refuse à notre courage, tremblez, dira-t-on encore, méfiez-vous de vos chefs, ils vous trahissent, ils sont vendus aux ennemis de la patrie [1].

Tous les liens de la discipline semblèrent un instant rompus. Les comités qui s'étaient formés dans chaque régiment, les manifestations patriotiques des troupes, les offrandes qu'elles envoyaient à l'Assemblée de leur propre mouvement sans autorisation de leurs supérieurs, leurs adresses au corps législatif, leur contact incessant avec les gardes nationales, leurs fédérations avec les milices bourgeoises (comme celle de Royal-Étranger avec les milices de Franche-Comté et du régiment de Languedoc avec les légions toulousaines), leurs fédérations entre elles (comme celle des régiments de Beauce et de Normandie, et celle des sept régiments qui voulurent former un congrès militaire), l'intervention de l'autorité civile dans leur police intérieure, la puissance des municipalités qui méconnaissaient fréquemment les ordres des généraux, les excitations des sociétés populaires et des journalistes qui, comme Marat, conseillaient

[1] *Monit.* du 8 septembre (discours d'un officier), et du 1er juillet (rapport de Pastoret). Voici, entre mille, un exemple de cette incurable défiance qui régnait partout. On avait établi dans l'église Saint-Jean, à Soissons, une boulangerie militaire. Les vitraux de l'église étaient dégradés; des éclats de verre écrasé tombèrent dans la pâte du pain destiné aux volontaires. Trois jours après, la France apprenait que 170 soldats avaient péri empoisonnés et que 700 autres étaient à l'hôpital. Une députation se présentait à la barre de l'Assemblée pour dénoncer ce crime atroce et demander vengeance. (Séances des 2 et 3 août.)

à l'armée de massacrer ses chefs. les liaisons qu'avaient formées à Paris les soldats députés à la Fédération du 14 juillet 1790, tout avait semé l'insubordination dans les régiments. Lorsqu'éclata le terrible soulèvement de Nancy, l'Assemblée constituante se contenta de licencier les régiments du Roi et Mestre de camp, et de donner aux deux corps qui les remplaçaient le dernier numéro de la série. Elle autorisa les soldats à faire partie des sociétés patriotiques. On vit la garnison de Lille protester contre le nouveau règlement qui « ne respirait que la tyrannie », et dénoncer a la Législative M. de Narbonne comme despote, prévaricateur et réfractaire à la loi ; le ministre de la guerre dut se justifier en présence des soldats auxquels l'Assemblée avait accordé les honneurs de la séance. On vit les Suisses du régiment de Châteauvieux, qu'on avait condamnés aux galères après l'insurrection de Nancy, reçus dans l'Assemblée au bruit des applaudissements, fêtés par la population de Paris, acclamés dans les rues et les jardins publics. Le 18e cavalerie laissa massacrer, dans ses rangs, par une bande de séditieux, le maire d'Étampes, Simonneau. Des régiments se partagèrent la masse, mirent leurs officiers aux arrêts, conduisirent leurs chevaux au marché pour les vendre. Les soldats, dit l'auteur du *Tableau historique*, aspirant tous à remplacer leurs chefs, ne négligeaient aucun moyen pour les dégoûter, et menaçaient même de les égorger s'ils ne quittaient pas de bon gré [1].

Même indiscipline chez les volontaires. Quelques bataillons avaient mis à leur tête des intrigants et des braillards ; les grands parleurs, et surtout les grands buveurs, écrivait François Wimpfen, l'ont emporté dans la concurrence sur les plus capables. D'autres commettaient des désordres en rejoignant leur garnison ou en se rendant aux frontières. Nos jeunes militaires, disait Narbonne, ont adopté la manière ancienne de se battre et d'inquiéter leurs hôtes. Ils brisaient les vitres des auberges comme au *Pied de Bœuf*, à Wasselonne. Ils faisaient des arrestations illégales, comme le 1er de la

[1] II, 30.

Corrèze, à Senlis et à Pont-Sainte-Maxence. Ils voulaient, comme le 3e de l'Yonne, à Dormans, mettre à la lanterne des prisonniers décrétés d'accusation par l'Assemblée, et couchaient en joue leurs officiers[1].

Ajoutez que les volontaires étaient en désaccord avec les vieux régiments. Ils se vantaient d'être les vrais soutiens et, comme disait le député Bruat, les enfants chéris de la Liberté. Ils avaient l'habit bleu; les soldats de ligne avaient conservé l'habit blanc. Ceux-là se distinguaient par les noms de leurs départements; ceux-ci ne portaient plus ces noms de Champagne, de Navarre, d'Auvergne, de Bourbonnais, qui rappelaient de glorieux souvenirs, et ils regrettaient encore de n'être désignés que par un simple numéro d'ordre. Nos ennemis, écrivait Couthon, insinuent à la troupe de ligne que les citoyens armés la méprisent et se croient très au dessus d'elle, afin d'établir entre ces deux corps, qui ne doivent essentiellement en faire qu'un, une diversion utile à leur projet[2].

L'armée du Rhin est peut-être celle que la correspondance des généraux et des administrateurs avec le ministre de la guerre nous fait le mieux connaître. Partout des querelles et des actes d'indiscipline dans les troupes de ligne comme parmi les volontaires. Un commencement d'insurrection éclate dans la garnison de Phalsbourg. A Lunéville, le 30e régiment d'infanterie provoque le 15e de cavalerie. Le 1er bataillon du Haut-Rhin, excité par son lieutenant-colonel Offenstein, se soulève; il faut le changer de cantonnement et jeter Offenstein en prison. Le 2e de Seine-et-Oise s'insurge pendant sa marche de Belfort à Strasbourg. A Neufbrisach, le 1er de l'Ain et le 6e du Jura se livrent a des désordres qui désespèrent le vieux Lamorlière. A Strasbourg, la garnison se divise en deux partis, l'un formé par l'ancien régiment de Normandie cavalerie et le régiment suisse de Vigier, l'autre composé des volontaires nationaux, de l'artillerie, des chasseurs à cheval; le 8 juin, les deux

[1] Rousset, *Les Volontaires*, 53; rapport de Narbonne, 11 janvier; Mise de Blocqueville, *Le maréchal Davout*, 1879, I, 295.

[2] *Monit.* du 31 août (lettre de Bruat); Gay de Vernon, *Custine et Houchard*, 1844, p. 39; *Corresp.* de Couthon, 1872, p. 180 (lettre du 30 août).

partis en viennent aux mains dans une brasserie[1].

Pas une lettre de Luckner, de son chef d'état-major Victor de Broglie, de Lamorlière, de Custine, de Biron, qui ne retrace la faiblesse de cette armée. Nous n'avons plus de fusils, mande Broglie, pour armer nos volontaires; les 7,000 qui sont à l'arsenal de Strasbourg n'y suffiront pas. Lamorlière ne cesse de se lamenter sur la pénurie de ses moyens; sa position, dit-il, devient tous les jours de plus en plus difficile; il lui sera bientôt impossible de répondre de rien : jamais armée, chargée de défendre la frontière de l'Alsace, n'a été aussi faible que la sienne. Broglie reconnaît le zèle et l'ardeur des troupes; il lui semble qu'elles gagnent en instruction et en discipline, mais que de choses à faire encore! « L'émigration d'un grand nombre d'officiers, des vacances longtemps prolongées, des changements rapides et multipliés dans les officiers et sous-officiers, la nécessité de morceler les troupes pour obéir aux réquisitions des corps administratifs et maintenir l'ordre, telles sont les principales causes qui ont retardé le progrès des troupes et surtout des volontaires nationaux; ils ont singulièrement besoin d'apprendre à servir sous l'œil d'un général qui prenne de leur instruction un soin particulier. » Le 19 juillet, Lamorlière, Custine, Biron, Broglie adressent un mémoire collectif au ministre de la guerre; ils exposent franchement leur situation. Ils ne disposent que de 47,700 hommes, dont 25,000 dans les places et 22,000 dans les camps, et on ne leur promet d'autre renfort que huit bataillons! « Ils manquent de tout. L'habillement des troupes est dans un état de délabrement véritablement honteux et qui compromet essentiellement la santé du soldat. L'armée est dépourvue d'officiers généraux, d'officiers supérieurs, de subalternes, d'ingénieurs, de canonniers, de mineurs; sans ces officiers, sans ces soldats, on n'a ni armée, ni garnison capable de se défendre avec vigueur. » Le 10 mai, l'adjudant-général Vieusseux écrivait à Brissot, son ami :

[1] Arch. guerre, Luckner au commandant de Phalsbourg, 2 mai; lettre de Defranc, 23 avril; Custine à Servan, 9 juin, et Rousset, et 57-58.

Les tentes, les marmites, les bidons, les canons, les munitions, les outils n'arrivent que successivement et en petit nombre ; quand on a une chose, l'autre manque... De pauvres officiers, à qui on ne fournit pas la viande comme aux soldats, ni des chevaux pour porter leurs tentes, sont obligés d'acheter tout cela et n'ont que des assignats dont personne ne veut ; ils manquent à la lettre du nécessaire et cet état de choses, en même temps qu'il décide les gens faibles à abandonner la cause commune, dégoûte les mieux intentionnés et finira par tout perdre. Le soldat est défiant, mutin et mal discipliné ; les plaintes sont inutiles, parce qu'il n'y a plus de moyens de punir et que les lentes formalités prescrites par la loi pour les délits majeurs sont impraticables en campagne .. A chaque instant, on croit voir des ennemis, et tout de suite les têtes se montent, on crie à la trahison et l'on fait circuler les contes les plus extravagants. Nous n'avons que des troupes très neuves, très négligentes et très peu accoutumées aux fatigues, qui font le service avec nonchalance et légèreté, qui n'écoutent pas les remontrances ni les instructions des officiers, qui murmurent quand on exige d'elles des choses qui leur paraissent pénibles... Ce n'est pas avec des adresses, des pétitions, des fêtes et des chansons qu'on résiste à des troupes aguerries, disciplinées, faites à la tactique et commandées par d'excellents officiers [1].

IV. Aussi la guerre avait commencé par une honteuse déroute ; les soldats avaient lâché pied à la vue de l'adversaire et massacré leur général qu'ils accusaient de trahison.

Le 28 avril, une colonne, commandée par Théobald Dillon, marchait de Lille sur Tournay ; les hussards autrichiens parurent tout à coup ; aussitôt la cavalerie française tourna bride en criant *sauve qui peut* et entraîna l'infanterie. Dillon essaya de rallier les fuyards ; ses propres soldats lui tirèrent deux coups de pistolet, l'arrachèrent de la grange où il s'était réfugié, le ramenèrent à Lille tout sanglant et l'égorgèrent dans la rue. Le colonel du génie Berthois, l'ancien curé de la Made-

[1] Arch. guerre : de Broglie à de Grave (11 mai), et à Lajard (23 juin) ; Lamorlière à Servan (7 et 10 juin) ; les généraux de l'armée du Rhin à Lajard (19 juillet) ; cp. les deux lettres de Vieusseux à Brissot (10 et 15 mai) ; la lettre du 15 mai est reproduite en son entier par Rousset, *Les Volontaires*, p. 54-55 ; on ne cite ici que celle du 10 mai, qui est inédite.

leine et quatre prisonniers autrichiens furent pendus.

Le même jour, Biron se porte de Quiévrain sur Mons et chasse de Boussu quelques uhlans ; mais il voit les hauteurs de Jemmapes garnies de troupes. Il n'ose tenter l'attaque, et, sur le soir, après une canonnade inutile contre les avant-postes ennemis, il ordonne la retraite. Il campe à Boussu. Mais ses soldats étaient épuisés par la marche, la chaleur et la faim ; ils avaient jeté leur pain sur la route. Soudain, à dix heures, le bruit se répand que la cavalerie autrichienne a pénétré dans le camp. Les dragons du 5e et du 6e enfourchent leurs chevaux et s'enfuient au grand trot sur le chemin de Valenciennes, en criant « *nous sommes trahis !* » Biron et Dampierre s'efforcent de les arrêter : Dampierre ramène la moitié du 5e régiment, mais Biron et les officiers de son état-major parcourent plus d'une lieue sans pouvoir rallier les dragons du 6e. Il faisait, dit Latour-Foissac, un beau clair de lune, mais sa lumière était horriblement obscurcie par les flots épais de poussière que la course précipitée des chevaux élevait loin au-dessus des têtes, on était emporté par le torrent, on ne se reconnaissait pas, on ne se voyait pas. Enfin, Biron parvient à se faire obéir ; il reforme les dragons dans la plaine d'Orun et les reconduit au camp. Le lendemain, au point du jour, on se dirige dans le plus grand désordre sur Valenciennes et on laisse les uhlans s'emparer de Quiévrain. Vainement le maréchal de camp Fleury se met à la tête du 68e régiment et tente de reprendre le village ; blessé, jeté à bas de son cheval, il voit le régiment se débander en criant qu'il faut retourner à Valenciennes. Vainement Biron mène le 49e régiment à l'attaque de Quiévrain et refoule les uhlans ; deux autres régiments d'infanterie qu'il court chercher pour garder le village reconquis, refusent de suivre leur général. Biron abandonne Quiévrain et repasse la frontière un des derniers. Tout se confondait dans cette déroute, infanterie, cavalerie, artillerie ; les chemins étaient couverts de fusils, de sabres et de sacs ; plus de soixante soldats expirèrent de fatigue et de peur ; quelques-uns, tourmentés par une soif ardente, se traînèrent jusqu'à des mares d'eau fétide et y moururent. On laissa sur la place les effets de campagne, les équipages, plusieurs pi de canon ; on rentra et s'entassa pêle-mêle dans Valenciennes ; on leva les ponts ; personne ne voulait regagner les cantonnements et quitter l'abri qu'offraient les murailles. Biron ne déblaya la ville que le lendemain [1].

La guerre ne pouvait commencer sous de plus tristes auspices, et cette double déroute trompa l'Europe sur la valeur de l'armée française. On crut partout qu'elle se débanderait dès la première bataille. Les Autrichiens affichèrent sur les arbres de la Flandre les mots *vaincre ou courir*. « O Français, s'écriait le poète allemand Bürger, honte à vous qui cachez votre lâcheté sous des actes de tigres, qui égorgez votre général et vos prisonniers, qui fuyez comme des gredins ! Je voulais être votre Tyrtée, mais je souhaite la victoire à quiconque vous portera des chaînes. Celui qui ne peut mourir pour la liberté, mérite que le prêtre et le noble le chassent à coups de fouet de ses propres foyers ! » On croyait en effet, dit Latour-Foissac, que pour vaincre ces fameux soldats de la Révolution, il n'y avait plus besoin que de fouets de poste [2].

V. A l'indiscipline et aux défiances de l'armée se joignait la mésintelligence entre les généraux, les uns méditant une guerre d'invasion, les autres résolus à se tenir sur la défensive, les uns attachés à la Constitution de 1791, les autres flatteurs du parti populaire, tous voulant n'en faire qu'à leur tête, aspirant à l'indépendance, regardant leur armée comme leur propriété, sans cesse préoccupés des événements de Paris.

Luckner avait, après la déroute du 28 avril, remplacé Rochambeau à la tête de l'armée du Nord. Dumouriez, sorti du ministère et nommé lieutenant-général, vint rejoindre le maréchal à Valenciennes. L'état-major lui fit l'accueil le plus méprisant ; on ne lui envoya ni ordonnance ni garde d'honneur ; on ne mit pas son arrivée à

[1] Arch. guerre, Mém. de Latour-Foissac et lettres de Biron. Remarquons, une fois pour toutes, qu'on nommait *régiment* le premier bataillon ou bataillon de marche.

[2] Latour-Foissac ; Bürger, *Werke* p. p. Bohtz, 1835, p. 102.

l'ordre du jour de l'armée, et pendant une semaine l'ancien ministre des affaires étrangères se promena dans les rues de Valenciennes comme un simple particulier. Luckner le traitait à la hussarde; Dumouriez lui représenta qu'il valait mieux camper à Quiévrain; le maréchal s'emporta et déclara en jurant qu'il n'avait pas besoin de conseils et ferait mettre a la citadelle tout officier-général qui raisonnerait. Lorsqu'il fallut donner un commandement à Dumouriez, il lui confia le moins important, celui du camp de Maulde.

Ce fut alors qu'eut lieu ce mouvement singulier et dangereux que les contemporains nommèrent le chassé-croisé des deux armées du Centre et du Nord. Lafayette, alors à Metz, était trop loin pour marcher sur Paris lorsqu'éclaterait l'insurrection jacobine que tout le monde prévoyait. Un jour, il quitte son camp et se rend à Valenciennes; il s'enferme avec Luckner et lui propose un échange : Lafayette défendra la frontière de Dunkerque à Montmédy, et Luckner, de Montmédy à Besançon; le premier se transportera dans les Flandres avec ses troupes, et le second, sur la Moselle; le ministre Lajard approuve tout. L'opération s'exécuta dans les dernières semaines de juillet. Mais elle alarma l'opinion. En pleine guerre, à la vue des Autrichiens, on découvrait la frontière pendant quelques jours! On imposait aux soldats une marche inutile et fatigante de quatre-vingts lieues à l'intérieur du pays! Si Lafayette et Luckner voulaient échanger leur commandement, pourquoi ne laissaient-ils pas leurs troupes dans leurs positions? Ne devait-il pas leur être indifférent de commander telle ou telle armée, pourvu qu'elle fût française[1]?

Dumouriez était compris dans ce mouvement. Il avait ordre de quitter le camp de Maulde et de rejoindre Luckner à Metz, le 20 juillet, avec l'arrière-garde composée de six bataillons et de cinq escadrons. Mais il ne voulait pas quitter la Flandre; il projetait l'invasion de la Belgique et désirait, comme Lafayette, rester à portée de Paris. Il n'hésita pas à désobéir.

[1] Dumouriez, *Mém.*, édit. Barrière, 1878, I, 231; *Monit.*, discours de Sers (20 juillet) et de Brissot (8 août); *Monit.* du 18 juillet, Lajard aux généraux.

Dans la nuit du 14 juillet, les Autrichiens attaquèrent Orchies. Dumouriez écrivit aussitôt, non pas à Lafayette ou à Luckner, non pas au ministre, mais à l'Assemblée législative. Sa lettre fut lue dans la séance du 18. J'ignore, disait-il impertinemment, s'il existe un ministre de la guerre; de deux généraux d'armée, l'un est en route pour la Moselle ou à Paris, l'autre est presque sur la même route ; on a l'air de regarder la frontière des Pays-Bas comme indifférente et avec deux armées qui se croisent à une vingtaine de lieues d'ici, il ne se trouve même pas de quoi exercer une défensive honorable. Il racontait l'attaque d'Orchies par les Impériaux ; il louait le courage des volontaires de la Somme, qui s'étaient battus pendant trois heures avec sang-froid ; mais il ajoutait que les Autrichiens menaçaient le camp de Maulde et que sa petite armée devenait la seule ressource de la Flandre. Il est possible, concluait Dumouriez, que cette circonstance m'empêche de partir pour Metz ou même qu'elle amène d'autres dispositions de la part de l'Assemblée nationale et du pouvoir exécutif.

Le lendemain (19 juillet), nouvelle lettre de Dumouriez à l'Assemblée. J'ignore encore, écrit-il, s'il y a un ministre de la guerre et je crois devoir m'adresser à l'Assemblée pour l'instruire des circonstances graves qu'a fait naître le départ de M. Luckner. Il annonce que les Autrichiens se sont emparés de Bavay, qu'il ne peut quitter sans danger ce département du Nord où il est né et dont il a la confiance ; s'il emmenait à Metz, comme le veut Luckner, l'arrière-garde de l'armée, il ne resterait plus en Flandre assez de troupes pour repousser l'agression des Impériaux.

Vainement, dans la séance du 20 juillet, Lacuée s'étonne que Dumouriez feigne d'ignorer l'existence du ministre. Vainement Mathieu Dumas accuse le général de désobéir au roi et au maréchal, son supérieur hiérarchique. Arthur Dillon, nommé commandant de l'aile gauche de l'armée du Nord et de toutes les forces de Flandre, se laisse persuader par Dumouriez. Un conseil de guerre s'assemble à Valenciennes. On y déclare que le département du Nord court le plus grand péril et qu'il faut y garder la deuxième division que commande Dumouriez, jusqu'à la retraite des Autrichiens. En réalité, le danger n'était pas aussi grave qu'on le proclamait; il ne faut en Flandre, disait justement Lafayette, qu'un très petit corps pour manœuvrer entre les places, et un mois plus tard, Dumouriez ne craignait pas d'appeler dans l'Argonne les troupes du camp de Maulde [1].

Cependant Luckner attendait avec impatience son arrière-garde qui ne venait pas. Dumouriez n'avait pas daigné l'avertir, et le maréchal n'apprit la décision du conseil de guerre que par le ministre d'Abancourt. On imagine la colère du vieux soudard : Dumouriez « se permet de changer mes ordres » ; il oublie les devoirs d'un lieutenant-général subordonné à un maréchal de France ; il montre un esprit d'indépendance contraire aux principes des lois militaires ; il s'arroge de son propre chef le commandement des troupes du Nord ; il faut qu'il soit puni : si sa désobéissance reste sans châtiment, l'armée est perdue !

Mais l'opinion était favorable à Dumouriez. D'Abancourt répondit à Luckner que la conduite du général lui paraissait « extrêmement repréhensible », mais qu'il n'osait désapprouver la délibération du conseil de guerre de Valenciennes. Luckner, à son tour, écrivit qu'on se moquait de lui, puisqu'on changeait ses plans sans le consulter ; que ses troupes étaient réduites aux deux tiers ; qu'il ne répondait plus de la défense de la Lorraine [2].

Ainsi, à la veille de l'invasion prussienne, les généraux tournent leurs regards vers la capitale et se soucient beaucoup plus de l'Assemblée et du roi que de l'ennemi qui s'approche. Le 10 août survient, et la guerre civile est sur le point d'éclater et de se joindre à la guerre étrangère ; un instant, l'insurrection des troupes de Sedan semble répondre à l'insurrection du peuple de Paris, et tandis que les coalisés franchissent la frontière, Lafayette essaie d'entraîner ses soldats contre l'Assemblée !

[1] Lafayette à Lajard, 8 juillet, et *Mém.*, III, 499.

[2] Corresp. de Luckner et de d'Abancourt, 25 juillet-1er août (arch. guerre).

VI. Lafayette a rendu de grands services à l'armée française. Actif et désireux de se signaler, il accoutuma ses soldats à supporter la fatigue et à voir l'ennemi; grand, mince, bien fait, il avait l'extérieur du commandement; son rôle sous la Constituante et ses prouesses d'Amérique augmentaient le prestige qu'exerçait sa personne Mais son attention se portait moins sur l'ennemi du dehors que sur celui du dedans; il avait juré d'anéantir la faction jacobine, et le 22 juin, en exposant à Lajard la situation de son armée, il ajoutait : « Tous ces objets, quoique bien intéressants, le sont encore moins que notre situation politique; c'est sur elle que doivent se porter les efforts de tous les bons citoyens; mon combat avec les factieux est à mort, et je veux le terminer bientôt, car, dussé-je les attaquer tout seul, je le ferai sans compter ni leur force ni leur nombre [1]. » On sait qu'il écrivit à la Législative pour lui dénoncer les « usurpations », les « maximes désorganisatrices » et la « fureur délirante » des jacobins; qu'il parut le 28 juin à la barre de l'Assemblée et lui déclara qu'il fallait « détruire la secte qui envahissait la souveraineté et tyrannisait tous les citoyens »; les armées, disait-il, doivent être assurées par des actes décisifs de l'Assemblée que la Constitution ne recevra aucune atteinte au dedans, tandis qu'elles prodiguent leur sang pour la défendre au dehors.

Tout autre, à la nouvelle du 10 août, aurait aussitôt marché sur Paris. Lafayette voulut rester fidèle à la Constitution et refusa de la violer, même lorsqu'elle était violée par ses adversaires. La Constitution portait que les troupes ne devaient agir dans le royaume que sur la réquisition des corps administratifs. Faire une grande manifestation de la province contre Paris, rallier autour de la municipalité de Sedan toutes les municipalités et autour du conseil général qui siégeait à Mézières tous les conseils généraux de France, former soit à Châlons soit en Flandre un congrès des départements qui se serait déclaré investi de tous les pouvoirs, être le Washington de cette assemblée, tel fut le dessein de Lafayette.

[1] Lafayette à Lajard, 22 juin (arch. guerre).

Sûr du concours de Desrousseaux, maire de Sedan et de l'adhésion du conseil général des Ardennes, il écrit à l'un et à l'autre qu'il se met à la disposition du pouvoir civil. On l'approuve ; les corps administratifs de Sedan répondent qu'ils sont résolus à maintenir la Constitution et le conseil général de Mézières décide de ne pas publier les décrets de l'Assemblée.

Le soir du 14 août, trois commissaires de la Législative, Kersaint, Antonelle et Peraldi, arrivent aux portes de Sedan. Un lieutenant-colonel de volontaires, Bruat, frère du député, accourt au devant d'eux, les avertit qu'ils seront arrêtés. Ils entrent néanmoins. On les arrête, on les mène à l'Hôtel-de-Ville, on les interroge. Ils se nomment et déposent sur le bureau leurs passe-ports, leurs commissions, le décret qui suspend Louis XVI. Mais on refuse de reconnaître leurs pouvoirs qui ne tendent qu'à tromper la nation et à soulever l'armée contre ses généraux. On se récrie contre le décret qui n'est qu'une violation outrageante de la Constitution et un acte monstrueux. On les retient comme otages, on les conduit au château, on les remet à la garde du colonel Sicard pendant qu'autour d'eux retentissent les cris *Vive Lafayette!* Une proclamation affichée sur les murs de Sedan invite les habitants de la ville à rester fidèles à la Constitution et à s'unir contre les agitateurs de la capitale qui veulent répandre dans la cité et jusque dans l'armée le mépris des lois et la guerre civile.

Cependant Lafayette envoie à tous les membres de l'Assemblée, à tous les directoires de département, aux principales municipalités de France les arrêtés de l'administration des Ardennes. Il recommande à ses troupes de se rallier autour de la Constitution qu'elles ont juré de défendre jusqu'à la mort. Il ordonne à tous les généraux soumis à son commandement de faire prêter de nouveau à leurs régiments le serment de fidélité à la nation, à la loi et au roi. Les chefs de corps réunis à Douzy, chez le colonel Stengel, rédigent une adresse à leur général; ils veulent, disent-ils, la Constitution tout entière; ils ne reconnaissent pas une assemblée qui s'attribue illégalement le pouvoir exécutif; ils ont pleine confiance en Lafayette et le suivront partout où il voudra les conduire pour délivrer le roi et châtier les factieux. Le Veneur assemble au camp de Vaux les chefs de bataillon et leur fait signer une lettre qui engage l'armée à rétablir le roi, représentant héréditaire de la nation : « Soldats, voulez-vous marcher sous les étendards de la loi ou sous ceux de Pétion ? » En Flandre, Dillon obéit aux ordres de Lafayette et proteste hautement contre le 10 août : « On assure que la Constitution a été violée ; quels que soient les parjures, ils sont les ennemis de la liberté française, et le général saisit cette occasion de renouveler le serment de verser jusqu'à la dernière goutte de son sang pour le maintien de la Constitution de 1791 [1]. »

Mais, de son côté, l'Assemblée législative prenait en toute hâte des mesures vigoureuses. Elle déclara les administrateurs des Ardennes et de Sedan personnellement responsables de la liberté de Kersaint, d'Antonelle et de Peraldi. Elle ordonna l'arrestation du maire de Sedan et des membres du directoire de Mézières. Elle fit partir trois nouveaux commissaires, Isnard, Quinette, Baudin, qu'elle autorisait à requérir la force publique, et proclama infâme quiconque refuserait d'obéir à leur réquisition. Elle décréta le renouvellement de toutes les administrations des départements, avec la clause expresse que les patriotes pourraient être réélus. Elle accusa Lafayette du crime de conspiration contre la liberté et de trahison envers la nation et défendit à tous les fonctionnaires de lui prêter assistance. Elle décida que Dillon avait perdu la confiance du pays. Elle fit envoyer aux armées les pièces trouvées chez le roi et chez l'intendant de la liste civile de Laporte ; ces pièces qui démontraient les relations de Louis XVI avec les émigrés et ses desseins de contre-révolution, devaient être lues à la tête des compagnies et dans les chambrées. Elle rédigea une adresse aux troupes de Sedan et leur rappela que « la nation répandrait sur eux de nouveaux bienfaits en effaçant jusqu'aux dernières traces de distinctions aristocratiques qui survivaient encore à la Révolution dans l'armée de la liberté et de l'égalité ». Une

[1] *Monit.* des 20, 21, 22, 27 et 30 août.

autre adresse aux départements disait que l'Assemblée était le point de ralliement nécessaire, qu'on ne pouvait se séparer d'elle sans trahir la patrie, qu'il fallait s'unir au corps législatif pour combattre les armées étrangères et maintenir l'inviolabilité du territoire.

Les décrets succédaient aux décrets. Mais déjà la fortune avait tourné, et Lafayette se voyait abandonné des départements et de l'armée. Le directoire de l'Aisne voulait le livrer à l'Assemblée. A Soissons et à Reims, Kersaint, Antonelle et Peraldi avaient été reçus aux cris de *vive la nation* et de *vive l'Assemblée !* A Reims, la commune et la garde nationale avaient écrit qu'elles ne reconnaissaient d'autres rois que les législateurs. Au camp de Maulde, Dumouriez refusait de faire prêter à ses troupes le serment exigé par Dillon. Au camp de Maubeuge, Dillon, consterné de ce refus, apprenant la résolution du directoire de l'Aisne, voyant les officiers et les soldats garder le silence à la prestation du serment, se rétractait fort péniblement et cessait de correspondre avec Lafayette. A Metz, Luckner se contentait de gémir. A Phalsbourg, à Wissembourg, à Lauterbourg, les commissaires de l'Assemblée, Carnot, Coustard, Prieur de la Côte-d'Or et Ritter étaient accueillis par les acclamations des troupes ; ils réunissaient l'état-major de Biron : « Vous soumettez-vous, disait Carnot, purement et simplement aux décrets de l'Assemblée, oui ou non ? » Oui, sans restriction, répondait Biron. Oui, répondaient après leur général la plupart des officiers de l'état-major. Les commissaires ne destituaient que Victor de Broglie, Caffarelli du Falga, Briche, Rouget de Lisle et quelques autres [1].

Cependant, le 15 août, a lieu dans la plaine de Sedan la revue des troupes de Lafayette. Le général, accompagné du maire et de la municipalité de la ville, fait lire la formule du serment ; mais pas une voix ne crie *vive Lafayette*, et on entend de divers côtés *vive l'Assemblée*. Les compagnies de canonniers ne veulent prêter d'autre serment que celui d'être fidèles à la nation et à ses représentants. Les volontaires de l'Allier refusent de

[1] *Monit.* des 21 et 22 août.

lever la main et un capitaine sortant du rang dit au général : « La liberté, l'égalité, l'Assemblée nationale, voilà les seuls noms qui puissent entrer dans nos serments. » La compagnie des grenadiers de Mayenne-et-Loire imite le bataillon de l'Allier. Les jours se passent; on apprend que l'Assemblée a destitué Lafayette; des émissaires venus de Paris, entre autres Westermann, se répandent dans le camp; quelques-uns, pour mieux se déguiser, se présentent comme recrues. Lafayette laisse distribuer à ses troupes les journaux de Paris et mettre à la poste des pétitions contre lui; il veut, dit-il, laisser à ses adversaires des moyens qui seraient indignes de sa cause. Bientôt l'armée regarde la résistance de son général comme une révolte. Plusieurs veulent sauver sa vie; la plupart disent tout haut que Lafayette est un traître qu'il faut livrer pieds et poings liés à l'Assemblée. La cavalerie hésite encore, mais l'infanterie et surtout l'artillerie se prononcent avec éclat contre le général. Le colonel du 6e régiment, Galbaud, a refusé d'assister à la réunion de Douzy, qu'il déclare illégale; les canonniers, écrit-il au *Moniteur*, n'ont jamais été la dupe de Lafayette, on les décorait du titre de factieux, mais ils ne voulaient pas encenser l'idole du jour ni se séparer de l'Assemblée [1].

Lafayette se jugea perdu. Il prit les dispositions nécessaires à la sûreté de l'armée. Il écrivit une lettre antidatée du 13 août, dans laquelle il prenait sous sa responsabilité unique et personnelle toutes les mesures de résistance à l'Assemblée. Il fit ses adieux à la municipalité de Sedan et à ses soldats. Le 19 août il passait la frontière avec tout son état-major [2]. Il tomba dans les avant-postes autrichiens et fut arrêté. Il aurait échappé s'il l'avait voulu : ses compagnons s'étaient saisis d'un paysan qui devait leur servir de guide, mais cet homme

[1] *Monit.* du 22 août (lettres de Sedan et discours d'un sergent de l'Allier, député par ses camarades qui s'étaient cotisés pour payer son voyage) ; *Monit.* du 27 août (lettre de Galbaud), et du 21 août (lettre du canonnier Deprez) ; Lafayette, *Mem.*, IV, 395 et 400 ; lettre à Mme d'Hénin. IV, 479. Tous ces faits sont peu connus.

[2] Daverhoult tenta de le rejoindre ; des douaniers le poursuivirent ; il se tira un coup de pistolet et mourut quelques jours après (*Monit.* du 25 août).

s'y refusait obstinément; Lafayette le relâcha au lieu de lui faire peur. La nouvelle de son arrestation fut accueillie dans le camp des alliés avec les plus vifs transports; la justice de Dieu, disait-on, avait livré un homme abominable au destin qu'il méritait; on le regardait comme coupable du crime de lèse-majesté; on croyait qu'il prêcherait partout l'insurrection, s'il était remis en liberté; il fallait donc le tenir sous bonne garde et le mettre dans une forteresse jusqu'au jour où Louis XVI restauré voudrait bien décider de son sort. Monsieur, lui écrivit le duc de Saxe-Teschen, on ne vous a point arrêté ni comme constitutionnel ni comme émigré; mais c'est vous qui avez été le fauteur de la Révolution, qui avez donné des fers à votre roi, qui avez été le principal instrument de toutes ses disgrâces; il n'est que trop juste qu'on vous retienne [1].

VII. Telle était après le 10 août la situation de l'armée française. L'Europe la jugeait incapable de faire face à l'invasion prussienne. Mais cette armée était entièrement dévouée à la Révolution; elle aimait avec passion le nouveau régime; elle voulait combattre, souffrir et mourir pour la cause de la liberté.

Elle devait tout à la Révolution. La Révolution avait renversé les barrières que le manque de naissance, de fortune ou de faveur opposait encore au mérite. Elle avait proclamé que tout Français était admissible aux grades militaires; elle avait donné à tout soldat qui servirait seize années, les droits de citoyen actif; elle avait établi l'égalité entre les régiments de même arme et augmenté la solde, accordé la décoration militaire aux officiers de tous grades après vingt-quatre ans de services révolus, une pension ou les Invalides à tout militaire qui aurait trente ans de services et cinquante ans d'âge, le maximum de la retraite du grade à quiconque serait blessé à la guerre et désormais incapable de porter les armes, des pensions particulières à ceux qui contracteraient des infirmités au service. Un vieux capitaine du 6e régiment

[1] *Mém.* de Vaublanc (récit de La Tour-Maubourg); Vivenot, *Quellen*, II, 180 et 192, Reuss à Saxe-Teschen; Saxe-Teschen à Lafayette.

avouait à Lafayette qu'il n'aimait pas la Révolution, mais qu'il se battrait pour elle parce qu'elle lui donnait la retraite que lui refusait l'ancien régime [1].

L'armée avait donc insensiblement donné son affection au pouvoir législatif. C'était à l'Assemblée qu'elle exprimait directement ses désirs. Les sous-officiers et les soldats voyaient dans la réunion des représentants de la nation le seul pouvoir légitime, le seul qui leur rendait justice et accueillait leurs plaintes. En avril 1790, les chasseurs de Normandie et le régiment de Colonel-général, retirés dans la citadelle de Lille, disaient au lieutenant du roi qu'ils attendraient la décision de l'Assemblée. Une lettre du président de la Constituante ramenait au devoir la garnison de Tarascon et apaisait les plus graves désordres.

Avec quel enthousiasme l'armée s'était ralliée autour de l'Assemblée, lorsqu'elle avait appris la fuite de la famille royale! La Constituante prescrivit alors un nouveau serment pour les troupes de ligne et les gardes nationales; ce serment enjoignait de maintenir la Constitution, mais il portait aussi qu'il fallait « mourir plutôt que de souffrir l'invasion du territoire français par des troupes étrangères et n'obéir qu'aux décrets qui seraient rendus en conséquence par l'Assemblée nationale ». Il fut prêté partout avec la plus grande solennité et le plus imposant appareil. Jusque-là, dit Bonaparte, si j'eusse reçu l'ordre de tourner mes canons contre le peuple, je ne doute pas que l'habitude, le progrès, l'éducation, le nom du roi ne m'eussent porté à obéir, mais le serment national une fois prêté, c'était fini; je n'eusse plus connu que la nation [2].

Après le 10 août 1792 comme après le 20 juin 1791, l'armée ne connut plus que la nation. Le retour de Varennes, assure Lavallette, avait détruit la majesté du trône; tout sentiment d'amour et même d'intérêt pour le monarque était éteint dans le cœur du soldat : on ne comprenait plus la nécessité d'un roi; l'armée ne tenait plus à lui par aucun lien [3].

[1] Lafayette, *Mém.*, III, 297.

[2] Las Cases, *Mémorial de Sainte-Hélène*, V, 239 (3 août 1816).

[3] Lavallette, *Mém. et souvenirs*, 1831, I, 53 et 70; cp. Bouillé,

Beaucoup d'officiers étaient encore attachés au roi et à la Constitution de 1791. Les colonels et les lieutenants-colonels, mandait Biron à Servan, ne me paraissent pas très patriotes et il est plus prudent de les surveiller que de leur accorder une grande confiance. Le nom du roi, écrit le duc de Raguse, avait encore une magie que rien n'avait altérée dans les cœurs droits, la majorité des élèves de l'école de Châlons était royaliste constitutionnelle et j'appartenais à cette nuance d'opinion [1]. Après le 10 août, le maréchal de camp qui commandait l'avant-garde de l'armée du Centre, Deprez-Crassier, affirmait à Hohenlohe qu'il servait la France libre et *le roi*. Le commandant de Longwy répondait aux sommations des alliés qu'il combattait au nom de la nation et *du roi*. Le commandant de Verdun, Beaurepaire, faisait la même réponse; il ne pouvait rendre la place, disait-il, sans manquer à la fidélité qu'il devait *au roi*, ainsi qu'à la nation et à la loi [2].

Mais les officiers décidés à suivre la pente de la Révolution formaient un puissant parti. Dès 1790, dans le régiment où servait Dommartin, le lieutenant-colonel, trois officiers et tous les lieutenants en troisième, qui « n'avaient rien à perdre », s'étaient déclarés pour le parti populaire. Leur nombre n'avait fait qu'augmenter; les capitaines qui voulaient devenir colonels, les lieutenants qui voulaient devenir capitaines, les sous-lieutenants qui voulaient devenir lieutenants, accueillirent la journée du 10 août sans répugnance. Nous nous sentons en état d'être de bons capitaines, disait le lieutenant Montauban après le 20 juin 1792 à son colonel Dampmartin; Monsieur, lui répliqua ce dernier, l'an dernier vous ne songiez qu'à devenir un bon lieutenant, cette année

Mém., 417 : « l'opinion des soldats sur la nullité du roi et la puissance de l'Assemblée. »

[1] Marmont, *Mém.*, 1857, I, 23-25.

[2] Voir plus loin les chapitres *Fontoy*, *Longwy* et *Verdun*. Brunswick répondit à Beaurepaire : « Les commandants et les troupes de la garnison de Verdun ayant employé le nom de leur roi comme un motif de résistance, sont avertis que, dans un moment où Sa Majesté très chrétienne est évidemment au pouvoir des usurpateurs de sa puissance légitime, un pareil motif perd jusqu'à l'apparence même de raison propre à les excuser. » Le *Moniteur* n'a pas inséré ce passage.

vous vous jugez capable d'être un bon capitaine, l'année prochaine vous aurez assez de mérite pour être colonel[1].

Les officiers « patriotes » l'emportèrent. Avec le levier des soldats, dit Bonaparte, ils conduisaient le régiment et faisaient la loi ; s'ils se trouvaient dans les salons ou parmi leurs camarades, ils se voyaient en minorité ; mais dans la rue ou parmi les soldats, ils se retrouvaient au milieu de la nation tout entière[2].

Voilà pourquoi l'armée abandonna Lafayette et acclama la journée de la Saint-Laurent. Ce n'était plus l'armée royale ; c'était l'armée de la Révolution, l'armée nationale qui ne tenait compte que de la patrie, et, selon le mot de Lavallette, elle restait fidèle, avant tout, à sa haute destinée de défendre le territoire. Un très petit nombre d'officiers démissionnèrent ou émigrèrent après le 10 août. Les autres sacrifièrent à la France les inclinations secrètes d'un cœur royaliste. Je pense, écrivait Victor de Broglie, que l'Assemblée n'a pas le droit de suspendre le roi ; mais, à cause du danger de la patrie et de la présence des ennemis, je reste à l'armée pour m'opposer à l'invasion. Je demeure à mon poste, disait d'Aiguillon, pour défendre l'indépendance nationale. Dommartin mandait à sa mère qu'il fallait tendre le dos ; mais, ajoutait-il, c'est à l'armée qu'est la place de tous les gens de bien, et il ne lisait plus les journaux et ne pensait qu'à son service. Un officier de l'armée du Rhin haranguait ainsi ses soldats : « Camarades, on veut nous diviser, mais loin de nous toute dissension ; nous sommes en présence de nos ennemis irréconciliables, ne les perdons pas de vue et bornons-nous à ce seul objet[3]. »

Tels étaient les sentiments des troupes de ligne. Les volontaires pensaient de même ; eux aussi ne voulaient pas délibérer sur les affaires intérieures ; eux aussi ne voyaient que l'ennemi du dehors. « Je suis l'interprète du bataillon, écrivait Davout au directoire de l'Yonne, et nous sommes certains que vous ne partagez pas l'opinion

[1] A. de Besancenet, *Dommartin*, 1880, p. 43 ; Dampmartin, *Mém.*, édit. Lescure, p. 253.

[2] Las Cases. *Mémorial*, V, 239.

[3] Lavallette, I, p. 116 ; Ternaux, III, p. 452-455 ; de Besancenet, *Dommartin*, 62 et 66 ; *Monit.* du 25 août.

des directoires qui ont trahi le peuple et embrassé une cause aussi vile, aussi méprisable que les *gros et importants* personnages qui en étaient l'objet. Vous prenez sous notre sauvegarde tout ce qui nous appartient; nous, nous savons combien les délibérations des corps armés sont illicites et attentatoires à la liberté et à l'égalité ; nous ferons nos efforts pour empêcher notre ennemi commun de mettre le pied sur notre territoire; voilà tout ce que nous pouvons faire pour le service de la patrie. » Dans un pays libre, s'écriait devant l'Assemblée l'orateur des deux premiers bataillons de la Gironde, tout citoyen, depuis le soldat jusqu'au général, doit marcher à l'ennemi sans tourner la tête en arrière. Notre poste est aux frontières, disaient les volontaires de Sedan et de Pont-sur-Sambre, nous ne le quitterons qu'à la dernière extrémité; si l'Assemblée a besoin de bataillons, qu'elle parle, mais elle en trouvera dans l'intérieur et au camp de Soissons. Le 16 septembre, quatre jours avant Valmy, un volontaire de l'armée de Kellermann mandait à ses amis de la capitale : « Notre armée ne s'occupe pas beaucoup de l'intérieur et nous ne voyons que les Prussiens. » Le mot de patrie, racontait plus tard Lavallette, me faisait battre le cœur ; toutes les idées qui m'avaient tourmenté à Paris s'étaient effacées; le bonheur de combattre pour ma patrie animait toutes mes pensées, et ces impressions profondes étaient partagées par tous les Français [1].

Cet ardent patriotisme est le principal secret des victoires de la Révolution. L'armée ressemblait à la Convention qui se réunissait au lendemain de Valmy et que nous décrit Mallet du Pan ; cette assemblée, dit-il, était composée individuellement de pygmées, mais ces pygmées, toutes les fois qu'ils agissaient en masse, avaient la force d'Hercule, celle de la fièvre ardente. De même, l'armée française se composait peut-être individuellement

[1] Lettre de Davout du 4 septembre (M^ise de Blocqueville, *Le maréchal Davout*, II, 299); *Monit.* du 22 juin, séance du 20 (discours de l'orateur des bataillons de la Gironde); *Monit.* du 20 août, lettre du volontaire Bouquet et de Chauvet, capitaine au bataillon de la Sarthe; journal des Jacobins, corresp. 20 septembre, lettre de Vitry ; Lavallette, *Mém.*, I, 114.

de soldats inférieurs aux Prussiens par l'expérience et la discipline, mais toutes les fois qu'elle agissait en masse, elle avait une force que n'eurent jamais les alliés, celle de l'enthousiasme qui, selon le mot de Toulongeon et de Gouvion Saint-Cyr, suppléait à tout[1]. Elle luttait pour la liberté et pour l'indépendance. Je pense, écrivait le grenadier Gazin à son fils, soldat au 34e de ligne et désarmé par la capitulation de Longwy, « je pense que la guerre d'un peuple qui veut être libre contre les tyrans, ne peut durer longtemps, car le peuple a pour lui la raison, sa force et sa bravoure ; il est debout ; il n'a qu'à dire : je veux être libre, et il le sera ». Le soldat Fricasse s'écriait, à la nouvelle des premiers succès de l'envahisseur : « avec du courage on vient à bout de bien des choses », et il faisait à Dieu la prière suivante : « Dieu de toute justice, prends sous ta protection une nation généreuse qui ne combat que pour l'égalité ! [2] »

On manqua, dans les premières campagnes, des choses les plus indispensables, mais personne ne désespéra du salut du pays. Lisez les lettres de nos généraux sous le règne de Louis XV, disait Servan à Luckner, et vous les verrez partout se plaindre amèrement de l'indiscipline de leurs soldats, de la négligence des officiers, du dénûment excessif de tous les objets nécessaires, de tout ce qui fait aujourd'hui la base des plaintes que je reçois journellement... toutefois le maréchal de Saxe sut, avec ces troupes dont il avait à se plaindre, battre les Anglais, les Autrichiens, les Hollandais, les Bavarois, les Hessois et les Hanovriens, réunis à Fontenoy, Rocoux et Lawfeld, prendre toutes leurs places fortes, et soumettre le même pays qui devient aujourd'hui le théâtre de la guerre[3]. Ces paroles étaient prophétiques.

VIII. Mais d'autres causes importantes expliquent le succès des Français, qui parut inexplicable aux contemporains. Si la nation, écrit Mme de Tourzel, commençait la

[1] Toulongeon, II, p. 327 ; Gouvion Saint Cyr, Introd. aux Mém. sur les campagnes de l'armée du Rhin et de Rhin-et-Moselle. I.

[2] *Monit.* du 17 septembre (lettre de Gazin) ; Larchey, *Journal de Fricasse*, 1882, p. 5 et 183-184.

[3] 9 juin, Servan à Luckner, Arch. nat., AA, 61.

guerre sans argent, avec une armée désorganisée et des places sans défense, les alliés lui laissèrent le temps de revenir de son premier émoi et agissant toujours mollement, ils laissèrent ranimer le courage si naturel aux Français qui finirent par se défendre comme des lions et devinrent invincibles. Ce furent en effet les retards ordinaires de la cour de Vienne qui sauvèrent la France en 1792. Avec 3,000 hommes, disait le général autrichien Beaulieu, je ne puis que défendre la frontière; j'habituerai les Français au feu, je les formerai à la guerre et je les apprendrai à nous battre. L'Autriche, toujours lente à se mouvoir, donna quatre mois de répit à la Révolution. L'armée qui bordait nos limites de Dunkerque à Belfort eut le temps de s'organiser et de s'aguerrir; la boue et les circonstances aidant, elle suffit à la tâche et Bouillé témoigne qu'elle fut en état de résister à l'ennemi dans le courant de la première campagne[1].

Les troupes du Rhin, que commandaient Biron et Custine, étaient peut-être moins capables que celles du Nord et du Centre de soutenir l'épreuve redoutable de l'invasion[2]. Mais on savait que l'orage éclaterait en Lorraine et en Champagne; le bruit se répand, disait Lafayette, que les ennemis pénétreront par les Flandres ou par l'Alsace, mais ce sont eux qui le font courir, et ce n'est pas là leur chemin. Aussi avait-on déployé dans la région du nord-est toutes les ressources dont on disposait. On n'avait pu fortifier suffisamment les places et leur donner toute leur valeur militaire; mais elles étaient à l'abri d'un coup de main et tiendraient quelques jours les envahisseurs en respect. Les approvisionnements de Longwy, de Verdun, de Sedan étaient considérables; Givet regorgeait de munitions de bouche; on y sale en ce moment, écrivait Dommartin le 24 décembre 1791, cinq cents bœufs gras et une prodigieuse quantité de moutons et de porcs. Enfin, les armées de Sedan et de Metz s'étaient sérieusement préparées à la défensive; c'étaient

[1] Mme de Tourzel, *Mém.*, 1883, II, 94; Marcillac, *Mém.*, édit. Lescure, 105; Bouillé, *Mém.*, 329 et 417.

[2] Voir plus haut les extraits des correspondances des généraux de l'armée du Rhin.

celles auxquelles le ministère avait appliqué sa sollicitude la plus ardente, celles où pendant six mois, malgré les misères et les lenteurs fatales de la situation, malgré les lamentations des généraux, les services s'étaient le plus solidement organisés, celles où les régiments s'étaient le mieux habitués à une action commune, où les troupes, déjà façonnées et endurcies, étaient assez fortes pour regarder les ennemis en face, et donner au pays le temps de compléter ses armements.

Déjà de petits combats livrés par l'avant-garde de Lafayette aux Impériaux avaient lavé la honte de Mons et de Tournai. Le 24 mai, un détachement chargé de faire du fourrage était attaqué près de Florennes, à Hemptinne, par les Autrichiens. Gouvion, qui le commandait, n'avait que 4,000 hommes dont deux bataillons de volontaires, ceux de la Côte-d'Or et de la Marne; il fit sa retraite en disputant le terrain avec obstination; il perdit trois pièces de canon, mais qui tirèrent jusqu'au dernier moment. Les chasseurs à cheval reçurent le feu de l'artillerie autrichienne « avec la bravoure la plus tranquille ». Pendant cinq heures, écrivait Lafayette au ministre de la guerre, pas un homme n'a quitté son rang, et les troupes ont conservé le silence et le sang-froid comme le courage de vieux soldats [1].

Le 11 juin eut lieu un second engagement, celui de Glisuelle. L'avant-garde française était postée à une lieue de Maubeuge et séparée du reste de l'armée par le défilé de la Sambre. Surprise par les Impériaux, elle se replia lentement derrière les buissons qui couvraient le terrain. Elle perdit deux de ses chefs, Gouvion qui fut tué raide par un boulet, et le lieutenant-colonel des volontaires de la Côte-d'Or, Cazotte, « âgé de soixante-quinze ans et connu par cinquante ans de services distingués dans l'artillerie ». Mais les renforts arrivaient; le feu de l'artillerie légère arrêta les colonnes ennemies qui se retirèrent sur Mons; on les suivit à plus d'une lieue au delà des postes qu'occupait l'avant-garde [2].

[1] Lafayette au ministre, 24 mai (arch. guerre).

[2] *Id.*, Lafayette à Servan, un officier de l'avant-garde à Lafayette, 11 juin.

Quelques jours plus tard (29 juin), les Autrichiens tentaient une nouvelle attaque sur l'avant-garde de Lafayette et chassaient de Mairieux l'infanterie française. Mais le 99e régiment défendait avec bravoure les haies qui bordent le village; le 3e et le 11e régiment de chasseurs à cheval faisaient une « charge furieuse », refoulaient les Impériaux et les poursuivaient au delà de Bettignies et de Gognies-Cauchies; l'ennemi perdait 83 prisonniers [1].

La panique du 29 avril avait provoqué dans l'armée de ligne une réaction profonde et salutaire. On se répétait le mot héroïque d'un soldat du 74e régiment, le grenadier Pie; grièvement blessé, il disait à l'adjudant-général Beauharnais : « Mon officier, achevez-moi, que je ne voie pas la honte de cette journée; je meurs à côté de mon fusil et avec le regret de ne plus le porter [2]. » Lafayette avait établi dans son armée une rigoureuse discipline. On loua dans la marche qu'elle fit aux derniers jours de juillet l'ordre et la bonne tenue de ses bataillons [3]. La vie des camps avait exercé sa bienfaisante influence sur les soldats. Les désordres causés par les clubs avaient cessé. Nous parvenons, écrivait Dommartin dès le 20 août 1791, à mettre la discipline sur un pied où elle n'a jamais été [4].

Les troupes de Luckner avaient suivi l'exemple du vieil hussard qu'elles voyaient à leur tête; elles ont reçu la leçon de l'expérience, disait le maréchal, et ne sont

[1] Arch. guerre. Lallemant à Lafayette et Lafayette à Lajard, 29 juin. Lafayette renvoya les officiers à Mons. Il savait que les Autrichiens répandaient à dessein les bruits les plus odieux sur la cruauté des troupes françaises; des uhlans, à la vue du chirurgien qui venait panser leurs blessures, avaient jeté des cris terribles : ils s'imaginaient qu'on voulait les tuer.

[2] *Monit.* du 13 mai; dans une adresse à l'armée française, l'Assemblée lui recommanda d'imiter le dévouement de d'Assas et le courage du brave Pie (11 juillet).

[3] Relation de Laumoy, chef d'état-major, *Monit.* du 31 juillet.

[4] De Besancenet, *Dommartin*, p. 49. Les soldats étaient restés, pour ainsi dire, disciplinés dans leur indiscipline même; au temps de leurs plus grands excès, ils faisaient leur service comme à l'ordinaire; s'ils consignaient un officier, ils allaient le chercher et le mettre à leur tête, lorsque venait l'heure de l'exercice; après la manœuvre, ils le ramenaient à son logement. (Bouillé, *Mém.*, 179.)

plus étrangères à la guerre. Partout, dans son commandement, on avait strictement exécuté les règlements qu'il prescrivait le 6 mai 1792 : « Habituer les troupes d'infanterie à élever des retranchements et des ouvrages de fortification de campagne, à faire de longues marches en observant les précautions qui seraient prises à la guerre, exercer la cavalerie et l'artillerie simultanément avec l'infanterie. » Soult raconte que tous les matins, des corps entiers devaient aller à la découverte ou occuper avant le jour des positions sur la frontière; c'était, dit-il, une fort bonne pratique qui avait pour but d'entretenir la vigilance et d'instruire les troupes des détails du service [1].

Au camp de Maulde, Dumouriez avait su ménager à ses soldats de petits succès par une série d'engagements qui semblaient imprévus, mais qu'il calculait adroitement. Dans un de ces combats, un bataillon de volontaires abandonna ses canons et jeta ses fusils; Dumouriez fit arrêter et garrotter les plus lâches; on leur rasa la tête, on les dépouilla de leur uniforme, on les chassa du camp au milieu des huées et des insultes. Il avait formé deux corps de flanqueurs composés chacun de quatre à cinq cents hommes et les menait tous les jours à la petite guerre; il les renouvelait chaque semaine en les prenant à tour de rôle dans les bataillons; il donnait aux chefs des détachements une instruction détaillée qui leur marquait exactement les chemins, les ponts, les villages, les censes, les moulins, les bois où ils devaient passer à l'aller et au retour; il exerçait tout son monde à palissader les redoutes, à jeter des ponts sur la Scarpe, à tracer des tranchées; il fixait à chacun son poste, en cas d'alerte. Il n'y avait plus au camp, dit-il, ni oisiveté ni cabales; on y lisait peu de papiers; les douze mille hommes qu'il renfermait s'aguerrissaient à vue d'œil et les soldats ramenaient fréquemment des chevaux et des prisonniers [2].

[1] *Monit.* du 19 juillet; Luckner aux généraux, 6 mai (arch. de la guerre); Soult, *Mém.*, 1854, I, 7.

[2] *Mém.* de Dumouriez, I, 242. Des volontaires se plaignaient de manquer d'armes : « Suivez l'armée à la première bataille, leur dit-il, vous ramasserez les fusils des morts. »

On oublie trop souvent que la réorganisation de presque toutes les parties de notre état militaire avait été préparée par l'*Essai général de tactique* de Guibert, où tous les généraux de la Révolution apprirent les principes de l'art de la guerre, comme les diplomates apprenaient la politique de l'Europe dans les écrits de Favier. On oublie surtout les travaux de ce conseil de la guerre dont Gribeauval était membre et Guibert secrétaire. Malgré la rigueur pédantesque des ordonnances à la prussienne, les troupes, écrit Lafayette, quoique tracassées mal à propos, avaient gagné beaucoup d'instruction manœuvrière et devenaient de plus en plus disponibles. Le règlement élaboré au camp de Saint-Omer et promulgué en 1791 était, de l'aveu de tous les bons juges, un excellent code de manœuvres; c'est, dit le général Foy, un modèle de concision et de clarté, qui resta pour les subalternes le livre de la loi. A la fin de l'année 1791, Mathieu Dumas faisait manœuvrer la garnison de Metz au polygone par régiment et par brigade; il observa que tous les mouvements s'exécutaient avec une scrupuleuse attention et une précision irréprochable ; « dès ce moment il fut aisé de prévoir que, loin d'entraîner la désorganisation de l'armée, la perte d'un si grand nombre d'officiers serait promptement réparée [1] ».

En réalité, l'émigration fut un bienfait pour l'armée française. La plupart des officiers de l'ancien régime étaient des gentilshommes de province, très fiers, assez insubordonnés, communément dépourvus d'instruction [2], et l'émigré Las Cases avoue qu'il lui manquait ainsi qu'à ses camarades une éducation forte et suivie [3]. Les sous-officiers qui remplacèrent ces officiers en savaient autant qu'eux et même davantage. Il y a entre les uns et les autres, disait Achille Duchatelet, la même différence qu'entre les amateurs et les artistes; nous aurons plus d'émulation dans l'armée et il se trouvera des généraux parmi nos soldats [4]. Telle est aussi l'opinion de Lafayette,

[1] Lafayette, *Mém.*, III, 276 ; Foy. *Hist. de la guerre de la Péninsule*, 1827, I, 209 ; Math. Dumas, *Souvenirs*, I, 512.
[2] Ségur, *Mém.*, I. 127.
[3] Las Cases, *Mémorial de Sainte-Hélène*, I, 2.
[4] Dumont, *Souvenirs*, 413.

de Bouillé, de Liger, de Latour-Foissac, des deux Gay de Vernon. Lafayette compte parmi les causes de nos succès l'égalité qui permit à tous les talents de parvenir et assure qu'en 1792 la classe des sous-officiers était très distinguée et fort supérieure à celle des autres armées de l'Europe. Bouillé les connaissait; c'étaient, lit-on dans ses *Mémoires,* des fils de bourgeois ou de riches artisans bien élevés et auxquels le libertinage avait fait prendre l'état de soldat, depuis longtemps instruits et formés dans les exercices militaires, plus accoutumés que les anciens officiers aux devoirs et à l'obéissance que le service exige [1]. Liger reconnait qu'il y avait des *ganaches* parmi les sergents auxquels on donna l'épaulette, mais il ajoute qu'on trouva dans le nombre des talents très précieux [2]. On croyait, écrit Latour-Foissac, que les grades seraient livrés à l'ignorance; on ne voulait pas se rappeler que souvent les meilleurs généraux avaient été confondus dans les rangs et que l'esprit propre à la nation française, ce sentiment d'honneur qui n'était pas exclusivement l'apanage de la caste nobiliaire, enfin les lumières plus généralement répandues en France et la meilleure composition des troupes étaient autant de causes qui devaient produire des Rose et des Fabert; les descendants des Césars furent battus par des héros qui passaient rapidement de la giberne au commandement en chef des armées [3]. Les émigrés, disent les deux Gay de Vernon, furent bien remplacés, parce qu'à la première distribution des grades, on donna la préférence aux plus capables; la chaleur vraie ou affichée du patriotisme n'était pas encore le moyen le plus facile de parvenir, et l'émigration tourna plutôt au profit de l'instruction des troupes et de leur bon esprit de corps [4].

Les nouveaux officiers prirent sans peine un grand ascendant sur leurs hommes. Les soldats avaient foi en eux. Les uns, sortis des rangs, ne cherchaient qu'à se

[1] Lafayette, *Mém.*, IV, 111, 113, 178. Bouillé, *Mém.*, 318.

[2] Liger, *Campagnes des Français pendant la Révolution*, 1798, I, 7.

[3] Latour-Foissac, Mémoire inédit (arch. guerre).

[4] Gay de Vernon, *Custine et Houchard*, 1844, p. 38; J. Gay de Vernon, *Essai hist. sur l'organisation de la cavalerie légère*, 1853, p. 105.

montrer dignes de leur grade; les autres, désireux de s'élever comme eux, et s'honorant de leur obéir, s'efforçaient à l'envi d'acquérir la profonde connaissance du métier; tous étaient unis par une touchante alliance qu'établissaient la communauté d'origine et la simplicité des mœurs, tous se regardaient comme les membres solidaires d'une même famille, tous, dit Lafayette, soldats, sous-officiers, officiers, étaient pleins du même zèle. Je ne puis, écrivait Biron, dire trop de bien des soldats; ils sont pleins d'ardeur et de patriotisme, prêts à tout entreprendre sous des chefs dont ils ne suspectent pas les principes. Nous aurons bon compte du roi de Sardaigne, mandait Dommartin le 26 septembre, l'ardeur de nos soldats est telle qu'ils ne se donneront pas le temps de construire sur le Var un pont qui faciliterait leur attaque [1].

Les régiments n'étaient pas au complet; mais le déficit qu'offrait l'armée de ligne ne fut pas aussi considérable qu'on le croyait. Lorsqu'eut lieu l'invasion, il manquait en moyenne cinquante ou soixante hommes à chaque bataillon pour atteindre le chiffre légal. Dans l'armée du Centre, le 1er régiment se composait de 699 soldats; le 24e de 735; le 81e de 679; le 22e de 695, etc. [2]. Les régiments de cavalerie à deux escadrons comptaient 300 hommes au lieu de 340. On avait puisé sans scrupule dans les deuxièmes bataillons. On avait fait partir les compagnies de grenadiers qu'on réunit en bataillons: Lafayette, puis Dumouriez eurent six bataillons de ces grenadiers qui renforcèrent de 3,000 hommes l'armée du Nord, et 30 compagnies de grenadiers de ligne, comptant 1,920 hommes, se trouvaient au 10 août dans l'armée du Centre. On forma même dans chaque bataillon de garnison deux compagnies de chasseurs volontaires « choisis parmi les gens de bonne volonté que l'âge, la tournure et la force rendaient les plus susceptibles à ce genre de service » et Lajard autori-

[1] Lafayette, *Mém.*, III; Biron à Servan, 23 août (arch. guerre) de Besancenet, *Dommartin*, 79.

[2] Voir les états de situation de l'armée du Centre (arch. guerre), les plus exacts, car ils sont de Berthier (10 août 1792).

sait Luckner à « prendre dans les dépôts tout ce qui serait en état de renforcer ses bataillons et ses escadrons de campagne[1] ».

D'ailleurs si l'armée de ligne n'était pas assez nombreuse pour repousser l'ennemi, elle trouva, dans les volontaires de 1791 qui formaient environ les deux tiers des troupes, un puissant soutien[2].

Il ne faut pas confondre ces volontaires de 1791 avec les volontaires de 1792 qui s'enrôlèrent lorsque le décret du 11 juillet déclara la patrie en danger. Ceux-ci, tirés, d'après le décret, de la garde nationale et choisis par leurs camarades, ne prirent pas les armes sur un simple appel de l'Assemblée, ils furent en réalité soumis à la réquisition. Ils n'eurent pas le temps de s'instruire et de s'aguerrir. On les forma avec tant de précipitation et d'irrégularité que le ministre de la guerre ignorait leur nombre et leur situation et ne put jamais en tenir un état détaillé. Ils arrivaient en guenilles, sans armes, sans gibernes, sans souliers. Beaucoup n'avaient été séduits que par la solde de quinze sous par jour; ce sont, disait Biron, des gens achetés par les communes et la plupart sans aveu. Il y avait déjà dans les volontaires de 1791 des hommes incapables de supporter les fatigues de la guerre[3]. Mais la levée de 1792 entraîna tous les sujets malingres et chétifs. Duhoux à Soissons, Biron à Strasbourg, Chambarlhac à Fort-Louis se plaignaient de ne recevoir que des enfants, des gens contrefaits et infirmes, qui ne pouvaient soulever leur arme. Le tiers du 12e bataillon de la Haute-Saône, levé le 15 août 1792, se composait de garçons de treize à quatorze ans. Dans tous ces bataillons et leurs dépôts, écrivait Carnot-Feulins, il existe des citoyens qui n'ont ni l'âge ni la force pour remplir le métier auquel ils se sont voués[4].

[1] Lajard à Luckner. 27 juin; Servan à Luckner et au commandant de l'armée du Rhin, 1er juin. (Arch. guerre et arch. nat., AA, 61.) Le 1er bataillon, dit Lafayette, était tenu au complet par le 2e, resté en garnison.

[2] Lafayette, *Mém.*, IV. 335.

[3] Gouverneur Morris, cité par Taine (*La Conquête jacobine*, 331).

[4] Biron à Servan, 7 septembre; Duhoux à Servan, 21 et 29 août; Biron à Pache, 7 novembre; Chambarlhac à Biron, 17 août; Momé

Enfin, ces volontaires de 1792 étaient pour la plupart imprégnés de la doctrine jacobine, exaltés, fanatiques, bien moins souples à la discipline que les volontaires de 1791. C'est à la levée de 1792 qu'appartiennent les bataillons de fédérés [1], qu'appartiennent ces divisions de gendarmerie parisienne qui menaçaient de couper la tête aux aristocrates de Roye et se disaient autorisées à tout exiger et à tout oser [2], ces volontaires de nouvelle levée dont parle Biron, plus embarrassants qu'utiles, plus redoutés que désirés par les officiers-généraux [3]. Pas un général, pas un représentant qui ne blâme les contingents de 1792. Dans les combats livrés en Belgique et sur le Rhin, les bataillons qui se distinguent sont les premiers qu'ait armés leur département, c'est-à-dire des bataillons créés en 1791 ; ceux qui se conduisent mal, sont, à peu d'exceptions près, les bataillons de 1792. Aussi les généraux s'opposaient-ils énergiquement en 1793 à la formation de nouveaux bataillons de volontaires. Biron recommandait de compléter plutôt les anciens bataillons, c'est à-dire ceux de 1791 où « les recrues se formeraient plus rapidement et mieux [4] ». Lorsqu'on voulait, au mois de juillet 1793, envoyer dans la Vendée une division de 6.000 bons soldats, on formait ce détachement en prenant 57 hommes dans chaque régiment de ligne et dans chaque bataillon de volontaires de 1791 [5].

Les volontaires de 1791 comptaient en effet dans leurs rangs un grand nombre de jeunes gens instruits, pleins d'enthousiasme, animés par un profond sentiment du devoir et par une force morale qu'ils communiquèrent à leurs camarades. Pas un général, pas un officier qui ne loue leur ardeur et leur dévouement. Ils formaient l'élite de la nation, et ce furent, comme on l'a dit, les vrais volontaires, les seuls qui méritèrent ce titre, les seuls à

à Biron, 20 et 25 novembre ; Carnot-Feulins à Pache, 24 novembre ; cp Rousset, *Les Volontaires*, 105, 74, 108, 104-105, 127. On n'a pas assez remarqué que les documents cités par M. Camille Rousset ne se rapportent guère qu'aux volontaires de 92.

[1] On reviendra sur ce point.

[2] Taine, *La Conquête jacobine*, 332 et 334.

[3] Biron à Servan, 7 septembre (arch. guerre).

[4] Biron au ministre, 4 février 1793 : Rousset, 146

[5] Gay de Vernon, *Custine et Houchard*, 188.

peu près qui valurent quelque chose[1]. Ils avaient, écrit Gouvion Saint-Cyr, l'énergie, l'entrain, la confiance. Ils eurent, assure Gay de Vernon, plus de tenue qu'on ne le croit communément ; ils accouraient aux frontières, enorgueillis de leur nom, de leur nombre et de leur union ; leur patriotisme était fervent, et leur courage appelait la guerre. Ils ont, témoignait Kellermann, enlevé les hommes les plus propres au service. Victor Perrin, le futur duc de Bellune, rappelant plus tard qu'il s'était engagé en 1791, cinq mois après son mariage, dans le 3e bataillon de la Drôme, s'écriait avec émotion : « O sublime élan de 91, que ne puis-je te célébrer dignement ! O spectacle le plus magnifique que jamais aucune nation ait offert au monde ! O jours de patriotisme et de gloire, échauffez et nous et nos générations de vos feux immortels[2] ! »

La plupart des bataillons de 1791[3] élurent pour chefs des hommes dont ils connaissaient le mérite et les services passés. Un article très sage de la loi prescrivait de ne choisir les officiers et sous-officiers de volontaires que parmi « ceux qui avaient précédemment servi dans les milices bourgeoises ou dans les troupes de ligne[4] ». Les bataillons nationaux eurent donc à leur tête d'an-

[1] Susane, *Hist. de l'infanterie*, I. 316.

[2] Voir outre Gouvion Saint-Cyr, Gay de Vernon, *Custine et Houchard*, 38-39 ; Kellermann à Servan, 23 août (arch. guerre) ; duc de Bellune, *Mém.*, I, 39 ; il s'était marié le 16 mai 1791 et s'engagea le 12 octobre suivant. Cp. Lavallette, *Mém.*, I, 149 : « Une foule de jeunes gens bien élevés que la passion de la gloire et une noble ambition avaient réunis sous les drapeaux. »

[3] Comme aussi un certain nombre des bataillons de 1792 ; on mêle les uns et les autres dans la liste qui suit.

[4] La plupart des historiens, pour ne pas dire tous, oublient cet article essentiel. Les milices bourgeoises ou troupes provinciales, supprimées le 4 mars 1791, offraient, dit Susane (*Hist. de l'inf.*, I, p. 316-317 et 352) des cadres tout préparés, elles étaient le grenier de réserve de l'armée et avaient, surtout dans la région du nord-est et sur les côtes, un véritable esprit militaire. Cp. sur les choix que firent les volontaires, Foy, *Hist. de la guerre de la Péninsule*, I, 75 : « On pouvait prévoir que le choix des pairs mettrait le mérite en évidence » ; le fameux rapport de Dubois-Crancé sur l'amalgame : « Il est vraisemblable que les volontaires chercheront parmi leurs frères d'armes les plus sages, les plus instruits pour les commander. » et Gouvion Saint-Cyr, *Introd.* aux mém. sur les camp. des armées du Rhin, p. lxxxvj.

ciens soldats, et c'est de là, dit Foy, que sont venus presque tous les généraux célèbres dont la France s'honore.

Le 1er bataillon du Lot fut commandé par Bessières; le 1er de la Drôme par Bon, ancien soldat du régiment de Bourbon; le 11e des Vosges, par Bontemps, ancien soldat de Roi infanterie; le 5e des Bouches-du-Rhône, par Chabran; le 6e de la Drôme, par Championnet, ancien soldat des gardes wallonnes et volontaire du régiment de Bretagne; le 3e de l'Yonne, par Davout, ancien officier de Royal-Champagne; le 1er de la Côte-d'Or, par Delaborde et Pille; le 1er de la Corrèze, par Delmas; la légion des Allobroges, par Doppet; le 2e du Var, par Gazan; le 1er et le 3e des Côtes-du-Nord par Gelin et Félix; le 8e de la Marne, par Hardy, ancien fourrier à Royal-Monsieur; le 3e des Vosges, par Nicolas Haxo, ancien soldat de Touraine-infanterie et Jean-Louis Dumas qui avait été gendarme pendant trente-trois ans; le 13e des Vosges, par Humbert; le 2e de la Haute-Vienne, par Jourdan, enrôlé dès sa seizième année dans l'infanterie; le 4e de Seine-et-Oise, par Laharpe; le 7e du Jura, par Lecourbe, ancien soldat du régiment d'Angoulême; le 1er de Mayenne-et-Loire, par Lemoine; le 1er d'Eure-et-Loir, par Huet et Marceau; le 1er d'Ille-et-Vilaine, par Moreau, le héros de Hohenlinden; le 1er des Ardennes, par René Moreaux; le 3e de la Meuse, par Oudinot, ancien sergent au régiment de Médoc; la légion des Pyrénées, par Pérignon, ancien sous-lieutenant des grenadiers royaux de Guyenne; le 1er des Vosges, par Raoul; le 5e de l'Ain, par Robin; le 1er du Haut-Rhin, par Salomon, ancien capitaine au régiment suisse de Diesbach; le 2e de la Corrèze, par Souham, ancien soldat de Royal-Cavalerie; le 4e de l'Ardèche, par Suchet: le 1er de la Manche, par Valhubert; le 5e des Bouches-du-Rhône, par Victor, ancien artilleur du régiment de Valence. A Paris, le 2e bataillon des volontaires élut pour commandants Haquin, Malbrancq et Gratien; le 3e, Prudhon; le 6e, Boucret; le 7e *bis*, Hardy; le 9e *bis* ou de l'Arsenal, Friant; le 11e ou 12e de la République, Boussard; le bataillon de Molière, Lefebvre: le 1er bataillon des Lombards, Lavalette et Valletaux; le bataillon de la Com–

mune et des Arcis, Dumoulin; le 3e de la République, Richard ; le 1er des grenadiers, Leval [1].

Le choix des capitaines fut généralement heureux. Le 1er de la Vendée élisait Belliard ; le 3e de la Meuse, Broussier ; le 1er de l'Aisne, Charpentier ; le 1er du Finistère, Chassereaux ; le 3e de la Haute-Garonne, Compans ; le 1er et le 3e du Gers, Dessolles et Delort ; la légion des Allobroges, Dessaix ; le 1er de Saône-et-Loire, Duhesme ; le 1er des volontaires parisiens, Gouvion Saint-Cyr ; le 2e de la Marne, Lochet ; le 1er des Lombards, Lorge ; le 2e de l'Aube, Ludot ; le 9e des fédérés, Maison ; le 4e des Vosges, Marion ; le 10e du Jura, Meunier ; le 2e et le 7e du Doubs, Michaud et Morand ; le 4e de la Moselle, Molitor ; le 1er du Nord, Mortier qui venait d'être nommé lieutenant de carabiniers ; le 4e de l'Aisne, Pécheux ; le 3e de la Haute-Garonne, Pégot ; le 1er de la Charente, Pinoteau : le 9e de la Seine-Inférieure, Rouelle ; le 12e des Vosges, Salme ; le 1er de l'Hérault, Soulier ; le 1er du Haut-Rhin, Soult.

Citons encore parmi les adjudants-majors de volontaires qui devinrent plus tard généraux : Brune (2e de Seine-et-Oise) ; Féry (2e de la Marne) ; Delaage (1er de Mayenne-et-Loire) ; Masséna (2e du Var) ; Oulié (légion des Pyrénées) ; Radet (2e de la Meuse) ; Verdier (2e de la Haute-Garonne) ; parmi les lieutenants : Bonnet (1er de l'Orne) ; Boudet (7e de la Gironde) ; Heudelet (3e de la Côte-d'Or) ; Jacquinot (1er de la Meurthe) ; Leclerc (2e de Seine-et-Oise) ; Mouton (9e de la Meurthe) ; Sémélé (3e de la Moselle) ; Subervie (2e du Gers) ; parmi les sous-lieutenants : Defrance (3e des fédérés nationaux) ; Guilleminot (4e du Nord) ; Lannes (2e du Gers) ; Romme (8e du Jura) ; Vincent (1er des Pyrénées-Orientales) ; parmi les sergents-majors, Antoine Merlin, frère de Merlin Thionville (4e de

[1] Nous avons augmenté du double la liste de Ternaux, mais elle est loin d'être complète ; il faudrait citer encore Pichegru, lieutenant-colonel d'un bataillon du Gard : Malet, capitaine d'un bataillon du Jura ; Pajol, sergent-major du 1er des volontaires du Doubs (21 août 1791) et nommé sous-lieutenant au 92e de ligne le 12 janvier 1792. (*Le général Pajol*, 1874, I, p. 4 et 5.) Cp. sur les choix des volontaires parisiens Lavallée, *Hist. de Paris*, p. 99, et sur les choix des départements les dictionnaires biographiques et les ouvrages spéciaux, comme l'étude de Bouvier sur *les Vosges pendant la Révolution*, 1885.

la Moselle) ; parmi les sergents, Compère (10e des volontaires parisiens).

Les bataillons de 1791 avaient d'abord effrayé les généraux par leur turbulence. Mais peu à peu, comme dans l'armée de ligne, la fermentation se dissipa ; l'ordre se rétablit ; les volontaires eux mêmes firent justice des agitateurs ; ceux du 2e bataillon du Pas-de-Calais forcèrent un officier qui « faisait des bassesses », à donner sa démission ; ceux du 3e bataillon du Jura protestèrent avec indignation contre la désertion de six d'entre eux ; ceux du 3e bataillon de l'Yonne se calmèrent et devinrent « très tranquilles » à la voix de Davout. La plupart de ces bataillons, écrit Lafayette qui les a vus de près, étaient excellents. Ils sont, disait Dumouriez, l'espoir de notre résistance par leur bon esprit. Belair, inspectant les volontaires de l'armée du Rhin, n'était mécontent que de deux bataillons sur cinq ; il louait les volontaires de la Haute-Saône et citait ceux de Rhône-et-Loire comme exemple aux troupes de ligne. Montesquiou jugeait les volontaires de l'armée du Midi plus instruits et plus sages, plus lestes et plus disciplinés que les soldats de l'armée régulière. Le 5e bataillon des Bouches-du Rhône, assure le duc de Bellune, pouvait être comparé aux meilleures troupes pour la tenue, l'ordre et la précision dans les mouvements. A la veille de l'invasion, Laharpe et les officiers du 4e bataillon de Seine-et-Oise qui tenaient garnison à Rodemack, signaient la promesse de se défendre à outrance et, si la retraite devenait impossible, de faire sauter le château[1].

Mais les soldats ne s'improvisent pas, et les volontaires de 1791 n'eurent guère que huit a dix mois pour acquérir les fortes qualités nécessaires aux combattants. Malgré le zèle et l'expérience de leurs chefs, malgré leur propre ardeur et leur bonne volonté, ils ne reçurent, en général, qu'une instruction insuffisante. Le temps leur manqua, et le temps seul donne les habitudes militaires.

[1] Rousset, *Les Volontaires*, 44-45 ; Mise de Blocqueville, *Le maréchal Davout*, II, 296 ; Lafayette, *Mém.*, IV, 335 ; Dumouriez, rapport du 13 juin, *Monit.* du 16 ; Montesquiou à Servan, 20 mai ; duc de Bellune, *Mém.*, I, 40 ; *Monit.* du 29 juillet.

Heureusement, on faisait déjà une sorte d'amalgame. Les bataillons de volontaires, écrivait Victor de Broglie à Narbonne, sont bien en général, mais il est intéressant de favoriser le mélange de leurs postes et de leurs services avec les troupes de ligne afin d'accélérer leur instruction. Ce mélange s'opéra partout, et, du haut de la tribune, Aubert-Dubayet le recommandait aux généraux ; il serait très possible, disait-il, d'embrigader les gardes nationales avec les troupes de ligne, c'est-à-dire non pas d'incorporer les hommes, mais de réunir les bataillons. Lorsque Custine allait, dès le commencement de la guerre, se saisir des gorges de Porrentruy, Luckner lui commandait, avant tout, de composer son corps à peu près également « en troupes de ligne et volontaires nationaux ». Kellermann employa ce système d'embrigadement en Alsace, et le 1er bataillon du Haut-Rhin, où Soult était capitaine, appartenait à la même brigade que le 13e d'infanterie. Lafayette divisa son corps de bataille en huit brigades, composées chacune de deux bataillons de volontaires et d'un régiment de ligne. Le régiment de troupes régulières occupait le centre, et son colonel commandait la brigade. Durant la campagne de 1792, le 1er bataillon de l'Aisne et le 3e de Paris furent toujours adjoints au 43e d'infanterie ; le 4e de la Marne et le 1er de la Vienne au 55e de ligne ; le 1er de la Marne et le 1er de la Sarthe au 94e ; le 1er de la Meurthe et le 2e de Saône-et-Loire au 17e ; le 1er de l'Allier et le 1er de la Charente au 29e ; le 1er de la Seine-Inférieure et le 5e des Vosges au 98e ; le 4e des Ardennes et le 5e de la Meurthe au 71e ; le 2e de la Marne et le 3e du Nord au 99e. Dumouriez garda l'ordre de bataille établi par Lafayette et forma constamment ses lignes en plaçant un régiment de l'armée régulière entre deux bataillons nationaux. Il envoyait au secours de Verdun un bataillon de volontaires, mais en le faisant soutenir par le 17e d'infanterie. Il postait au défilé de la Croix-au-Bois le 2e bataillon de la Meuse auquel il joignait le 71e de ligne et un escadron de dragons. Son lieutenant Dillon mettait à la côte de Biesme trois régiments d'infanterie à côté des volontaires et aux Islettes un régiment de hussards et une centaine de vieux soldats à côté de cent volontaires des Vosges. La fidélité des troupes de ligne, a dit Beaulieu, était encore suspectée, mais les volontaires les surveillaient, sans qu'on leur en eût donné la mission, et les vieux régiments ne pouvaient avoir d'autre ambition que de soutenir en présence de l'ennemi leur réputation de bravoure; ceux qui devaient se battre le mieux, furent précisément ceux qui se battirent le moins, mais ils furent utiles à forcer les autres à se battre, et ceux-ci s'en acquittèrent très bien[1].

Un grand nombre de ces volontaires montrèrent du courage. Leur contact incessant avec les troupes de ligne leur avait donné l'aplomb et la solidité. Ce n'est que de la faïence bleue, disaient les émigrés par allusion à l'uniforme des volontaires; mais on avait eu l'occasion de présenter cette faïence au premier feu pour la durcir[2]. A la déroute de Mons, le 2e bataillon de Paris fit rougir de leur lâcheté le 5e et le 6e dragons: je ne connais pas, disait Biron, de bataillon plus brave, plus ferme, plus soumis aux ordres qu'on lui donne. Le 1er bataillon de Mayenne-et-Loire se décourageait après la prise de Verdun, mais quelques jours plus tard, à Dommartin-sous-Hans, il résistait à la panique. Le 1er d'Eure-et-Loir assaillait hardiment les Hessois. Le 1er de la Haute-Saône et le 2e de la Moselle, que Kellermann avait encadrés dans son armée de ligne, firent preuve d'une étonnante fermeté dans la journée du 20 septembre, et leur général louait cette « brave garde nationale formée depuis quelque temps ». Le 1er de la Corrèze, dont le directoire de

[1] Victor de Broglie à Narbonne, 9 janvier; Luckner à Custine, 3 mai (arch. guerre); Soult, *Mém.*, I, 7; Lafayette, *Mém.*, IV, 335; ordres de bataille du 20 août et du 20 septembre (armée du Nord, arch. guerre); Dumouriez à Galbaud, 28 août; Mémoire de Chazot (*id.*); Money, *The Campaign* (ordre de bataille de Dillon, 61-63); Beaulieu, IV, 175-176. Les généraux, dit Dubois-Crancé dans son rapport du 7 février 1793, ont constamment, dans la campagne dernière, mis de brigade ensemble les bataillons de ligne et les bataillons de volontaires. Dès 1792, écrit d'Ardenne dans son *Hist. des hussards de Zieten*, on remarqua l'énorme talent d'organisation (das enorme Organisationstalent) des Français.

[2] Le mot est de Liger, I, 30. Les volontaires qui joignirent les armées, dit Grimoard (*Tableau hist.*, I, 362), suppléèrent au défaut d'instruction par une valeur indomptable.

l'Oise avait dénoncé les désordres, donna dans le Hundsrück l'exemple de la vaillance[1].

Les volontaires de 1791 avaient donc pris insensiblement l'esprit des troupes régulières, et une généreuse concurrence s'était établie entre les milices nouvelles et les vieux corps. L'organisation des volontaires, dit le général Pamphile Lacroix, excitait leur émulation et les mettait en rivalité avec les troupes de ligne[2]. Les querelles qu'avait causées la différence d'origine et d'uniforme, cessèrent à l'approche de l'ennemi. Je vous montrerai, écrivait Dumouriez à Couthon, une armée brûlant de zèle, de courage, de civisme et surtout de *fraternité*[3].

Ce fut cette armée composée de troupes de ligne et de volontaires de 1791 qui tint tête à l'invasion. « On ne peut, dit le Prussien Minutoli, comparer ces carmagnoles déguenillés aux soldats des Hoche et des Bonaparte, mais, malgré la panique du 15 septembre, il faut reconnaître leur bravoure ; les troupes bien organisées et conduites par des officiers qui connaissaient la guerre, se sont presque toujours bien battues et n'ont été que dans des cas extrêmement rares la victime de l'inexpérience[4]. »

D'ailleurs, le général qui dirigea la résistance se garda d'exposer l'armée aux risques d'une bataille en rase campagne, Dumouriez transporta le théâtre de la guerre aux Islettes, à Grandpré, en avant de Sainte-Menehould, dans la région boisée et boueuse de l'Argonne. Il sut affaiblir l'adversaire et fortifier ses propres troupes, soit en ne livrant que de petits combats, soit en défendant des positions avantageuses. Ce genre de lutte était inévitable. Les journalistes le désapprouvaient et disaient hautement qu'il fallait attaquer, que l'attaque seule était digne des Français et de leur courage, que le gain d'une bataille purgerait d'ennemis le territoire et assurerait la paix[5]. Mais tous les généraux se prononçaient pour une

[1] Biron à de Grave, 2 mai ; Kellermann à Servan, 23 septembre ; Gay de Vernon, *Custine et Houchard*, 119, 123-124. (Il ne cesse de louer la constance, l'intelligence, la bravoure des Corréziens).

[2] *Notes historiques sur la guerre de 1792* (arch. guerre).

[3] Correspond. de Couthon, 180, lettre du 3 août.

[4] Minutoli, *Erinnerungen*, 1845, p. 120.

[5] *Révol. de Paris*, de Prudhomme, 25 août-1er septembre, 380.

stricte défensive. Dans la position où nous nous trouvons, écrivait Luckner ou plutôt son chef d'état-major, Victor de Broglie, celle qui destine les généraux français à mener à l'ennemi des soldats peu accoutumés aux fatigues, courageux par élan, mais sans cette habitude de la guerre qui seule en fait apprécier les dangers, la vraie tactique à observer, c'est d'environner chaque camp d'ouvrages et de retranchements imposants, de ne se livrer qu'à des attaques de postes, d'éviter toute rencontre en plaine, de choisir des positions fortes et inattaquables, d'aguerrir successivement par de petites rencontres, mais habituelles, mais journalières, ceux qui passeraient facilement, subitement même, de l'ardeur la plus vive au découragement le plus absolu [1]. Le vieux Lamorlière était du même avis. Il serait possible, disait-il, d'éviter toute espèce de revers et de tirer un parti très avantageux de la volonté des citoyens en prenant pour quelques semaines au moins des rassemblements considérables derrière des camps retranchés ou de fortes positions [2]. C'est ce que fit Dumouriez. On adopta pour maxime, rapporte un auteur allemand, de changer la grande guerre en une série d'engagements isolés, et cette maxime s'appliqua sur le terrain coupé de Grandpré et de Clermont ; Valmy même n'est qu'un combat de poste [3].

Cette nouvelle manière de combattre était favorable à l'infanterie qu'on n'avait pu dresser et instruire aussi bien que l'infanterie prussienne. Déjà Lafayette avait introduit dans son armée une manœuvre encore inconnue qui convenait particulièrement à l'ardeur du soldat français, à son intelligence remuante et à la prestesse de ses mouvements. Il imagina de couvrir la masse agissante des troupes par un rideau de nombreux tirailleurs qui profitaient des accidents du terrain pour se porter aussi loin que possible, lestes, résolus, toujours prêts à suivre leur pointe ou à regagner le gros de l'armée. Il se rappelait que le marquis de Pescaire avait gagné la ba-

[1] Luckner à de Grave, 5 mai (arch. guerre).
[2] *Id.* Lamorlière à Lajard, 10 juillet.
[3] *Bemerkungen über die französische Armee der neuesten Zeit* (anonyme), 1808, p. 2-4.

taille de Pavie en lançant pêle-mêle et sans ordre 1,500 arquebusiers bien exercés au milieu de l'ordonnance française. Il se souvenait que le duc de Guise proposait d'envoyer de la même façon 1,500 soldats expérimentés contre les bataillons suisses ou les reîtres qu'ils « perceraient à jour et larderaient d'arquebusades comme canards[1] ». Durant la guerilla qui précéda la véritable guerre, du mois de mai au mois d'août, Lafayette accoutuma ses troupes à cette tactique. Toutes les fois qu'elles faisaient un mouvement, elles jetaient en avant et lâchaient à l'aventure une foule de tirailleurs. Cette innovation, consacrée par le succès, devint une partie essentielle de l'art militaire. Ce furent les tirailleurs qui décidèrent la victoire de Jemmapes. Leur emploi en grandes bandes date de la campagne de l'Argonne. Il s'agissait, il est vrai, de se défendre et non pas d'attaquer; mais les Prussiens commirent la faute de s'étendre et de se développer démesurément; les soldats français en profitèrent avec esprit; ils se dispersèrent en tirailleurs, trouvèrent des postes favorables, obligèrent les ennemis à détacher aussi des tirailleurs pour les combattre; il n'y eut pas de grande bataille, mais ces escarmouches aguerrirent l'infanterie française et la préparèrent à des opérations plus vastes[2].

Notre infanterie pouvait donc se présenter aux envahisseurs sans trop de désavantage. La cavalerie ne valait pas la cavalerie prussienne. Néanmoins, écrit Gay de Vernon, elle avait cette instruction parfaite qu'on ne peut atteindre qu'à la suite d'une longue paix, car notre sol n'est pas habité par des cavaliers de naissance, et nos paysans, nos artisans sont lents à s'identifier avec les chevaux[3]. Elle était, dit Lafayette, manœuvrière, bien

[1] Lafayette, *Mém.*, III, 296 ; il cite le récit de Brantôme sur cette « confuse et nouvelle forme de combat ».

[2] Marbot, *Remarques critiques sur l'ouvrage de M. le lieutenant-général Rognat*, 1820, p. 60-62 ; Vial, *Cours d'art et d'histoire milit.*, I, 189 ; Foy, *Hist de la guerre de la Péninsule*, I, 101-102 ; Liger, I, 43. Minutoli reconnaît que les *Schützen* prussiens étaient moins habiles que les tirailleurs français : « Ohne alle Hehl gesagt, minder gewandt » (*der Feldzug der Verbündeten*, 1847, p. 13).

[3] Gay de Vernon, *Custine et Houchard*, 39-40.

montée, et lorsque les alliés l'interrogèrent à Luxembourg sur l'état de son armée, il répondit fièrement qu'il avait confiance dans la cavalerie française et qu'elle se battrait bien[1]. Il disait vrai. Exercée de longue date et dirigée par des chefs hardis et habiles, par Stengel, par Pully, par Frégeville, par Nordmann, par les officiers qu'on nommait sous l'ancien régime les officiers de fortune et qu'on appela pendant la Révolution les *vieilles culottes de peau*, la cavalerie se battit avec bravoure. Nos chasseurs, rapporte un historien militaire, prouvèrent, dès leurs premières rencontres avec l'ennemi en Champagne et sur le Rhin, qu'ils n'étaient inférieurs ni pour le courage ni pour les ruses du métier aux intelligents et entreprenants hussards prussiens d'Eben et de Wolfradt[2]. On verra dans le cours de ce récit leur acharnement au combat de Fontoy, l'intrépidité du fameux régiment de Chamborant à Montcheutin, l'audace des hussards qui retardèrent la marche des Prussiens sur les rives de la Tourbe ou harcelèrent leurs convois, la belle contenance des carabiniers[3] au mamelon de la Lune et le sang-froid des dragons de l'armée du Centre pendant la canonnade de Valmy.

Mais ce qui donnait à l'armée française un incontestable avantage sur l'armée prussienne, c'était l'artillerie. Elle est, disait Lafayette, notre seul point de supériorité sur les ennemis. Dans tous les récits de la campagne,

[1] Vivenot, *Quellen*, II, 211 (Esterhazy à Spielmann).

[2] J. Gay de Vernon, *Not. histor. sur le 8e régiment de chasseurs à cheval*, 1853, p. 168, et *Essai sur l'hist. de l'organ. de la cavalerie légère, ibid.*, p. 106.

[3] Les carabiniers formaient alors deux régiments composés chacun de quatre escadrons. Les deux régiments firent brigade pendant les guerres de la Révolution et de l'Empire. Leur dépôt était à Metz. On les regardait comme les grenadiers des troupes à cheval et ils ne se recrutaient que parmi les autres corps; chaque régiment de cavalerie leur fournissait six hommes, ayant au moins 5 pieds 4 pouces 1/2 de taille (De Juzancourt, *Not. sur les carabiniers*, 1877). Houchard réclamait, le 9 août 1793, l'*étonnant* régiment des carabiniers de l'armée de la Moselle (Gay de Vernon, *Custine et Houchard*, p. 227). Nous devons, disaient les commissaires de l'Assemblée législative, rendre particulièrement justice au civisme pur des carabiniers; ils ont des premiers crié *Vive la nation, Vive la liberté et l'égalité* (*Monit.* du 31 août 1792).

dans tous les mémoires des contemporains, revient la même phrase consacrée et comme proverbiale : « L'artillerie française est la première de l'Europe[1] ». Seule de toutes les armes, elle n'avait pas été désorganisée par la Révolution ; seule, elle avait fidèlement conservé, à travers toutes les agitations, sa discipline, son instruction et son esprit militaire. Quoi qu'ait dit Gouvion Saint-Cyr, beaucoup d'officiers d'artillerie avaient émigré; du 1er septembre 1791 au 15 juillet 1792, cent sept étaient partis sans donner leur démission; quelques élèves de l'école de Châlons, entre autres Duroc, avaient pris du service dans l'armée des princes; Lafayette constatait un « déficit effrayant » dans les canonniers; Biron avouait que l'armée du Rhin avait perdu un très grand nombre d'artilleurs, et on peut assurer que le tiers des officiers de l'arme abandonna la France[2].

Néanmoins, dans l'artillerie comme dans l'infanterie et la cavalerie, ceux qui restaient prirent la place de ceux qui partaient : les capitaines devinrent chefs de bataillon ; les lieutenants, capitaines; les sous-officiers, officiers. Bonaparte, lieutenant en premier au mois de juin 1791, était nommé capitaine à l'ancienneté le 11 septembre 1792 Au 1er avril 1793, l'ancien régiment de la

[1] Lafayette à Lajard, 25 juin (arch. guerre), et *Mém.*, III, 276 ; Bouillé, *Mém.*, 319 ; Toulongeon, II, 327 ; Pellenc, Lombard, Frédéric II, etc. ; cp. surtout le témoignage de Napoléon (Las Cases, *Mém. de Sainte-Hélène*, V, 74) : « C'était le corps le meilleur, le mieux composé de l'Europe. »

[2] Gouvion Saint-Cyr, *Introd.*, lxxvii. — Arch. nat., AA 61, « état des officiers d'artillerie qui ont abandonné leur emploi » : 1 maréchal de camp, 1 colonel, 2 lieutenants-colonels, 63 capitaines, 36 lieutenants, 2 aides de camp et 2 adjudants-majors (14 capitaines dans le 1er régiment; 11 capitaines et 9 lieutenants dans le 2e ; 6 capitaines et 3 lieutenants dans le 3e ; 4 capitaines et 11 lieutenants dans le 4e ; 21 capitaines et 8 lieutenants dans le 6e ; le 5e et le 7e régiments n'ont, l'un que 2 capitaines et 2 lieutenants, l'autre que 1 capitaine et 1 lieutenant émigrés). Cp. duc de Raguse, *Mém.*, I, 26 ; Lafayette à Lajard, 26 juin ; Biron à Servan, 21 août (arch. guerre). Un décret du 23 mai porte qu' « il est instant de remplacer dans les compagnies d'artillerie les places d'officiers vacantes par de *nombreuses* démissions ». — Il en était de même pour le génie : il fut si dénué de sujets, dit Liger (I, 7), que le service ne se fit que par des élèves tirés des ponts et chaussées.

Fère comptait vingt-sept capitaines parvenus par les grades et qui n'étaient encore en 1785 que sergents ou sergents-majors dans ce même régiment [1].

L'émigration fut d'ailleurs moins considérable dans l'artillerie et le génie que dans les autres armes. Gay de Vernon en donne finement la raison. « On ne vit pas, dit-il, émigrer Champmorin, Meunier, d'Arçon, Doyré, d'Haugest, d'Aboville, d'Urtubie et leurs successeurs les plus proches et les plus illustres, Marescot, Dejean, Chasseloup-Laubat, Tholosé, Eblé, Lariboisière, Senarmont. Mais dans ces corps spéciaux, le service et le genre d'instruction tenaient l'officier éloigné de la cour et rapproché du territoire national. L'exemple des seigneurs de Versailles et des oisifs gentilshommes de province ne pouvait être contagieux pour des militaires occupés de travaux utiles. Les souvenirs et les habitudes font partie du patriotisme; un ingénieur s'attache au sol qu'il a fouillé, l'artilleur à l'arsenal qu'il a construit; on aime doublement son pays quand on l'a retranché et armé [2]. »

Il faut ajouter que les officiers des armes spéciales étaient dispensés de la preuve de quatre degrés de noblesse qu'exigeaient les ordonnances de 1781 et de 1788. Il y avait par conséquent dans l'artillerie beaucoup de roturiers naturellement dévoués au nouvel ordre de choses: ceux-là entraînèrent les autres. Au 4e régiment qui tenait garnison à Valence, les capitaines Gouvion, Vaubois, Faultrier, Borthon, Villantroys, de Sugny, Songis, Ducos de Lahitte, Pernetty, Taviel, les lieutenants Bonaparte et d'Authouard s'étaient déclarés pour la Révolution. Ce régiment-ci, écrivait le futur empereur, est très sûr en soldats, sergents et la moitié des officiers. Lui-même lisait régulièrement à sa compagnie les articles du *Moniteur* et s'était fait affilier au club de Valence dont il devint secrétaire. Un capitaine

[1] Iung, *Bonaparte*, I, 329-334, et II, 506-507 ; *Journal milit.*, 1792, I, 316-317 ; un décret du 23 mai accordait aux sous-officiers la *moitié* des places vacantes de lieutenant en second.

[2] Gay de Vernon, *Custine et Houchard*, 40-41 ; Lafayette, *Mém.*, III, 278.

d'artillerie proposait au club de Maubeuge de briser la couronne royale en quatre-vingt-trois parties qui seraient envoyées à chacun des quatre-vingt-trois départements. Au camp de Sedan les artilleurs se soulevaient les premiers en faveur du 10 août et le lieutenant-colonel du 6e régiment, Galbaud, dénonçait au *Moniteur* les projets de Lafayette. A l'école de Châlons, cinq élèves, entre autres Demarçay et Foy, étaient membres du club jacobin. Lorsque l'artillerie de la garnison de Metz marcha sur Varennes, à la nouvelle de l'arrestation de Louis XVI, elle dit à ses officiers que le premier coup de canon serait pour la voiture royale, et le second, pour eux, s'ils ne faisaient pas leur devoir[1].

Ce corps, presque entièrement républicain, était excellent. L'ancienne monarchie avait fait beaucoup pour l'artillerie. Elle mit successivement à la tête de l'arme M. de Vallière, lieutenant-général, « homme qui avait poussé le service de l'artillerie aussi loin qu'il peut aller[2] » et, après Vallière, ce Gribeauval que la France devrait honorer à l'égal de Vauban.

Vallière réglementa sévèrement l'admission et l'avancement dans le corps de l'artillerie ; il fallait subir un examen pour parvenir au grade de capitaine en second. Il développa les écoles où soldats et officiers tenus sans cesse en haleine, formés par de continuels exercices, acquirent une forte instruction à la fois théorique et pratique. Il établit la fixité des calibres et l'uniformité des pièces.

Gribeauval, placé en 1776 à la tête de l'arme avec le titre de premier inspecteur-général, sut combiner ce qu'il

[1] Iung, *Bonaparte*. II, 83 ; duc de Bellune, *Mém.*, I, 33-34 ; Romain, *Souv. d'un officier royaliste*, II, 138-139, 141-142, 155 (il était capitaine en second dans le régiment de Bonaparte) ; de Besancenet, *Dommartin*, 68 ; *Monit.* du 27 août ; duc de Raguse, *Mém.*, I, 23 ; Bouillé, *Mém.*, 265-266. On sait que la Convention compta parmi ses membres trois officiers d'artillerie, Lacombe Saint-Michel, Aubry, d'Espinassy, et cinq officiers du génie, Carnot, Prieur de la Côte-d'Or, Letourneur, de Calon, Varlet. Cette tradition de républicanisme survécut à tous les régimes. C . Balzac, *la Duchesse de Langeais* « les opinions libérales et presque républicaines que professait l'artillerie ».

[2] Voltaire, *Siècle de Louis XV*, X.

avait trouvé de bon et d'utile en Autriche et en France, et former ainsi, comme il disait, une artillerie qui déciderait presque toutes les actions. Il varia les engins selon les besoins de leur emploi. Il créa un matériel distinct pour chacun des services de campagne, de siège, de place et de côte. Il rendit plus courtes les proportions des pièces, introduisit un obusier du calibre de six pouces et limita à trois (12, 8, 4) les calibres des canons pour la guerre de campagne. Il adopta la hausse et sépara l'avant-train de l'affût en les reliant par la prolonge. Tout ce qui sortait des arsenaux eut des dimensions exactes et précises. L'artillerie forma sept régiments; chaque compagnie dut prendre soin de son propre matériel; les mêmes officiers et les mêmes soldats furent attachés constamment aux mêmes pièces; l'infanterie n'aida plus les canonniers qui firent seuls leur service et eurent chacun leur fonction spéciale. Gribeauval mourut en 1789, mais il léguait à la Révolution un recueil d'ordonnances qui réglementait minutieusement tous les détails de l'instruction et du service de l'artillerie, un matériel uniforme d'une grande mobilité et d'une solidité à toute épreuve, enfin un corps admirable auquel de sages dispositions et des exercices fréquents avaient donné l'expérience, la fermeté, la justesse et la rapidité du tir[1]. Foy témoigne qu'on ne trouvait que dans l'artillerie française l'universalité des connaissances et la fécondité des ressources. Les officiers sortis des écoles spéciales, raconte le duc de Bellune, joignaient l'instruction la plus solide à l'éducation la plus brillante; les sous-officiers vieillis dans leur emploi formaient une classe vraiment respectable; les soldats étaient l'élite de la population militaire; à Valence, le 4° régiment continuait à se montrer aussi docile qu'il devait bientôt se montrer entreprenant sur le champ de bataille; il conserva ses habitudes

[1] Favé. *Hist. et tactique des trois armes et plus partic. de l'artillerie de campagne*, 1845, p. 145-154, et *Etudes sur le passé et l'avenir de l'artillerie*, t. IV, *Hist. des progrès de l'artillerie*, II. p. 107 et suiv.; Mention, *Saint-Germain*, 1884, p. 161-185. Cp. de Besancenet, *Dommartin*. 30 : « On se levait à cinq heures du matin pour aller au polygone et on travaillait toute la journée » (en 1786).

de subordination et ne permit pas que le moindre excès vînt flétrir son drapeau [1].

Mais la France n'avait pas encore d'artillerie à cheval. Lafayette la lui donna. Il obtint de l'Assemblée constituante la création de deux compagnies d'artillerie volante; l'une, à son armée, fut commandée par le capitaine Barrois; l'autre, à l'armée de Luckner, par le capitaine Chanteclair. Mais ces deux compagnies ne suffisaient pas. J'ai causé sur cet objet, disait Lafayette au ministre, avec Frédéric II, le prince Henri, le duc de Brunswick, Möllendorf, avec Loudon et Lacy et les principaux généraux de Prusse et d'Autriche; la prompte formation d'une artillerie à cheval est un des plus grands services que le ministre de la guerre puisse rendre à l'armée française. Ce fut sous son commandement que l'artillerie légère obtint ses premiers succès. Les Impériaux avaient beaucoup souffert à Glisuelle du feu des quatre pièces que commandait le capitaine Barrois; mon goût pour cette arme, écrivait Lafayette à Lajard, s'est encore augmenté et si j'avais à me battre dans la position étendue que j'occupe, je suis bien sûr que mes quatre pièces seraient d'une grande utilité; mais, ajoutait-il, je vous recommande avec la plus vive instance de former tout de suite mes compagnies; je voudrais en avoir au moins quatre, une à l'avant-garde, une à la réserve, et deux à chaque aile. Il ne cessait de recommander l'artillerie à cheval, « cette arme excellente », et souhaitait que toutes les pièces de 8 et tous les obusiers de son armée fussent servis par des canonniers montés. Un décret du 29 avril 1792, proposé par un ancien officier de l'arme, Lacombe Saint-Michel, décida que le corps de l'artillerie serait augmenté de neuf compagnies de canonniers à cheval: deux furent attachées au 1er et au 2e régiment, et une à chacun des cinq autres [2]

[1] Duc de Bellune, *Mém.*, I, 26 et 33 34; Foy, *Hist. des guerres de la Péninsule*, I, 294-295.

[2] Lafayette à de Grave, 21 avril, et à Lajard, 22 et 25 juin; *Mém.*, III, 297 et 440-441; *Journal mi.it.*, 1792, 203-204. Il faut dire pourtant que Mathieu Dumas (*Souvenirs*, I, 514-517) revendique l'honneur d'avoir formé la première compagnie d'artillerie à cheval. En 1791, à Metz, il demanda au régiment d'artillerie cinquante ca-

Cette supériorité de l'artillerie eut sur le moral de l'armée plus d'influence qu'on ne le croit d'ordinaire. Le soldat comptait sur cette puissante protection ; il savait que les batteries seraient toujours habilement disposées et parfaitement servies ; c'est du succès de cette arme, observe Dumouriez, que dépend la confiance des troupes et leur courage se refroidit sensiblement, lorsqu'elles voient leur artillerie recevoir un échec ou se rebuter[1].

Il reste à parler de l'intendance. Elle avait à sa tête des hommes probes et vigilants qui montrèrent autant d'activité que de rigidité dans leurs fonctions ; c'étaient les commissaires-ordonnateurs[2] Petitjean qui suivit, le 12 septembre, le corps de Chazot et fut, après Valmy, attaché à l'avant-garde de Beurnonville ; Malus, dont Dumouriez ne pouvait trop louer le zèle et les talents ; Boyer, qui envoyait les fourrages et « rendit les services les plus importants »[3] ; l'intègre Petiet, qui fut ministre de la guerre sous le Directoire et réprima si sévèrement les désordres et les rapines de ses subordonnés. La régie des vivres de l'armée, dit Dumouriez, avait été portée au point de la perfection par soixante années d'expérience[4]. Elle assura toujours la subsistance des armées et les opérations des généraux. Les provisions de guerre firent quelquefois défaut, celles de bouche ne manquèrent jamais, au moins par la faute de l'adminis-

valiers de bonne volonté et au 12e régiment de chasseurs à cheval cinquante autres cavaliers ; cette compagnie de cent hommes fut commandée par le capitaine Barrois et le lieutenant Debelle ; « après six semaines d'exercice, elle était suffisamment instruite pour manœuvrer en ligne ».

[1] Dumouriez, *Mém.*, I, 413. Du reste, la guerre eut lieu dans un pays coupé, et, dit Bonaparte dans le *Souper de Beaucaire*, c'est dans les pays coupés que par la vivacité des mouvements, l'exactitude du service et la justesse de l'évaluation des distances le bon artilleur a la supériorité.

[2] Un décret du 10 avril portait qu'on nommerait commissaires-ordonnateurs ceux qui seraient les plus propres à remplir ces fonctions, sans égard à leur ancienneté. *Journal milit.*, 1792, I, 243.

[3] *Corresp.* de Dumouriez avec Pache, 1793, p. 28, 146, 184. Citons encore à l'armée du Centre Blanchard et à l'armée du Rhin Villemanzy qui devint pair de France et qui avait été intendant de l'armée de Rochambeau en Amérique (Ségur, *Mém.*, I, 252).

[4] Dumouriez, *Mém.*, I, 354.

tration militaire. L'armée française fut mieux ravitaillée en 1792 qu'elle le fut en 1870, dans la même contrée. Lorsque Dumouriez parut devant la Convention, au retour de la campagne, il rendit hommage à ceux qui avaient su, malgré la saison et la fange des chemins et les mouvements imprévus des troupes, entretenir l'abondance dans son camp; c'est à leurs soins, dit le général, qu'on doit la bonne santé du soldat[1].

Enfin, dernier et grand avantage, l'unité de commandement fut établie après le 10 août. Les forces que la France opposait à l'invasion se réunirent sous une même autorité, celle de Dumouriez. Si les ennemis, écrivait Victor de Broglie à la fin de mai, exécutent une attaque sur notre territoire, je ne sais vraiment de quelle manière les différents pouvoirs militaires, maintenant indépendants les uns des autres, pourraient se concerter pour opposer une résistance combinée[2]. Il n'y eut après le 10 août qu'une volonté. Lafayette craignait les généraux prussiens[3]; Luckner, qu'on affubla du titre de généralissime, était timide et incapable; Dumouriez alla tête levée et osa. Du 28 août au 20 septembre, il est seul en face de l'armée prussienne, et s'il commet des fautes, il les répare aussitôt. Il y a plusieurs chefs dans le camp des alliés; il n'y a qu'un chef dans l'armée française. un chef résolu à barrer par tous les moyens, par les négociations comme par la guerre, le chemin de Paris aux alliés. En réalité, pendant toute la campagne, Dumouriez exerça la dictature diplomatique et militaire; il n'en fit qu'à sa tête et n'écouta ni les conseils du ministre, ni les clabauderies des journalistes et de ses officiers, ni les terreurs de Paris. Les coalisés furent indécis et faibles; Dumouriez seul fut agissant, et, lorsque dans les derniers jours de septembre, des conflits d'autorité s'éle-

[1] Séance du 12 octobre, *Monit.* du 13. Cp. Foy, *Hist. des guerres de la Péninsule*, I, 138 : « La défaveur qui s'attacha aux vieilles institutions ne fit que les effleurer (les vivriers). Leur corps, à peu près intact et partant riche en traditions, se renforça de sujets distingués. »

[2] Victor de Broglie à Servan, 21 mai (arch. guerre).

[3] Lafayette à Lajard. 25 juin : « ... Je suis destiné à combattre les régiments et, qui pis est, les généraux prussiens. » Il n'a pas reproduit ce fragment de lettre dans ses Mémoires.

vèrent entre Kellermann et lui, il sut encore imposer son plan, garder la direction de la guerre, tenir dans ses mains, jusqu'à la retraite des Prussiens, le commandement des troupes qui défendaient la frontière de Champagne[1].

[1] Lafayette, *Mém.*, IV, 113 ; il ne faut pas oublier, dit-il dans une note familière sur les causes des succès de 1792, le débarras des maîtresses, favoris, généraux de cour, etc. La grandeur du danger, dit Dumouriez de lui-même, avait réuni les esprits autour de lui et forcé la France à l'écouter, à lui obéir et à le seconder (*Mém.*, II, 79).

CHAPITRE III

L'ARMÉE PRUSSIENNE

I. L'armée prussienne. — Sa composition. — Etrangers et cantonistes. — Discipline rigide. — Rares désertions. — « Perfections » de l'armée. — L'infanterie. — La cavalerie. — Les sous-officiers. — Les officiers. — Les capitaines. — Culture d'esprit des officiers. — Sensibilité du XVIIIe siècle. — II. Orgueil de cette armée. — Vices et lacunes. — L'artillerie. — Le génie. — L'intendance. — Les magasins. — Les bagages. — Le service sanitaire. — Excès du soldat en campagne. — Manœuvres pédantesques. — Officiers politiqueurs et critiqueurs. — Vieux généraux. — Comment se faisait la guerre. — III. L'armée d'invasion. — Ordre de bataille. — Courbière. — Kalkreuth. — Grawert. — Rüchel. — Frédéric-Guillaume. — Les émigrés : Roll, Caraman, Heymann. — Nassau-Siegen. — Charles-Ferdinand de Brunswick, son caractère, sa circonspection, ses pressentiments. — Le duc et le roi. — IV. Les généraux répugnent à la guerre. — Le prince Henri. — Gorani. — Un parti français à Berlin. — Archenholz, Klopstock, Auguste de Gotha. — V. Politique de la Prusse et de l'Autriche à l'égard de la France. — La question de l'indemnisation. — Conférences de Mayence. — VI. La Russie. — VII. L'Empire. — Le landgrave de Hesse. — VIII. Couronnement de François II. — Fêtes. — Forces insuffisantes de l'Autriche. — IX. Le manifeste et ses conséquences.

I. L'armée prussienne faisait la force principale de l'invasion. Elle comptait alors, sur le pied de guerre, 171,000 fantassins et 41,000 cavaliers. Chaque régiment d'infanterie de ligne était formé de quatre bataillons : un bataillon de grenadiers, deux bataillons de mousquetaires et le bataillon de dépôt; chaque bataillon était fort de 700 hommes répartis en 4 compagnies. L'infanterie légère comprenait des bataillons de fusiliers et un régiment de chasseurs à pied. Un certain nombre de tirailleurs, armés de carabines rayées, étaient joints à chaque compagnie. Tout bataillon avait deux canons. Tout régiment se composait de 2,213 combattants. La cavalerie se composait de cuirassiers, de dragons et de hussards; chacun de ces régiments avait soit cinq, soit dix escadrons[1]. Chaque escadron comptait 175 chevaux, et chaque régiment de cinq escadrons, 908 combattants.

Le principe du service obligatoire venait d'être proclamé par le conseil supérieur de la guerre, que Frédéric-Guillaume avait créé depuis le 25 juin 1787. Le nouveau règlement avait paru le 12 février 1792; « quiconque jouit de la protection de l'État ne peut se soustraire au devoir de le défendre »[2]. Mais, dans la pratique, les exceptions étaient fort nombreuses. Tout gentilhomme et quiconque exerçait une profession libérale, les gros marchands, une foule de particuliers, les habitants des grandes villes et de certains districts, étaient exemptés ou, comme on disait, eximés du service militaire. Les autres, qu'on nommait *cantonistes* parce qu'on les prenait dans le canton assigné à chaque régiment, devaient servir pendant vingt ans. Mais tous n'étaient pas « disponibles »; on ne pouvait recruter les hommes mariés, les pères de famille, les fils uniques de paysans, les fils de veuves, les maîtres artisans, les gens absolument indispensables à la culture et à l'industrie. Sur dix-sept hommes en état de porter les armes, deux seulement étaient soldats, et tout paysan incorporé dans la cavalerie devait prouver que son père avait des terres et des chevaux. D'ailleurs ces « cantonistes » ne passaient guère que la première année sous les drapeaux. Parfois même, leur année de service se réduisait à six et à trois mois. Ils ne revenaient plus au régiment que tous les

[1] Les hussards, dix escadrons; les dragons, soit dix, soit cinq; les cuirassiers, cinq. Cp. Renouard, *Geschichte des französischen Revolutionskrieges im Jahre* 1792. 1865, p. 80-81.

[2] Von der Goltz, *Rossbach und Jena*, 1883, p. 115. Brunswick proposait d'établir le service de vingt ans. Les années où le soldat n'aurait encouru ni blâme ni punition, compteraient double. Les emplois inférieurs des administrations ne seraient donnés qu'à d'anciens soldats.

deux ans, pendant la période des exercices. En somme, un fantassin ne servait que vingt-un mois, et un cavalier trente-un mois. Sur 239.800 soldats dont se composait l'armée prussienne en 1806, à la veille d'Iéna, 131,667, c'est-à-dire plus de la moitié, étaient des cantonistes en congé [1].

Tout régiment renfermait deux tiers de sujets naturels du roi de Prusse et un tiers d'étrangers (*Ausländer*). Ces étrangers, qui fournissaient les cadres de l'armée, s'engageaient pour toute leur vie. C'étaient des aventuriers, des gens sans aveu, des déserteurs des autres nations, parfois même de faux étrangers (*gemachte Ausländer*), enrôlés malgré la loi dans le canton ou dans d'autres provinces de la Prusse. C'est ainsi que le magister Laukhard, perdu de dettes et de vices, s'était engagé dans le régiment de Thadden qui tenait garnison à Halle; ainsi qu'en 1792 un Parisien servait dans le régiment de Herzberg, et le prince royal raconte que ce drôle savait à la fois bien entretenir le feu et bien conter l'anecdote [2].

Frédéric II avait soumis les étrangers à la discipline la plus rude. Ils devaient, selon le mot de Cléanthe, craindre leurs officiers plus que leurs ennemis. On les menait à coups de bâton et à grand renfort de soufflets; leur sort, dit un officier français en 1780, est vraiment barbare. On prenait les plus rigoureuses précautions pour les empêcher de déserter. On avait soin, en les disposant dans les chambrées, de les faire surveiller les uns par les autres, en mêlant les bons et les mauvais. Aucun d'eux ne sortait de la ville sans une permission signée de son capitaine. Des sentinelles étaient postées à cinquante pas d'intervalle, doublées dans les endroits propices à l'évasion, et obligées la nuit, à tous les demi-quarts d'heure, de crier *qui vive*. Si l'une d'elles désertait, elles passaient toutes par les verges, le sergent qui commandait le poste était cassé, et l'officier enfermé

[1] Mirabeau, *De la Monarchie prussienne*, IV, 57-59, 86; von der Goltz, *Rossbach und Iena*, 87-88; Höpfner, *der Krieg von 1806 und 1807*, 1850, I, 75-77.

[2] Voir les mémoires de Laukhard; *Réminiscences du prince royal*, 162 (parues dans le *Militär-Wochenblatt* de novembre et décembre 1846 et très mal traduites en 1848 par Mérat); Mirabeau, IV, 61.

pour six mois dans une forteresse. Dès qu'un homme manquait à l'appel, on tirait un coup de canon, et, à ce signal, un officier, désigné d'avance, enfourchait un cheval qu'il tenait sellé jour et nuit, les patrouilles se répandaient dans la campagne, les paysans se rendaient à des postes fixes, les chasseurs battaient le pays avec des chiens dressés a cette espèce de traque; celui qui s'emparait du déserteur recevait 50 écus. Presque toujours on découvrait le fugitif [1]. S'il était cantoniste, on le condamnait à passer en trois jours trente-six fois au milieu de 200 de ses camarades qui lui fouettaient les épaules. On le pendait à la seconde tentative d'évasion. S'il était étranger, il passait, à la première désertion, douze tours de verges; a la deuxième, vingt-quatre; à la troisième trente-six. Aussi comptait-on beaucoup de suicides dans l'armée prussienne; le soldat que le métier dégoûtait n'avait guère d'autre moyen de mettre fin à ses misères.

L'armée ainsi composée était, selon le mot de Behrenhorst, à la fois une milice et une armée permanente. Mais, grâce à l'extrême sévérité des officiers, à l'expérience des instructeurs, à une incessante application, étrangers et cantonistes, vétérans et recrues, s'amalgamaient admirablement et manœuvraient avec tant de précision et de célérité que les troupes prussiennes étaient regardées comme les plus belles de l'Europe. François de Kleist écrivait en 1791 tout un volume sur les « perfections » de l'armée prussienne. Où trouverait-on, s'écriait-il, autant d'ordre, autant d'exactitude, et qui peut voir, sans enthousiasme, manœuvrer une armée où l'art dépasse la nature, où la raison humaine apparaît dans sa plus belle victoire [2]? Les étrangers, Mirabeau, Custine, Lafayette, Toulongeon, proclamaient l'armée prussienne la meilleure du monde. Elle est, disait Mirabeau, le modèle éternel de toutes les autres et elle obtient des résultats extraordinaires qui sont au-dessus de tout éloge et paraissent des fables. Toulongeon, entrant en

[1] Deux, sur cent, échappaient.

[2] *Ueber die eigenthümlichen Vollkommenheiten des preussischen Heeres.* Cp. von der Goltz, *Rossbach und Iena*, 115 et 271.

Prusse et voyant les fusiliers qui tenaient garnison à Mittenwalde, éprouvait un vrai plaisir en trouvant le premier corps de ces fameuses troupes prussiennes qu'il venait chercher de si loin [1].

L'infanterie était en effet superbe. On ne peut croire, rapporte un officier français, la force de corps de ses soldats, les compagnies de fusiliers seraient chez nous de belles compagnies de grenadiers. On y mettait les étrangers et les nationaux les mieux faits. Les plus jeunes avaient dix-huit ans et les plus âgés ne dépassaient pas la cinquantaine. Leur taille devait être au moins de cinq pieds quatre pouces. On voulait que l'infanterie prussienne fût imposante et on soutenait qu'un soldat de haute stature chargeait plus vite son fusil qu'un homme de petite taille [2].

Le fusil, garni de cuivre, passait pour excellent. Il se chargeait avec une baguette cylindrique épaisse aux deux bouts et un peu plus grosse qu'une baguette ordinaire. Il avait une culasse coupée en biseaux. On n'était pas obligé d'amorcer; la poudre, aussi fine que celle de chasse, passait facilement du canon dans le bassinet par une lumière conique. Le soldat tirait six coups et même sept à la minute [3].

Les exercices de cette infanterie étaient continuels. Dans les marches et les mouvements on exigeait de chacun, depuis le commandant du bataillon jusqu'au moindre soldat, une entière perfection. Le bataillon formait sur toute espèce de terrain une ligne absolument droite; l'officier qui conduisait un peloton, gardait toujours son alignement et sa distance; le soldat faisait mouvoir ses jambes comme les balanciers d'un pendule et marchait avec un sang-froid inaltérable, d'un seul et même pas, le pas de 75 à la minute, sans tourner la tête, sans toucher son voisin ni s'appuyer sur lui. Tous les ans, au printemps et en automne, les troupes s'assemblaient dans des camps spéciaux pour exécuter de grandes ma-

[1] Mirabeau, IV, 211 et 186-187; *Une mission en Prusse* (Toulongeon), 1881, p. 105.

[2] *Une mission en Prusse* (Toulongeon), 161, 170, 171; (anonyme), 276.

[3] *Id.* (anonyme), 279-280; Mirabeau, IV, 129-132.

nœuvres sous les yeux du roi. C'était là qu'on voyait des lignes de vingt bataillons, occupant environ deux mille toises, s'avancer en bataille et parcourir douze cents pas et même davantage dans le meilleur ordre, puis faire une conversion sur le centre pour se mettre en oblique sur leur premier front, dans l'espace de dix minutes. L'austère Gneisenau chantait en vers ces magnifiques revues; parlez, disait-il aux officiers étrangers, vous qui êtes venus de loin pour voir ce que peut le peuple de Frédéric, quelle nation imiterait ce merveilleux spectacle [1]?

La cavalerie était plus belle encore que l'infanterie. Seydlitz, dit Mirabeau, avait changé la nature de cette arme et porté au plus haut degré la précision et la promptitude dans les évolutions. Les chevaux des dragons et des hussards venaient des rives du Don et du Dnieper; ceux des cuirassiers, du Holstein et du Mecklenbourg; ils sont, écrivait un officier français, aussi bien conformés que nos chevaux normands, mais ils sont plus grands et mieux soignés, ils ont plus de souplesse et de brillant. Les simples cavaliers, tous robustes, tous « carrés, bien facés » et capables de porter la cuirasse, étaient maîtres de leur monture et s'exerçaient de longue main à l'enlever au galop et à l'arrêter court. Les officiers avaient des chevaux qui coûtaient quarante à soixante louis et ne travaillaient, selon le mot de Mirabeau, qu'à rendre leur cavalerie leste, agile et véloce. Si les rangs ne marchaient pas avec la certitude qu'on exigeait en France, les mouvements s'exécutaient avec tant d'adresse et de rapidité que l'ordre, dit un témoin oculaire, était rétabli avant qu'on eût le temps de s'apercevoir qu'il avait besoin de l'être. On vit dans les grandes manœuvres de Magdebourg une colonne de vingt escadrons dont chacun occupait quarante-cinq toises de front, se déployer en cinquante-quatre secondes. Des lignes de trente escadrons, sans aucun intervalle, allaient au pas, au trot, au galop, et chargeaient, sans s'ouvrir en avant ni sur les flancs. On prétendait même qu'une ligne de cavalerie prussienne offrait dans sa marche en bataille

[1] Mirabeau, IV, 187 et 194 ; von der Goltz, 271.

moins de frottement et de dérive qu'une ligne d'infanterie, tant elle avait d'aisance dans les files et d'assurance dans les mouvements. En un mot, par son intelligence, par sa hardiesse, par son agilité, cette cavalerie était la première de l'Europe. On peut tout oser, tout entreprendre avec elle, s'écrie Toulongeon, et malheur à celle qui sera obligée de manœuvrer devant celle-là [1] !

Les sous-officiers et les officiers faisaient la force de l'armée. Les sous-officiers, armés de hallebardes et de sabres, choisis à l'ancienneté plutôt qu'au mérite, punis rigoureusement pour la plus petite faute, sûrs de recevoir sur les épaules, au moindre manquement, de grands coups de plat d'épée, restaient toujours au régiment, sans semestre ni congé. On vante leurs soins incessants, leur instruction, leur vigilance. Les divisions de l'armée prussienne, dit un observateur impartial, ressemblent à de grands troupeaux ; les officiers sont les bergers, et les sous-officiers, les chiens qui regardent et courent sans relâche.

Les officiers étaient tous gentilshommes [2]. Ils sortaient pour la plupart de l'École des cadets, établie à Berlin. Quelques-uns avaient suivi les cours de l'École militaire. Mais tous passaient par la même filière et servaient d'abord comme sous-officiers. Ils ne cessaient de dresser leurs soldats et assistaient à tous les exercices. Ils obtenaient à peine un congé de trois mois tous les quatre ou cinq ans. Aucune profession n'était plus considérée ; la dragonne ouvrait toutes les portes et l'uniforme donnait les avantages qu'on n'obtenait ailleurs que par l'intrigue ; un ministre n'aurait osé faire attendre dans son antichambre le moindre enseigne [3].

On tenait surtout les capitaines en grande estime.

[1] *Une mission en Prusse* (Toulongeon), 160, 183, 186, 205. 206, 208, 214 ; Mirabeau, IV, 191-192 ; cp. Riesbeck, *Voyage en Allemagne*, 1788, III, 21 : « Cette partie de l'armée prussienne est inconcevable, et quelque surprenante que soit l'infanterie, la cavalerie la surpasse de beaucoup. Les officiers assurent qu'il n'y a point d'exemple qu'elle ait jamais atteint le degré de perfection où elle est à présent », et Lafayette (lettre à d'Abancourt, *Mém.*, IV, 458) ; il loue « la tactique et le talent des officiers de cette arme ».

[2] Excepté dans trois corps : les fusiliers, les hussards et l'artillerie.

[3] Mirabeau, IV, 167 et 194.

Le roi était capitaine d'une compagnie de ses gardes. Tous les généraux avaient leur régiment, et, dans ce régiment, une compagnie dont ils étaient capitaines ; on les voyait aux revues, l'esponton à la main, en tête de leur compagnie, rendre compte au roi et à l'inspecteur-général. Le commandant ou colonel en second, le lieutenant-colonel, le major du régiment avaient chacun leur compagnie qu'ils menaient à la manœuvre, en qualité de capitaines. Tous les officiers aspiraient à ce grade qui valait huit mille livres dans l'infanterie, et dix mille dans la cavalerie ; si on y reste, dit Toulongeon, on y est bien ; si on le dépasse, c'est pour arriver au grade de général-major et de lieutenant-général ; on devient propriétaire d'un régiment et on touche trente-deux mille livres dans l'infanterie et trente-quatre mille dans les troupes à cheval [1].

Fiers de leurs privilèges, convaincus qu'ils étaient les premiers en Prusse après le roi, enorgueillis des souvenirs de Rossbach et de Leuthen, les officiers prussiens se distinguaient des officiers des autres nations par la fierté de leur allure et leur tournure guerrière ; ils avaient tous, écrit le baron de Riesbeck, un air martial et cette vivacité qui annonce des hommes toujours prêts à couper un nœud avec l'épée [2].

La plupart n'étaient pas, comme on l'aurait cru, d'ignorants sabreurs. Un peuple envahi regarde volontiers ses agresseurs comme des barbares, et, de même que le Byzantin Nicétas reprochait aux croisés de n'estimer rien que la vaillance et de n'avoir aucun commerce avec les muses, les Français de 1792 ne virent dans les envahisseurs que des êtres farouches qui n'avaient d'autres vertus que leur discipline de fer et leur bravoure brutale. Les officiers prussiens étaient hommes du monde ; après avoir vaqué le matin et l'après-midi aux travaux de leur état, ils quittaient le soir les bottes et les guêtres, se faisaient friser, mettaient des bas de soie, des manchettes, de longs jabots de dentelle et allaient, le chapeau sous le bras, de société en société, causant familièrement

[1] *Une mission en Prusse* (Toulongeon), 166-168.
[2] *Voyage en Allemagne*, III, 23.

avec leurs généraux. De 1740 à 1760, ils avaient méprisé les choses de l'esprit, et Christian Ewald de Kleist n'osait dire à ses camarades de Potsdam qu'il faisait des vers. Mais le temps n'était plus où le gracieux imitateur de Thompson écrivait à Gleim que les officiers regardaient comme une honte d'être poète. La mort de ce généreux Kleist tombé glorieusement sur le champ de bataille de Kunersdorf, les leçons de Ramler qui professait à l'école des cadets, l'exemple de Frédéric II, l'éducation toute française que recevaient à cette époque les gentilshommes, avaient répandu dans le corps des officiers la curiosité de la science et le goût de la littérature. Des jeunes gens instruits et pleins de talent, comme Knebel, Münchow, Winanko, Knobloch, Diericke, Boguslawski, s'exerçaient à la poésie. De même que Voss et les disciples de Klopstock, ils célébraient dans leurs vers les douceurs de la vertu. Les officiers de Postdam allaient entendre le prédicateur de la garnison pour s'entretenir de ses sermons, et en prenaient copie pour les camarades absents. Ils s'enthousiasmaient pour les œuvres du philosophe juif Moïse Mendelssohn. Durant la campagne de 1792, Massenbach achetait au curé de Sivry-la-Perche un exemplaire de la *Henriade*, qui l' « accompagnait dans sa croisade et lui adoucissait plus d'une heure amère ». Lisez les curieux mémoires de cet officier; il assure qu'un prince doit avoir sous son chevet les ouvrages de Machiavel, de Gibbon et d'Adam Smith; il cite Salluste, Klopstock, Wieland; son style est emphatique, prétentieux, farci de comparaisons et d'allusions mythologiques. O Tacite, dit-il dans son Éloge du prince Henri, prête-moi ton expressive brièveté pour raconter avec vigueur de vigoureuses actions! L'officier prussien, qu'on nomme le témoin oculaire, lit pendant la campagne les *Bucoliques* de Virgile et le quatrième livre de l'*Enéide* dans la traduction française de Desfontaines; il se compare au poète Ovide relégué à Tomes sur la mer Noire; il se réjouit à la pensée d'emporter avec lui l'*Odyssée* dans la prochaine guerre[1].

[1] *Une mission en Prusse* (Toulongeon), 150-151 ; Kleist, lettre du 8 février 1746 ; Preuss, *Friedrich der Grosse*, III, 151 et 326-355 ;

N'enseignait-on pas dans cette école militaire, que Frédéric-Guillaume II avait réorganisée en 1790, l'éloquence, la littérature, la philosophie, le droit public? N'y lisait-on pas la *Critique de la raison pure* de Kant, Grotius, Montesquieu, le *Contrat social?* D'après le règlement, le professeur d'histoire devait exposer les causes et les conséquences des événements, et aiguiser par des réflexions philosophiques le jugement des élèves. On formait ainsi, dit Scharnhorst, à la fois des officiers et des érudits[1].

Comme tous leurs contemporains de la classe éclairée, les officiers prussiens étaient imprégnés de la sensibilité et de la philanthropie du XVIIIe siècle. On voyait souvent au milieu d'eux, dit Gœthe, des hommes très estimables, graves, renfermés en eux-mêmes, légèrement hypocondres, faisant le bien avec une tendre passion. Depuis la mort de Frédéric II, ils n'étaient plus aussi sévères à l'égard des soldats et recouraient moins souvent à la canne. La discipline avait perdu de sa barbarie. Le maréchal de Möllendorf recommandait d'adoucir le sort du militaire et de « gagner l'affection des soldats » (avril 1788). Le comte Henkel défendait aux officiers de bâtonner leurs compatriotes qui formaient le noyau de l'armée (14 mars 1791). Frédéric-Guillaume II, passant une revue à Breslau, disait à son état-major qu'on obtenait plus par la politesse que par la brutalité. L'opinion commune, écrivait déjà Mirabeau, est qu'on se plaît à frapper le soldat tout le long du jour; rien n'est plus faux ; on ne châtie que ceux qui le méritent, et les autres sont honnêtement traités. L'officier tutoyait les simples soldats ; il ne tutoyait pas les sous-officiers et employait en leur parlant, non pas la troisième personne du singulier, mais la troisième personne du pluriel, qui est, comme on sait, la formule de politesse en allemand. Frédéric II ne s'était servi que de

Knebel, Nachlass, 1840, I, p. XV-XVI ; Massenbach, *Mém.*, I, 51, et II, 155 ; Témoin oculaire, II, 67-68 (*Briefe eines preussischen Augenzeugen über den Feldzug des Herzogs von Braunschweig*, 1793).

[1] Von der Goltz, *Rossbach und Iena*, 113. Il y avait également à l'école d'artillerie un cours de philosophie et un cours de style allemand.

la locution méprisante : *il* ou *er* ; qui est-il ? que fait-il ? Frédéric-Guillaume II disait toujours *vous* ou *Sie*, quel que fût le grade de l'officier auquel il adressait la parole [1].

On vit donc pendant la campagne de 1792 ces disciples de Voltaire et de Rousseau agir avec humanité, tempérer les rigueurs de la guerre, alléger les charges de la population vaincue, défendre aux soldats de violer la propriété de l'habitant, réprimer les excès des pillards. Gœthe et ses amis, les cuirassiers de Weimar, mettaient les paysans des Ardennes en garde contre les maraudeurs. Lombard faisait restituer par des soldats ce qu'ils avaient pris dans les maisons de Chênières et s'apitoyait sur les malheurs de l'invasion. Un chef d'escadron rencontrant près de Samogneux une jeune fille fugitive, la ramenait aussitôt à ses parents. On se contentait de renvoyer à coups de plat de sabre un paysan qui tirait sur l'avant-garde. Un lieutenant de hussards sauvait la vie au curé d'Aumetz, qui l'avait blessé ; les hussards de 1792, écrivait naguère un officier prussien, étaient plus bienveillants qu'aujourd'hui, en 1870 on aurait laissé le curé sur la place [2]. Massenbach vit expirer sur le champ de bataille de Valmy un paysan français, père de onze enfants, qui lui avait servi de guide. « Je sautai de cheval, dit-il dans ses *Mémoires*, et me jetai sur lui ; il gisait dans son sang, et leva sur moi un regard défaillant. Jamais je ne versai de telles larmes ; je crus que la douleur me rendrait fou, et je maudis ma destinée et la guerre qui est, comme dit Klopstock, la flétrissure du genre humain. Ce souvenir me peine encore, et pendant que je le retrace, mes pleurs mouillent le papier ; mon cœur se révolte ; j'aurais dû renvoyer cet infortuné ! [3] »

II. Telle était l'armée prussienne. On la regardait

[1] Gœthe, *Camp. de France*, édit. Chuquet, 1884, p. 30 ; Toulongeon, *Une mission en Prusse*. 151 ; von der Goltz, *Rossbach und Iena*, 91-92 ; Mirabeau, IV, 164-166 ; cp. I, 113.

[2] D'Ardenne, *Geschichte des Zieten'schen Husarenregiments*, 1874, p. 229.

[3] *Mém.*, I, p. 92-93.

comme invincible et elle-même se croyait pour toujours en possession de vaincre. Il semblait, raconte un officier, qu'un seul escadron, une seule compagnie suffirait pour mettre les Français à la raison. Bischoffswerder recommandait à Massenbach de ne pas acheter trop de chevaux; la comédie, disait-il, ne durerait pas longtemps et on serait de retour à Berlin en automne. Les officiers de l'état-major criaient « à Paris! à Paris! la guerre ne sera qu'une chasse à courre! » La nouvelle de la double déroute de Mons et de Tournay acheva d'échauffer les têtes. L'armée des avocats avait fui, dès la première rencontre, devant les Autrichiens; officiers et soldats, écrivait Caraman, marchent avec une joie générale et un désir extrême de se mesurer de valeur avec leurs nouveaux alliés. Jamais on n'a poussé plus loin le mépris de l'adversaire. J'envisage la guerre comme rien, affirmait le prince Henri, vaincre des bourgeois et une armée désorganisée me paraît un triomphe facile. Quiconque, assure Scharnhorst, parlait des Français sans montrer le plus grand dédain, était regardé comme un partisan de la Révolution; « il fallait les rabaisser, déclarer que leurs généraux n'étaient que des tailleurs et des cordonniers, que leurs soldats étaient lâches et leurs forteresses délabrées; personne ne parlait des difficultés qu'on devait rencontrer. » Mais Frédéric II n'avait-il pas dit d'un de ses généraux qu'on ne pourrait lui confier un commandement dans une nouvelle guerre, parce qu'il n'avait combattu que des Français ? Les militaires de toutes les nations, témoigne Lafayette, s'accordaient pour nous mettre au dernier rang. Les officiers de la garnison de Strasbourg ayant écrit à l'Assemblée constituante que l'armée française comptait 26,000 hommes de moins que l'armée prussienne et coûtait 55 millions de plus, le *Nouveau Journal militaire* observa que les officiers n'oubliaient qu'une chose dans leur lettre, à savoir que l'armée française était, en outre, mal exercée et mal disciplinée[1].

[1] Témoin oculaire, I, 26; Massenbach, I, 25-27; *Fersen*, II, 269-270; *Vie privée, politique et militaire du prince Henri*, 1809, p. 295 (lettre du 19 mai); Lafayette, *Mém.*, III, 273; von der Goltz, *Rossbach und Iena*, 227-229.

Cette *jactàntieuse*[1] armée ne soupçonnait pas les lacunes et les vices de son organisation. L'artillerie allait être désormais la partie essentielle d'une armée et jouer le rôle prépondérant dans les batailles. Or, l'artillerie prussienne était fort médiocre et même inférieure à celle des Saxons. On venait de créer à Berlin une école dirigée par le colonel Tempelhof, mathématicien profond, traducteur et continuateur de l'*Histoire de la guerre de Sept-Ans* de Lloyd, auteur d'une remarquable étude sur la courbe des projectiles lancés par la poudre. Il était trop tard. Même avant la campagne de 1792, tous les bons juges qui virent de près l'artillerie prussienne, en parlaient avec mépris. Ses pièces, ses caissons, ses fourgons, affirme Dampmartin, eussent été réformés par les chefs des arsenaux de France. Elle n'est, dit Toulongeon, ni belle ni savante comme la nôtre. Elle ignore absolument, écrit le duc de Choiseul, tous les détails relatifs à l'attaque comme à la défense des places. On devrait, rapporte Mirabeau, la croire excellente, elle n'est pas même bonne[2].

Comme les ingénieurs français avant le ministère de Louvois, les officiers de l'artillerie prussienne étaient peu considérés du reste de l'armée; ils appartenaient presque tous à la bourgeoisie, et leur arme était la seule où les gens de basse naissance pouvaient sortir des grades subalternes. Frédéric II lui-même ne les estimait pas; il n'assistait qu'une fois l'an à leurs exercices et leur donnait rarement l'ordre du Mérite. Qu'est-ce qu'ils ont de recommandable, s'écriait-il un jour; est-il si difficile de tirer juste?

On n'avançait, dans l'artillerie prussienne, qu'à l'ancienneté; on passait du rang de sous-officier à celui d'officier et ainsi de suite jusqu'aux plus hauts grades, selon les règles de la routine. Le mérite ne pouvait donc percer, l'émulation n'existait pas, et lorsque le capitaine

[1] Expression de Davout, après Auerstädt.

[2] Mirabeau, I, 40-41, et IV, 229; Toulongeon, *Une mission en Prusse*, 90 et 154; duc de Choiseul (*l'Armée française* du 27 mars 1879); Dampmartin, *Quelques traits de la vie privée de Frédéric-Guillaume II*, 1811, p. 105.

Tempelhof fut nommé major par ordre exprès du roi, cette promotion passa pour inouïe.

On n'enseignait aux futurs officiers qu'un peu de géométrie et de dessin. Ils ne savaient pas, comme en France, les petits détails du métier. Les connaissances physiques et mécaniques, dit Mirabeau, d'où dépend la perfection dans l'art de faire la poudre et de couler les pièces, les détails du charroi, mille autres choses de ce genre infiniment utiles, ne s'enseignent pas ou s'enseignent très mal dans l'armée prussienne. D'ailleurs, on faisait très peu de dépenses pour l'artillerie ; pas d'exercices incessants, pas d'expériences coûteuses, pas un seul essai d'amélioration ou de perfectionnement. Frédéric II ne donnait chaque année que la quantité de poudre suffisante pour six semaines [1].

La Prusse fut cependant la première puissance de l'Europe qui fit un fréquent usage des obusiers. Elle inaugura l'emploi de l'artillerie à cheval. Cette dernière innovation avait une très grande importance. On vit, pour la première fois, les pièces légères de 6 et les obusiers de 7 arriver au galop des chevaux sur le champ de bataille, se mettre en position et rétablir le combat dans des occasions où l'artillerie à pied était compromise ou serait arrivée trop tard. Cette artillerie de campagne rendit à Frédéric II des services infinis. Mais, comme disait le duc de Choiseul, elle n'avait d'autre avantage que dans sa facilité à se mouvoir un jour d'action et à faire des marches précipitées [2]. Les canonniers, très inexpérimentés, pouvaient à peine se tenir en selle, et leurs chevaux, achetés en hâte aux approches de la guerre, n'avaient pas l'habitude du feu [3].

Au reste, quelle que fût l'artillerie prussienne, artillerie de garnison ou de campagne, artillerie à cheval, elle manquait des choses les plus nécessaires. Durant la guerre de la succession de Bavière, le duc de Brunswick voulut incendier un village; il fit avancer un obusier, mais les grenades tombaient en deçà ou au delà du but;

[1] Mirabeau, IV, 231-235 ; Toulongeon, *Une mission en Prusse*, 154.
[2] *Armée française* du 27 mars 1879.
[3] *Neues militärisches Magazin* de Hoyer, IV Stück, p. 60.

il dut détacher des hussards qui mirent le feu aux premières maisons avec des cartouches à fusée [1].

Le génie était aussi méprisé que l'artillerie. Personne, dit un contemporain, n'employa autant les ingénieurs que Frédéric II ; « personne ne les a traités aussi indignement ni ravalé autant leur profession ; il n'y a pas de corps aussi abjectement tenu ; on n'y a nulle autre perspective que tous les genres d'humiliations et de dégoûts ». Les grades les plus élevés étaient réservés aux étrangers et le plus souvent à des charlatans, rarement à d'honnêtes et habiles ingénieurs. La plupart des nationaux restaient lieutenants toute leur vie ; très peu arrivaient au grade de capitaine; pas un capitaine n'était fait major, pas un officier de l'arme n'obtenait l'ordre du Mérite, et celui qui la commandait en chef n'eut jamais le titre de général. Il n'existe pas en Prusse, écrivait un Français à la veille de la Révolution, un ingénieur que l'on puisse nommer, et les officiers de génie, quels qu'ils soient, Prussiens ou aventuriers français et portugais, sont à peu près aussi ignorants les uns que les autres. On ne savait pas conduire un siège. On ne prit Schweidnitz qu'au bout de soixante-quatre jours, parce qu'une bombe fit sauter, dans la ville, un magasin de grenades. On échoua honteusement devant Olmütz. Les villes qui résistèrent avec vigueur pendant la guerre de Sept-Ans, comme Torgau et Colberg, n'étaient pas défendues par le génie. Mes ingénieurs, disait Frédéric, sont de vrais coqs d'Inde qui me rendent la vie bien amère par leurs balourdises et leur ineptie; je leur enverrai, au lieu de couronnes murales un bonnet d'âne, dût-il m'en coûter le meilleur de mes mulets. Rien n'était plus mal fortifié que les places de Prusse. La mission militaire française de 1788 ne cachait pas sa surprise à la vue de ces longues courtines, de ces petits bastions, de ces fossés étroits et peu profonds, de ces contrescarpes sans revêtement qu'elle voyait partout ; « on a cru qu'en mettant une infinité de mauvais ouvrages les uns sur les autres, on rendrait une place im-

[1] Mirabeau, IV, 237-238 ; voir le peu de dégâts que l'artillerie prussienne fit à Longwy et à Verdun.

prenable; l'art d'attaquer et de construire les places est encore au berceau dans ce pays[1] ».

L'administration militaire n'était pas moins négligée que les armes spéciales. Lorsqu'éclata la guerre de la succession de Bavière (1778) on perdit quatre mois en préparatifs, et au bout de ce temps, les régiments n'avaient pas encore les objets les plus indispensables. Les agents de l'intendance manquaient de vigilance et d'exactitude Ils ne remplissaient pas suffisamment les magasins. Ils n'envoyaient les subsistances qu'avec mille délais et ralentissaient ainsi les mouvements de l'armée. Beaucoup d'entre eux ne pensaient qu'à s'enrichir. Le 7 septembre 1792, en pleine invasion de la France, le feu éclata dans les magasins de fourrages établis à Châtillon-l'Abbaye; les Hessois voulurent éteindre l'incendie, mais les employés prussiens leur défendirent d'entrer. Lorsqu'on ouvrit les portes, il n'était plus temps d'arrêter les progrès des flammes. Une enquête, ordonnée par le landgrave de Hesse, démontra que les employés avaient mis le feu de leur propre main pour cacher leurs malversations. A Longwy, à Verdun, pendant l'expédition de 1792, on trouva des approvisionnements considérables; ils furent maladroitement gaspillés. Je pus observer, dit Gœthe, qu'on ne ménageait pas assez le lard fumé, la viande, le riz, les lentilles et autres choses bonnes et nécessaires[2].

On n'avait pas encore inventé le système d'exploitation du pays ennemi ni posé en principe que la guerre nourrit la guerre et que le territoire envahi fait subsister l'envahisseur. On établissait sur les derrières de l'armée de grands magasins de farine, et à mi-chemin, entre ces magasins et les troupes, la boulangerie de campagne qui cuisait le pain du soldat, le *Commissbrod*. Lorsque les Prussiens campèrent à Valmy, la boulangerie était à Verdun, et le magasin de farines à Trèves. Mais, si les chemins devenaient difficiles, les fourgons de pain arrivaient trop tard, et le temps qu'on perdait à

[1] Mirabeau, IV, 241-245 et 253-256; *Une mission en Prusse* (anonyme), 306-307; Catt, *Memoiren* p. p. Koser, 1884, p. 118-119.
[2] Ditfurth, *Die Hessen*, 69; Gœthe, *Camp. de France*, 50.

les attendre était gagné par l'ennemi, qui profitait de ce répit pour se retrancher ou faire sa retraite. Telle fut une des causes de l'insuccès des Prussiens en 1792. Ils devaient presque à chaque instant compter avec les nécessités du ravitaillement et, tous les jours, résoudre cette question : aurons-nous demain et après-demain assez de pain pour les hommes et assez de fourrage pour les chevaux? Il fallait quotidiennement 55,581 portions et 29,133 rations, c'est-à-dire plus de 1,100 boisseaux de farine et 5,500 d'avoine. De là des lenteurs, des retards, l'allure flottante et décousue des mouvements. On ne pouvait trop s'écarter de ses magasins et de sa boulangerie; on craignait toujours pour ses communications; on ne cessait de tourner la tête vers son point de départ; on n'osait entreprendre rien de soudain et de hardi [1].

Ajoutez que cette armée était une trop lourde machine pour se mouvoir avec promptitude. Le train énorme qui la suivait, s'entassait sur les routes et les encombrait; il était innombrable (*zahllos*), dit un contemporain, et nous retardait infiniment. On permit aux officiers d'employer à leur service personnel, non pas des bêtes de somme, mais des voitures; on vit donc s'étendre derrière les colonnes d'infanterie, de cavalerie, d'artillerie, de longues et interminables colonnes de chariots où l'on avait accumulé le gros et le menu bagage, les équipages des corps, les tentes, le pain, tous les impedimenta. Une armée, embarrassée par un attirail si considérable, n'était pas propre aux marches rapides et décisives; elle se voyait entravée à chaque pas; elle ressemblait à l'armée de Darius plus qu'à celle d'Alexandre; elle pouvait vaincre, mais elle n'aurait pu profiter de la victoire. On a calculé qu'elle comptait en son ensemble 700 boulangers, 120,462 goujats ou soldats du train, et 32,705 blanchisseuses : une lavandière par tente [2]!

Déjà, pendant la guerre de la succession de Bavière, le train que l'armée traînait après elle avait causé les plus

[1] *Geschichte der Kriege in Europa*, I, 16. L'armée avait avec elle du pain pour neuf jours ; le soldat portait la provision de trois jours ; le reste était transporté par les voitures régimentaires.

[2] Minutoli. *Erinnerungen*, 138 ; Büsching, *Beiträge zu der Regierungsgeschichte König Friedrich II*, p. 424 (cité par Philippson).

grands embarras. L'artillerie, attelée de chevaux misérables, s'embourba dans les mauvais chemins de la Bohême et ne s'arracha des boues qu'avec le secours des chevaux de la cavalerie. La campagne, dit Mirabeau, ne fut pas bien conduite, et on peut la regarder comme malheureuse, elle découragea l'armée prussienne et lui fit perdre quelque chose de cette haute opinion d'elle-même qu'elle avait en la commençant [1].

Le service sanitaire était détestable. Le chirurgien-major de chaque régiment touchait annuellement 36 sous par soldat; en retour, il devait louer une maison qui servirait d'hôpital, fournir les lits, le feu, la lumière et les médicaments, payer les infirmiers; c'était un entrepreneur qui sacrifiait le plus souvent son devoir à ses intérêts. Les malades et les blessés, dit le duc de Choiseul, sont fort mal soignés en temps de paix, et en temps de guerre presque toujours abandonnés. Deux contemporains, le fusilier Laukhard et un officier anonyme, le témoin oculaire, ont tracé le tableau le plus affreux des hôpitaux prussiens. Laukhard les compare à des coupe-gorges. « J'allai, dit-il, voir au lazaret de Longwy mon ami le sous-officier Koggel. J'entrai, sans être arrêté ni interrogé par la sentinelle. Quelle fut mon horreur en ne voyant dès l'entrée que des excréments! Pas un endroit où l'on pût passer sans se souiller, pas de table de nuit, très peu de lieux d'aisance, des malheureux se traînant à peine jusqu'à la porte. des cadavres qu'on ne relevait pas et qui gisaient au milieu des immondices. Je fus sur le point de défaillir; la puanteur était horrible; il me semblait traverser une écorcherie en plein été; on ne faisait même pas de fumigations; on n'ouvrait pas les fenêtres; on bouchait les vitres cassées avec des chiffons! La plupart des dysentériques couchaient, sans couvertures, sur la paille, sur le parquet où la vermine les dévorait; leur linge n'était jamais lavé, leur chemise pourrissait sur leur peau. Je demandai où était Koggel, personne ne put me le dire. Je sortis, plein d'un dégoût profond. » Ce soldat assure qu'en 1792 des milliers de Prussiens moururent, faute de soins, dans les hôpitaux.

[1] Mirabeau, IV, 209 et 221. et I, 107.

Les infirmiers, écrit-il encore, vieux caporaux insensibles aux souffrances d'autrui, ne songeaient qu'à remplir leur bourse : ils buvaient le vin des malades et vendaient au dehors le riz, la semoule et les fruits. Le témoin oculaire confirme le dire de Laukhard ; il assure que le chirurgien-major du régiment a toujours du savoir et du mérite, mais que les chirurgiens des compagnies ne savent que saigner et raser ; il prie le lecteur de sauter les pages écœurantes qu'il consacre aux hôpitaux prussiens ; il affirme que, si le lazaret de Coblentz avait encore bonne apparence, les lazarets de Trèves, de Longwy, de Verdun, de Dun, de Grandpré, rebutaient le soldat par leur malpropreté. Lui aussi a vu dans les hôpitaux les dysentériques se soulageant où ils pouvaient ; il a vu les grabats des malades affreusement souillés et pourris ; il a vu les morts gisant au milieu de leurs excréments et jetés au dehors avec leur paillasse [1].

Voilà le revers de la médaille, et on ne doit pas oublier que cette armée sans patrie n'avait pas en elle un seul de ces généreux sentiments qui faisaient battre les cœurs français et qu'il lui manqua la force morale ; qu'elle ne mangeait que du pain de la plus mauvaise qualité ; que son infanterie n'avait d'autre vêtement qu'un habit étroit et court, et qu'elle resta sans manteau durant toute la campagne de 1792 sous une pluie incessante et souvent torrentielle. Les Prussiens, écrit Ditfurth, supportèrent la fatigue et les privations avec moins d'endurance que les Autrichiens et les Hessois, mieux nourris et mieux vêtus [2].

L'armée prussienne passait en Europe pour l'armée classique. Mais elle n'était pas en campagne et devant l'ennemi ce qu'elle était sur le terrain de Potsdam. La

[1] Duc de Choiseul (l'*Armée française* du 27 mars 1879) ; Laukhard, *Laukhards Leben und Schicksale*, 1796, III, 244-254 ; Témoin oculaire, II, 212-220 ; cp. sur l'armée autrichienne le chap. *des hôpitaux* (prince de Ligne *Mém. et mél.*, III, 103-105 : « c'est là le champ de bataille où il périt plus de monde que dans les combats ».)

[2] *Une mission en Prusse* (anonyme), 282 : Strantz, *Zeitschrift für Kunst, Wissenschaft und Geschichte des Krieges*, 1831, IV, 43 ; Ditfurth, *die Hessen*, 129.

discipline si rigidement observée dans les garnisons, se relâchait promptement en temps de guerre. On défendait de rien dérober, et nous lisons que des compagnies qui souffraient de la faim campèrent auprès d'un champ sans oser déterrer une seule pomme de terre. Mais presque toujours le soldat prussien abusait des droits de l'envahisseur, et en Hollande, en Lorraine, en Champagne, malgré les ordres de ses officiers, il commit à plaisir les plus grands dégâts. Si ses tentes n'arrivent pas, si le pain lui manque, si la pluie ou la chaleur lui semble insupportable, il s'en prend aux habitants du pays, il les insulte et les maltraite, il saccage les villages, il incendie les maisons. Après Valmy, dit Lombard, il n'était plus bon qu'à piller. On verra ces belles colonnes se rompre à leur entrée en France et dès le 30 août, en se portant sur Verdun, marcher à la débandade, sans être contenues par la présence de leurs chefs, et laisser derrière elles une foule immense de traîneurs. La Prusse n'est plus ce qu'elle était, disait dès 1789 le prince de Ligne, les trésors, l'enthousiasme et la discipline n'y sont plus [1].

Ces parades, ces revues, ces longs exercices qu'on faisait avec tant de sérieux et de passion, ces manœuvres superbes qu'admirait l'Europe, étaient une mauvaise école de guerre. Elles s'écartent, dit nettement le duc de Choiseul, de la simplicité et de l'utilité que Frédéric II leur a données en principe, et il serait même dangereux d'en faire usage. Ces fameuses manœuvres, témoignait plus tard Dampmartin. « l'alignement, la marche, le feu de l'infanterie, la vigueur des charges de la cavalerie étaient proclamés avec une pédantesque vanité comme les gages certains de la victoire ; mais des mouvements sans cesse répétés sur les mêmes terrains et d'après les mêmes combinaisons, n'étaient pas de nature à conserver de la prépondérance pour le soutien d'une campagne réelle. » On s'amusait à former et à faire marcher dans la plaine de Tempelhof un bataillon carré de 12,000 hommes; c'était, selon le mot de Toulongeon, un tour de

[1] Renouard, 83 ; Lombard, *Lettres*, 316 ; prince de Ligne, I, 168 (lettre à Kaunitz, décembre 1789). cp. plus loin le chapitre sur Verdun.

force sans utilité. Déjà la mission militaire de 1788 observait beaucoup d'invraisemblances dans les manœuvres de Magdebourg. Que d'enfantillages, s'écriait Behrenhorst; pauvre vieil officier, que je te plains, lorsque je te vois embarrassé au milieu de tes belles mesures, perdu dans tes suppositions, et ne sachant s'il manque dix pas à ta distance! On était devenu chicanier, *bagatellier*[1]; on oubliait que la guerre déjoue toutes les méthodes. Le duc de Brunswick, raconte Massenbach, ayant remarqué dans la retraite de Deux-Ponts à Kaiserslautern en 1793, que les derniers bataillons de l'arrière-garde marchaient sans beaucoup de cérémonie et contre les principes de la tactique de Potsdam, leur ordonna de revenir sur leurs pas et d'exécuter de nouveau toutes les évolutions, comme en présence du vieux Saldern[2].

On soumettait le soldat, même pendant la campagne, à des fatigues superflues. Durant la guerre de 1792 il n'y eut pas un camp, pas un bivouac, pas un emplacement destiné aux troupes, pas un pont, pas un passage de rivière ou de ruisseau, pas une ferme, pas un moulin qui ne fût garni d'un poste, pas un défilé qu'on ne voulût rendre inaccessible en élevant des épaulements, en abattant des arbres, en pratiquant de petites inondations, en creusant des fossés, en renversant des voitures de fumier. On avait la manie de la fortification et on la poussait jusqu'au ridicule. A quoi, dit un officier, servaient tous ces petits retranchements qu'un fantassin, un cavalier pouvait aisément franchir? On ne faisait que lasser nos troupes en pure perte[3].

En réalité 1792 annonce 1806. Frédéric II avait formé des serviteurs, et non des élèves. Ce grand homme rapetissa tout autour de lui; il sut, par l'inflexible rigueur de son despotisme éclairé, par une exactitude scrupuleuse, par une stricte parcimonie, mouvoir les ressorts compliqués de la monarchie. Mais en lui seul résidait la

[1] Mot du prince de Ligne (III, 210).

[2] Duc de Choiseul, *id.*; Dampmartin, *Quelques traits*, 127; *Une mission en Prusse*, 245 et 264; *Histor. Zeitschrift*, VI, 1861, p. 58 (mot de Behrenhorst cité par Meerheimb); Massenbach, *Mém.*, I, 231-232.

[3] Minutoli, *Erinnerungen*, 25-26, note.

force de la Prusse; après lui tout se désagrégea, même l'armée. Peut-on croire, s'écriait prophétiquement Mirabeau, que ses successeurs seront aussi infatigables que lui; qu'ils liront, examineront, pèseront tous les rapports des inspecteurs sur chaque régiment; qu'ils seront le premier général de leur armée; que ni courtisan, ni ami, ni maîtresse ne balanceront un seul instant en aucun d'eux l'intérêt militaire; que leur armée sera toujours au-dessus de tout dans leur opinion [1]?

Ces officiers, instruits, raffinés, accoutumés, comme Frédéric, à discuter sur toutes choses, étaient devenus critiqueurs. Ils dissertaient avec une verve maligne sur ce que faisait le général en chef et sur ce qu'il aurait dû faire; ils insistaient complaisamment sur les moindres fautes qui se commettaient sous leurs yeux; ils voyaient à tout des difficultés. Frédéric n'était plus là pour leur imposer silence, soit par un mot sec et impérieux, soit par une raillerie mordante. Aussi, pendant les guerres de la Révolution, eurent-ils recours à la négociation plus souvent qu'à la force. Ils ne tirèrent que rarement l'épée; ils préféraient politiquer et ils s'en acquittèrent très bien; ils firent mille honnêtetés aux officiers républicains et rivalisèrent avec eux de courtoisie; ils montrèrent qu'ils savaient bien le français; ils plurent à l'adversaire; il eût mieux valu le battre et le mettre en déroute. Mais ce XVIIIe siècle qui finissait, était le siècle par excellence de la diplomatie. Les officiers prussiens avaient vu Frédéric II mêler sans cesse la politique aux armes, et depuis l'avènement de son successeur, il n'y avait plus à Berlin que cabales, intrigues et menées secrètes. On porta dans la guerre les procédés de la diplomatie du temps, on usa des mêmes feintes, on se parlait aux postes avancés, on se complimentait réciproquement, on se donnait des coups de chapeau, dit un contemporain, au lieu de se tirer des coups de fusil. Ces usages dataient de la guerre de Sept-Ans. Les vedettes, écrit le prince de Ligne, fumaient alors ensemble, les troupes

[1] Mirabeau, IV, 343-344; Cp. le mot de Diderot à Catherine II : « Qui mènera cette voiture-là lorsque le cocher nerveux qui tient les rênes sera tombé de son siège? » (Tourneux, *Temps* du 24 août 1883).

légères pillaient de concert, et c'était une plaisanterie, aux armées française et anglaise, d'être prisonnier de guerre; on dinait avec le prince Ferdinand et l'on était le lendemain à son corps[1].

Les généraux-majors, les capitaines avaient pris des habitudes d'oisiveté. Tous ou presque tous étaient usés pour l'action et ne désiraient pas chercher de nouveaux hasards. Ceux que Toulongeon rencontre dans les salons de Berlin sont, dit-il, finis par l'âge et hors d'état de faire la guerre. Ils avaient, rapporte Valentini, d'obscures réminiscences de la guerre de Sept-Ans et, pour la plupart, de gros ventres. La race des Seydlitz, des Kleist, des Fouqué, écrit le major Massenbach, était éteinte, et si, parmi les généraux de cavalerie, Köhler et Wolfradt avaient conservé l'étincelle, ils étaient sur le bord de la tombe. Avec quelle indolence les généraux Kenitz, Norrmann, Budberg menèrent leurs colonnes en 1792 de Verdun à Grandpré! Le duc de Brunswick les tança plusieurs fois avec colère; on devait pousser et stimuler sans cesse ces vieux soldats qui s'étaient fatigués à suivre Frédéric et que n'entraînait plus l'impulsion vigoureuse du grand roi[2].

D'ailleurs, la guerre se faisait alors d'après des principes fixes et immuables, dans les formes, et, selon le mot de Bülow, d'après l'étiquette. On ne savait pas, disait plus tard un de nos meilleurs écrivains militaires, faire marcher les armées, mouvoir avec rapidité des masses de troupes sur un grand développement de pays, dans l'objet d'écraser l'ennemi sur son point faible avec des forces supérieures, ou de le frapper d'un coup inattendu au fort de sa puissance[3]. Tous les mouvements devaient être prudents et compassés; il fallait agir avec une extrême réserve, se tenir toujours sur ses gardes, prévoir les moindres obstacles, se précautionner

[1] Gœthe, *Camp. de France*, passim; Philippson, *Geschichte des preussischen Staatswesens*, 1882, II, 171; Sybel, I, 471; prince de Ligne, *Mém. et mél.*, III, 160-162 (*De la sensibilité dans le militaire*).

[2] *Une mission en Prusse*, 149; Strantz, 22; Massenbach, *Mém.*, II, 162; Valentini, *Erinnerungen eines alten preussischen Offiziers*, 1833, p. 63; *Rémin.* du prince royal (11 et 12 sept.).

[3] Foy, *Hist. de la guerre de la Péninsule*, II, 344, note.

en cas d'insuccès, n'avancer que pas à pas et progressivement, d'une ville à l'autre, et de position en position, ménager enfin le sang des soldats. On devait vaincre, sans carnage ni grand combat, par des marches sourdes, par des manœuvres méditées avec patience et conduites avec ruse, en suivant et observant l'adversaire pendant des semaines et des mois. On croyait qu'il valait mieux dérober la victoire que de l'enlever impétueusement et avec fracas; on craignait, pour ainsi dire, de faire violence à l'ennemi. Vainement quelques esprits perspicaces citaient l'exemple de Frédéric II, le montraient marchant à pas rapides dans toutes ses campagnes, courant sus à l'ennemi, le déjouant et le déroutant sans cesse par la vivacité de son allure et sa hardiesse. Frédéric n'était plus, aux yeux des officiers prussiens, le héros de la lutte de Sept-Ans. Le prince Henri et le duc Ferdinand de Brunswick savaient mieux que lui l'art de la guerre; ils étaient plus habiles et plus savants; ils n'avaient rien risqué, rien livré au hasard; leurs combinaisons lentes et ingénieuses n'offraient aucune prise à la critique; leur esprit, selon le mot du prince Henri, concevait des idées qu'il faisait judicieusement fructifier. Frédéric, au contraire, avait une imagination « déréglée, propre à des conceptions décousues[1] »; il n'avait pas vaincu dans les règles; il n'avait triomphé qu'en commettant des fautes, en se fiant à la fortune, en se contentant d'à peu près; ses batailles n'étaient que des coups d'audace et d'emportement; il les gagnait en dépit du sens commun; il aurait dû les perdre en bonne justice. « Frédéric, disait Massenbach dans son *Eloge du prince Ferdinand*, fougueux, irrésistible, manque fréquemment son but et se blesse lui-même. Ferdinand est froid, calme, réfléchi, ponctuellement exact, circons-

[1] R. de Bouillé, *Essai sur la vie du marquis de Bouillé*, 1853, p. 167. On sait la jalousie du prince Henri contre Frédéric: « Vous avez, disait-il à Louis Bonaparte en 1801, une très haute idée de mon frère. Dans quelle erreur vous êtes, vous autres Français! vous ne connaissez pas le secret de ses victoires. Il aurait dû passer sa vie à écrire » (Lavallette, *Mém.*, II, 7). Sainte-Beuve a touché ce point (*Causeries du lundi*, XII, 368). Cp. surtout Th. de Bernhardi, *Friedrich der Grosse als Feldherr*, 1881, II, 314-320, et von der Goltz, *Rossbach und Jena*, 214-225.

pect ; il découvre avec une incroyable sagacité tous les avantages possibles, en tire parti rapidement et, au moment décisif, les poursuit avec une persistance inimitable, mais ne dépasse jamais la mesure des forces et ne reste pas en deçà du but. Frédéric répare ses fautes par des coups de génie ; mais si l'on admire le héros, on peut blâmer quelquefois le général ; Ferdinand et Henri furent les puissants athlètes dont le bras le retint au bord de l'abime. » Erreur fatale qui dura jusqu'en 1806 ! Comme Frédéric, Napoléon ne fut pour l'état-major prussien qu'un « naturaliste », un révolutionnaire, un donneur de batailles sanglantes et inutiles. Le fin de l'art n'était pas d'aller droit à l'ennemi, de l'attaquer sans miséricorde, de lui tuer beaucoup de monde, de le poursuivre ensuite sans lui laisser le temps de se reconnaître ; non, il ne fallait combattre qu'à la dernière extrémité. Pourquoi faire la besogne de vive force, disait Westphal, le confident de Ferdinand de Brunswick. N'était-il pas préférable de gagner doucement et sûrement du terrain, de tourner l'ennemi, de l'obliger à la retraite en menaçant de lui couper les moyens de subsister ? Aussi le vieux Wolfradt, l'élève de Zieten et le maître de Blücher, appelait-il plaisamment les tacticiens de l'époque les « coupeurs » (*Abschneider*), et ses hussards, s'emparant du mot, avaient donné ce sobriquet aux officiers de l'état-major[1].

Mais les railleries de Wolfradt ne refroidirent pas l'admiration des généraux prussiens pour le prince Henri et Ferdinand de Brunswick. Ils refusaient de croire que l'audace fait à la guerre la moitié du succès et de s'enrôler, comme disait Frédéric, dans la bande des entreprenants. Les généraux autrichiens étaient imbus du même préjugé. On sait que Daun fut surnommé le Fabius de la guerre de Sept-Ans, qu'il ne galopa qu'une fois dans sa vie et qu'au lieu d'achever sa victoire de Hochkirch, il s'appuyait à une pierre — sa pierre d'achoppement, remarque le prince de Ligne — pour écrire à Marie-Thérèse la relation de la bataille. Comme lui, Hohenlohe-Kirchberg et Clerfayt, qui commandèrent les

[1] Valentini, 5.

troupes autrichiennes en 1792, n'étaient pas *entamants*[1]; Hohenlohe-Kirchberg voulait s'arrêter sur les bords de la Meuse et ne pas pousser plus loin ; Clerfayt, disait un bon juge, n'avait d'autre talent qu'une étroite méthode, et dans la guerre contre les Turcs, il n'aurait jamais attaqué l'ennemi sans l'ordre exprès et menaçant de Loudon[2]. Que de honteux échecs avait valus aux généraux autrichiens cette impuissante et sénile stratégie! Tous, Clerfayt, Cobourg, Wartensleben, Mack, dont naissait la renommée, avaient manqué de nerf et de résolution. Tous, écrivait Joseph II, n'ont ni volonté, ni zèle, ni énergie; tous sont au désespoir de faire la guerre; ils voudraient être commodément au logis, et personne ne va qu'autant qu'on le pousse[3] Tous, dit le prince de Ligne, ont « fait des sottises », et c'est en pensant à leurs ridicules lenteurs qu'il s'écriait : « qu'on bannisse chez nous le mot *Unmöglichkeit* (impossibilité), et la phrase que j'ai entendue si souvent et qui m'a tant fait enrager : « *Ich habe keinen Befehl* » (Je n'ai pas d'ordre !)[4].

Mais un des meilleurs généraux de la Révolution, Miranda, ne prétendait-il pas qu'il ne fallait jamais s'écarter des règles tracées par les écrivains militaires et appliquées par les plus grands capitaines des temps passés? Vainement il voyait les stratégistes de la nouvelle école prendre des villes et gagner des batailles contrairement à tous les principes; il soutenait que tant de succès n'étaient dus qu'au hasard et que la méthode, indignement violée, ne tarderait pas à prendre sa revanche[5].

III. L'armée prussienne qui marchait contre la France

[1] Mot du prince de Ligne.

[2] Vivenot, *Quellen*, II, 469.

[3] Beer, *Joseph II, Leopold und Kaunitz,* 1873, lettre du 13 mai 1788.

[4] Prince de Ligne, *Mém. et mél.*, III, 298.

[5] Voir ses conversations avec un détenu de la Force (Champagneux), suppl. du tome II des *Mém.* de Mme Roland, 350 et 355 356. Custine pratiquait le même système de guerre prudent et défensif, que Jean-Bon Saint-André nommait le *custinisme.*

se composait de 42,000 hommes, dont 30.600 fantassins et 11,600 cavaliers. Elle traînait avec elle 200 pièces de canons : 27 pièces d'artillerie volante, 6 pièces de douze, 150 de six et 7 de trois, 25 obusiers, 16 mortiers.

L'avant-garde comprenait deux régiments d'infanterie, Kleist et Hohenlohe; deux bataillons de fusiliers, Renouard et Forcade ; une compagnie de chasseurs à pied ; les hussards de Wolfradt et les dragons de Schmettau. Elle était commandée par le prince de Hohenlohe-Ingelfingen qui avait sous ses ordres les trois généraux-majors Kleist, Herzberg et Wolfradt. Hohenlohe, entré en 1767 au service de la Prusse, était à la tête d'un régiment pendant la guerre de la succession de Bavière. Frédéric II le prit en affection et lui donna le grade de général-major. Frédéric-Guillaume II le nomma lieutenant-général et gouverneur de Breslau. C'est le Hohenlohe que Napoléon battit à Iéna [1]. Il avait pour chef d'état-major Massenbach, officier ardent et impétueux, très instruit, original, grand faiseur de projets, le même qui nous a laissé d'intéressants mémoires.

La première ligne d'infanterie de l'armée, sous les ordres du duc de Brunswick, comptait les six régiments Schönfeld, Budberg, Romberg, Thadden, Woldeck et Brunswick.

La seconde ligne d'infanterie se composait des régiments Wolframsdorf, Wittinghof, Herzberg, Borch et Kenitz. Le prince royal de Prusse, le futur Frédéric-Guillaume III, alors âgé de vingt-deux ans, commandait la brigade formée des trois bataillons Herzberg. Toute cette seconde ligne était placée sous le commandement du lieutenant-général Courbière. Guillaume-René de l'Homme de Courbière descendait d'une famille de protestants français chassés du Dauphiné par la révocation de l'édit de Nantes. Il était né à Maëstricht (1733) ; fils d'un major hollandais, il avait à peine quatorze ans qu'il prenait part à la défense de Berg-op-Zoom. Il entra dans l'armée prussienne en 1756, et se distingua pendant la

[1] La *Galerie des caractères prussiens* (1808, p. 35-46) le juge très défavorablement. On l'a souvent confondu avec l'Autrichien Hohenlohe-Kirchberg. On le nommera dans ce récit Hohenlohe tout court.

guerre de Sept-Ans. Général-major en 1780, lieutenant-général en 1787, il fut nommé durant la campagne de France gouverneur de Verdun. Mais l'histoire ne se rappelle que le gouverneur de Graudenz : Courbière défendit cette forteresse en 1807 jusqu'à la paix de Tilsit et fut, avec Gneisenau et Nettelbeck qui commandaient la place de Colberg, le seul Prussien qui tint jusqu'au bout et ne se rendit pas.

La cavalerie, commandée par le lieutenant-général Lottum, formait deux divisions, l'une sous les ordres du prince Louis de Wurtemberg, l'autre sous les ordres de Kalkreuth. Ce dernier était un des meilleurs hommes de guerre de la Prusse. A vingt ans, dit Mirabeau, on le désignait comme un général de premier ordre. Il avait été pendant la guerre de Sept-Ans adjudant-général du prince Henri. Il défendit vigoureusement Danzig en 1807. Il maniait habilement la cavalerie, et le régiment dont il était colonel-propriétaire, passait pour un des mieux disciplinés de l'armée ; lorsqu'un de ses cavaliers s'était enivré, il faisait casser toutes les vitres de l'auberge, et les hôteliers, craignant pour leurs fenêtres, prêchaient la modération aux dragons de Kalkreuth. Au reste, propre à tout, spirituel et sagace, frondeur, processif comme un Normand, se moquant de tout le monde, critiquant sans cesse à la Feuquières les actes du gouvernement et les opérations des armées, détesté des autres généraux qui redoutaient ses bons mots et sa verve sarcastique, aimé des soldats qui le trouvaient toujours attentif à leurs besoins, jouant volontiers au diplomate et réunissant, dit Toulongeon, les qualités aimables aux talents militaires [1].

Les cuirassiers d'Ihlow et de Weimar, les dragons de Lottum, de Tschiersky, de Norrmann et de Bayreuth composaient la cavalerie qui prit part à la campagne. Le colonel du régiment de Weimar était le duc Charles-Auguste, le protecteur et l'ami de Gœthe ; il avait prié

[1] Sur Kalkreuth (ou Kalckreuth) voir Mirabeau, IV, 38 ; *Une mission en Prusse*, 151 ; *Galerie des caractères prussiens*, 150 ; Massenbach, *Mém.*, II, 162 ; Vivenot, *Quellen*, II, 469 ; von der Goltz, *Rossbach und Jena*, 41 et 106.

le poète de l'accompagner, et l'auteur de *Faust* devait, du 29 août au 8 octobre, chevaucher dans les rangs du premier escadron, causant avec l'un et avec l'autre, observant le pays qu'il traversait, recueillant quelques notes qu'il revit près de trente ans plus tard et publia sous le titre de *Campagne de France*.

Les majors-généraux Köhler et Eben commandaient deux corps détachés. Le corps de Köhler, qui devait se joindre à l'avant garde de Hohenlohe, était formé des dix escadrons de hussards de Köhler et des deux bataillons de fusiliers Müffling et Ernest ; le corps d'Eben, des dix escadrons des hussards d'Eben et des deux bataillons de fusiliers Schenk et Legat [1].

Le chef de l'état-major général était le colonel Grawert, homme froid, réfléchi, n'agissant, comme tous les officiers de l'armée, qu'après avoir tout considéré, tout pesé longuement dans son esprit. On le regardait comme le créateur de l'état-major-général et comme une sorte de Lacy prussien. Brunswick lui dut une grande partie de ses succès de Pirmasens et de Kaiserslautern, et Möllendorf, le brillant début de sa campagne de 1794 [2].

Deux majors, Rüchel et Tauenzien, étaient attachés aux Hessois et au corps d'Autrichiens qui devaient suivre l'armée prussienne. Rüchel prit sur le landgrave de Hesse un ascendant absolu ; aide de camp de Frédéric II qui l'avait employé dans plusieurs missions, brave, énergique, résolu, plein de feu et d'ambition, il disait que l'armée prussienne devait toujours attaquer ; ce fut lui qui mena les Hessois au secours de Coblenz et donna l'assaut à Francfort. Il eut un avancement prodigieux : il recevait, au mois de décembre 1792, un brevet de lieutenant-colonel que le roi antidatait de deux ans [3].

1 Voir l'ordre de bataille dans Renouard, 487-488, note 2.

2 Cp. sur Grawert les *Mém.* de Massenbach, II, 121-122 et 136 ; Ségur (*Hist. de Napoléon et de la grande armée*, 1825, II, 439) dit que Grawert était un vieux guerrier loyal sans politique.

3 Valentini, 20-21 ; Lombard, *Lettres*, 331 (ces lettres curieuses ont été traduites et publiées par M. H. Hüffer dans la *Deutsche Revue*, février et mars 1883, p. 241-251 et 293-334) ; l'attaché militaire hessois au camp du roi de Prusse était le colonel de Kreutzburg, et l'attaché autrichien, le comte Dietrichstein.

Frédéric-Guillaume II accompagnait l'armée. Intrépide, robuste, corpulent, passionné pour les exercices physiques, à la fois sensuel et sensible, aimant les femmes, polygame, dominé par ses favoris, il avait la taille d'un grenadier, des façons engageantes et très peu de jugement[1]. On remarquait dans la suite du monarque le général Bischoffswerder, son intime confident et le principal auteur de l'alliance austro-prussienne ; le lieutenant-colonel Manstein, premier aide de camp ; le ministre comte de Schulenbourg. Quelques émigrés se mêlaient à ce cortège : le marquis de Lambert, le baron de Pouilly, le baron de Roll, le vicomte de Caraman, Heymann. Le baron de Roll, nommé maréchal de camp en 1788, appartenait à la même promotion que Dumouriez, Kellermann et Le Veneur ; il avait conservé l'allure et l'extérieur d'un bon Suisse, mais comme son compatriote Besenval, il cachait sous cette apparence de simplicité la finesse d'un courtisan de Versailles et il sut plaider adroitement la cause des princes. Le baron de Roll représentait au quartier-général prussien le comte d'Artois, et le marquis de Lambert, le comte de Provence ; le vicomte de Caraman représentait le baron de Breteuil et Louis XVI. Mais il cachait sa mission à tous les yeux dans la crainte, d'ailleurs fort inutile, d'exciter les soupçons du parti populaire et de révéler aux jacobins la connivence du roi. Il fit toute la campagne sous l'uniforme prussien ; Frédéric-Guillaume l'avait nommé major de cavalerie et attaché à sa personne[2]. Heymann, ancien officier du régiment de La Marck, devait sa fortune au marquis de Conflans qui lui fit donner une compagnie de hussards. Il était maréchal de camp en 1791. Bouillé l'avait envoyé à Paris pour prendre les ordres de Louis XVI et arrêter la disposition des escortes de cavalerie qui devaient assurer l'évasion du roi. Mais il se défiait de lui ; il le croyait orléaniste ; il aima mieux l'avoir sur ses derrières qu'à ses côtés et le laissa à Sar-

[1] Le portrait de ce prince a été fait bien des fois : un des meilleurs et des plus piquants est celui qu'a tracé A. Sorel, *l'Europe et la Révolution française*, I, 478-488.

[2] Cp. le fragment des *Mémoires* de Caraman, publié dans le numéro du 15 novembre 1853 de la *Revue contemporaine*, p. 11.

relouis. Heymann s'en plaignit ; il avait de la vigueur et de la résolution; avec une poignée de mes hussards, écrivait-il, j'aurais ouvert le passage à la famille royale, et, si je n'avais pu forcer la barricade du pont de Varennes, je lui faisais traverser l'Aire à la nage. Il émigra avec Desoteux, Klinglin, d'Offelisse et Bouillé ; pendant que Klinglin entrait au service de l'Autriche, Heymann devenait général-major dans l'armée prussienne. Il fut plus tard ministre de Prusse à la cour de Deux-Ponts, puis en Bavière et mourut le 27 septembre 1801. Kellermann, Alsacien comme lui, le regardait comme un « intrigant qui veut mettre son nez partout ». Il avait servi d'intermédiaire dans les négociations que Dumouriez nouait, au mois d'avril, avec Schulenbourg; il assista, ainsi que Mallet du Pan, aux conférences de Francfort; il accompagna Manstein, après Valmy, au quartier-général de Dampierre [1].

De même que Louis XVI et les princes, l'Autriche et la Russie avaient leur représentant au quartier-général prussien. La cour de Vienne avait délégué le prince Henri XIV de Reuss, son ambassadeur à Berlin. L'envoyé de Catherine II était ce Nassau-Siegen, prince sans principauté, reconnu en France par un arrêt du parlement de Paris, repoussé en Allemagne par le conseil aulique et célèbre par mille folles prouesses. Son air froid et timide, ses manières communes, sa conversation stérile et plate faisaient un singulier contraste avec sa taille athlétique et surtout avec sa vie agitée, sa bouillante valeur et ses galantes aventures. Engagé volontaire à l'âge de quinze ans, capitaine de dragons à dix-huit ans, il avait fait le tour du monde avec Bougainville, créé en Afrique le royaume de Juïda, combattu les lions et les tigres, et rapporté en Europe le surnom de dompteur de monstres. Depuis, on l'avait vu se ruiner trois fois et devenir successivement colonel de Royal-Allemand, maréchal de camp (1er janvier 1784), amiral. Il était de toutes les guerres ; il formait la légion de Nassau et tentait un

[1] Voir sur Heymann Dampmartin, *Quelques traits*, 89 ; Beaulieu, *Essais hist.*, IV, 172 ; Dumas, *Souv.*, I. 519-520 ; Dumouriez, *Mém.*, I, 302 ; Kellermann à Servan, 24 septembre (arch. guerre).

coup de main sur Jersey; il commandait une batterie flottante au siège de Gibraltar; il plaidait à grands coups de sabre dans les diétines de Pologne la cause de Stanislas-Auguste contre le parti Czartoryski; il détruisait une escadre turque près d'Oczakov et combattait dans la Baltique la flotte suédoise; le prince de Ligne ne le nommait plus que *Nassau-Sieger* ou le vainqueur. C'était le plus ardent champion des émigrés; il donna aux comtes de Provence et d'Artois tout ce qu'il possédait, sa vaisselle, ses diamants, les belles épées qu'il avait reçues en cadeau de la tsarine [1].

De tous les chefs, ou, comme on disait, de tous les plumets (*Federbüsche*) de l'armée prussienne, le plus remarquable était le généralissime Charles-Ferdinand, duc de Brunswick-Lünebourg. Il avait le commandement en chef de toutes les forces des alliés, et les généraux autrichiens, le prince de Hohenlohe-Kirchberg et le feldzeugmestre Clerfayt, étaient absolument soumis à ses ordres; jamais entreprise, lui avait écrit l'empereur François, n'aura été formée pour une cause plus importante, elle sera digne d'avoir à sa tête le premier capitaine de nos jours [2].

Grand, vigoureux, rompu de bonne heure à tous les exercices du corps, Brunswick avait la figure noble et agréable, le front ouvert, des yeux bleus perçants et remplis de feu, le sourire aimable et fin, des manières avenantes et si courtoises que ses politesses semblaient quelquefois exagérées. J'ai cru voir, dit Toulongeon, un de nos princes avec toute la grâce de notre nation. Il joignait à ces beaux dehors tous les avantages de l'esprit; une éducation soignée avait formé son goût, développé son jugement, aiguisé sa sagacité; il lisait assidument et témoignait le goût le plus vif pour l'étude de

[1] Voir sur Nassau Siegen, prince de Ligne, *Mém. et mél.*, I, 186-188 (lettre du 1er août 1788); Ségur, *Mém. ou souv.*, I, 98-99; duc de Levis, *Souvenirs et portraits*, 185-186; Loménie, *Beaumarchais et son temps*, I, 275-276; Malmesbury (*Diary*, III, 38 et 46) le nomme « keen and sanguine », mais parle aussi de « his vanity and indiscretion ». M. Feuillet de Conches a publié dans le tome VI du recueil *Louis XVI, Marie-Antoinette et Mme Elisabeth*, un extrait des mémoires de Nassau-Siegen que nous citerons souvent.

[2] Vivenot, *Quellen*, I, 434.

l'histoire ; il nomma Lessing bibliothécaire de Wolfenbüttel [1].

Il s'était signalé pendant la guerre de Sept-Ans. Il avait reconquis à Hastembeck une batterie dont les Français s'étaient emparés. La prise de Hoya, le passage du Rhin qu'il sut exécuter à la veille de Crefeld, le combat qu'il livra au duc de Brissac avant la bataille de Minden, l'affaire de Warbourg (31 juillet 1760) l'avaient mis au rang des meilleurs généraux de Frédéric II. Le vieux roi lui prédit le plus brillant avenir et lui donna le commandement d'un corps d'armée qui manœuvra dans la Haute-Silésie pendant la guerre de la succession de Bavière. Sa gloire fut à son comble lorsqu'il reçut de Frédéric-Guillaume II le titre de feld-maréchal et soumit en 1787 les Hollandais révoltés contre le prince d'Orange. Cette facile expédition parut extraordinaire aux contemporains ; le duc passa pour le premier homme de guerre de l'Europe et pour le héros du siècle. « Mon cœur se gonflait, raconte Rist, lorsque j'appris que le duc s'avançait vers le Rhin, à la tête d'une puissante armée, dans le dessein d'affermir pour toujours la sûreté de l'Europe ; mes vœux volaient vers lui ; je croyais le voir ; j'achetai un médaillon de plâtre qui le représentait, et je le suspendis au-dessus de mon pupitre ; je ne pouvais en détourner les yeux et je fis des odes en son honneur. » L'impression de respect et d'admiration pour les talents militaires de Brunswick était si forte dans les esprits que les commandants de Longwy et de Verdun, sommés de se rendre, répondaient tous deux à Charles-Ferdinand qu'ils se félicitaient de combattre un si illustre guerrier. Narbonne lui offrit, au commencement de 1792, le commandement des troupes françaises : le duc de Brunswick eût fait sous Louis XVI ce qu'avait fait le maréchal de Saxe sous Louis XV ; il aurait, par l'ascendant de son nom et, comme on disait, par la puissance de son génie, restauré l'armée en la pliant à une exacte discipline. Ce qui est inconcevable, mais parfaitement exact, disait Mirabeau, c'est qu'il est aussi profond et supérieur

[1] Massenbach, *Mém.*, I, 237 ; Pertz, *Stein's Leben*, I, 93 ; *Une mission en Prusse*, 161.

dans les détails que grand dans les hautes parties de la guerre [1].

Il était en réalité moins propre à la grande guerre qu'à la guerre de détail qui se fait en un pays couvert, facile aux embuscades et aux affaires d'avant-poste. Mais Hoche lui-même, dit Gouvion Saint-Cyr, ne put en 1793, pendant la campagne du Palatinat, vaincre l'habileté d'un capitaine tel que le duc de Brunswick. Il était brave, se risquait de sa personne et faisait à l'occasion le simple soldat; plus d'une fois, dans des reconnaissances, il s'avança seul ou presque seul jusqu'aux abords des positions ennemies; c'était, reconnaît Valentini, un héros aux jours de combat. Il supportait les plus extrêmes fatigues avec autant de courage que le moindre fusilier de son armée, et en 1806, à l'âge de soixante et onze ans, on le vit montrer une activité prodigieuse, se coucher tout habillé, ne donner que quelques instants au sommeil et se lever avant l'aube. Il gardait toujours sa présence d'esprit, et le danger ne troublait pas la froide tranquillité de son âme. Aussi déployait-il surtout dans la défaite les ressources de son expérience; il dirigeait avec adresse une retraite; en Champagne, en Alsace, ses habiles dispositions sauvèrent l'armée battue et la mirent en sûreté [2].

Il avait le renom d'un sage administrateur. Initié de bonne heure à la politique et à la science du gouvernement, il sut régir son duché de Brunswick avec une telle économie qu'il amortit une partie de la dette publique et paya, en onze années, quatre millions de thalers aux créanciers de l'État. Il exempta ses sujets de tous les impôts extraordinaires. Il n'entretint pour la garde du pays qu'un très petit nombre de soldats. Il vécut sans ostentation et sans faste; aucun prince de l'Allemagne du XVIIIe siècle, excepté Frédéric II et ce margrave Charles-Frédéric de Bade qui protégea Klopstock et fut l'ami de Dupont de Nemours,

[1] Mirabeau, I, 4 et 26, IV, 35; Rist. *Lebenserinnerungen*, 1880, I, 26; Sorel, *Mission de Custine à Brunswick* (*Revue historique*, I, 1876, p. 154-183).

[2] Gouvion Saint-Cyr. I. 200; Valentini, 75; *Galerie des caractères prussiens*, 17; Massenbach, *Denkwürdigkeiten*, 1809, II, 2, 11.

n'a mieux fait son métier de souverain. « Il a donné, disait Mirabeau, l'exemple à jamais respectable d'une administration tout à la fois éclairée, ferme et paternelle dont les succès sont vraiment inconcevables, à raison du délabrement où il a trouvé son duché; dans toutes les classes de la société et dans tous les états de la vie humaine, il eût été un homme d'un mérite transcendant[1]. »

Les républicains français le regardaient comme un des meilleurs princes de l'Europe et les plus dignes de la souveraineté. Girondins et montagnards vantaient son esprit supérieur aux idées vulgaires et le croyaient favorable aux principes de la Revolution. Carra le proclamait le plus grand guerrier et le plus grand politique du siècle; il ne lui manquerait, disait le journaliste, qu'une couronne pour être le restaurateur de la liberté de l'Europe, et je gage que, s'il arrive à Paris, sa première démarche sera de venir aux Jacobins et de mettre le bonnet rouge. Lorsque Brunswick abandonna le commandement de l'armée prussienne, en 1794, l'agent Bacher écrivit que le duc renonçait à la dépendance des despotes et même à tout service militaire, à moins que les Français ne voulussent l'admettre dans un bataillon de gardes nationales. Les « patriotes » jugeaient mal Charles-Ferdinand. C'était un grand seigneur philosophe ; mais, en sa qualité de grand seigneur, il haïssait la Révolution. Il suivait attentivement les affaires de France et approuvait le *bicamérisme;* mais il ne souffrait pas la destruction de la noblesse : c'est un préjugé, disait-il, mais un préjugé reçu dans l'Europe entière. « Je ne puis mieux le définir, écrivait le jeune Custine, qu'en le comparant à un de nos mécontents qui ne sont les partisans ni de l'aristocratie cléricale et parlementaire, ni d'un système oppressif; l'égalité des droits a pour elle son esprit et non ses sentiments; il l'approuve peut-être, mais à coup sûr il ne l'aime pas. » Sa correspondance avec son intime confident Féronce de Rosencreuz prouve qu'il détestait le parti de l'émigration; mais il méprisait la démocratie

[1] Mirabeau, IV, 35-36, note ; Sybel, I, 469 ; Ranke, *Hardenberg*, 2e édit., 1879, I, 58-59 ; Beugnot, *Mém.*, 1867, I, 400.

et désirait sincèrement délivrer Louis XVI des mains des jacobins [1].

Il avait malheureusement un bien grave défaut qui paralysait et gâtait tant de brillantes qualités, tant de capacités diverses. C'était une circonspection excessive [2]. Elle le rendait toujours incertain et tournait même à la timidité. Il n'osait brusquer la fortune et ne savait se décider à temps. Trop clairvoyant pour ne pas peser le pour et le contre d'une entreprise, assailli par la foule des idées et des points de vue, méticuleux, préoccupé des moindres détails, absorbé par d'incroyables minuties, écrivant de sa propre main les listes de cantonnements et les ordres de marche, demandant à la veille d'Iéna s'il fallait écrire Münchenholzen ou Münchholzen, voulant tout voir de ses propres yeux et, comme il disait, non seulement avec les yeux du corps, mais avec les yeux de la raison [3], il laissait toujours échapper l'occasion favorable. Il avait conscience de cette irrésolution qui faisait le fonds de son caractère. Les esprits de cette race savent s'observer eux-mêmes et pénétrer leurs propres défauts. Il avouait donc que cette cruelle et incurable indécision causait le tourment de sa vie : mais que voulez-vous, disait-il, je n'y puis rien, c'est plus fort que moi. C'était, par suite, un prudent guerroyeur, sans visées étendues et sans vastes desseins. Comme ses contemporains, il ne comprenait pas qu'il faut arracher la victoire, non par lambeaux et pièce à pièce, mais par un coup décisif et foudroyant. Il n'imaginait pas que la guerre pût être rapide et brillante comme l'éclair ; il ne l'envisageait que pénible et longuement laborieuse. Il admira l'énergie ardente et le prompt génie d'exécution

[1] Carra, *Annales patriotiques* ; Sorel, *Mission de Custine à Brunswick* ; Sybel, I. 472 : voir le brillant portrait que Voltaire faisait du prince héréditaire dans le *Siècle de Louis XV*, XXXIII : « Il eut soin du comte de Gisors comme de son frère, et lorsqu'il fut blessé, on vit les officiers français s'intéresser à sa guérison comme les siens propres. »

[2] Bedächtlichkeit, disent tous les contemporains : « timid and wavering » (Malmesbury, III, 243). Hardenberg, qui fut à son service, le priait de lui répondre par un *non* résolu s'il le désapprouvait (Ranke, *Hardenberg*, I, 81).

[3] Massenbach, *Mém.*, I, 11, et *Denkwürdigkeiten*, I, 108.

de Frédéric et de Napoléon, ces deux chercheurs et gagneurs de batailles : mais cette façon de mener une campagne lui semblait imprudente et par trop brutale. Personne n'était moins propre à conduire une armée d'invasion. En 1792, dès ses premiers pas et jusqu'à la fin de l'expédition, Brunswick n'eut rien d'audacieux et d'éclatant, rien de cette allure décidée et impérieuse, de cette menaçante hardiesse, de cet air de supériorité des grands capitaines qui s'enfoncent d'un pas alerte au cœur du pays ennemi et marchent résolument sur la capitale. Il cherchait à fatiguer habilement l'adversaire; mais le relancer, l'attaquer avec vivacité, le battre complètement, le poursuivre sans relâche, l'inquiet et flottant Brunswick ignorait cet art, et voulait l'ignorer.

Il manquait de caractère[1]. Que de fois ses confidents, ses amis lui conseillèrent de prendre sur l'esprit du mobile Frédéric-Guillaume II un ascendant facile à conquérir! Que de fois ils l'engagèrent à revendiquer hautement sa part d'influence dans les destinées de la Prusse et à devenir le Marlborough de la coalition contre la France! Mais Brunswick n'avait pas assez d'énergie pour dominer le roi. Le duc Ferdinand, sous lequel il avait combattu, le tint longtemps dans une dépendance extrême, et près de Frédéric II, à la fois son oncle et son maître, il n'avait appris que l'obéissance[2]. Il se souvenait trop que son petit duché était le vassal du Brandebourg et il craignait de déplaire au roi de Prusse, son puissant suzerain. Dès que Frédéric-Guillaume disait : « je le veux », le duc baissait la tête et se résignait. Lorsque, l'année suivante, le monarque ordonnait, contrairement à l'opinion de son généralissime, de défendre Sarrebrück, « le roi est à l'armée, disait le duc, il désire avoir l'air de commander, j'ai dû me taire et obéir[3]. »

[1] Cp. Massenbach, *Mém.*, I, 11 (mot de Gaudy), et Malmesbury, III, 158 : « wants decision of charackter and resolution. »

[2] Aussi le prince Henri disait-il plaisamment que le duc craignait toujours ses deux oncles (Massenbach, II, 94).

[3] Massenbach, *Mém.*, I, 178 : « gehorchen und schweigen » ; Malmesbury, III, 74 : « silent and obsequious » ; cp. Manso, *Geschichte des preussischen Staates*, 1819, I, 251 : « schmiegsames Gemüth », et Dampmartin, *Mém.*, 293 : « il plia sous l'habitude d'une politesse excessive ».

Enfin, il craignait de compromettre sa renommée. Il n'y a rien de plus timide, écrivait un jour Mazarin, que celui qui a acquis de la réputation, trouvant difficulté à tout pour n'entreprendre pas les choses dans lesquelles elle puisse être hasardée [1]. Brunswick avait subi quelques échecs dans la guerre de Sept-Ans, et il gardait de ces mécomptes une grande défiance de lui-même. Son expédition de Hollande avait réussi, mais il avouait que le hasard l'avait favorisé, comme il aurait pu le détruire. Il aimait donc mieux attendre le combat que de le présenter, et conserver son armée que de la commettre, en même temps que sa gloire, au risque d'une bataille. Il se disait toujours « si je perds » et jamais « si je gagne ».

Perspicace comme il l'était, il voyait mieux que personne les réalités et les difficultés de l'expédition. Ses officiers croyaient réduire la France aussi facilement qu'ils avaient réduit en 1787 les marchands de fromage d'Amsterdam; Brunswick redoutait instinctivement la Révolution et, comme Necker rentrant à Paris trois ans auparavant, il aurait dit volontiers qu'il lui semblait se jeter dans le gouffre. Dès le mois de février 1792, il jugeait que la victoire ne serait pas aisée et que la valeur française, surexcitée par le sentiment de la liberté, égalerait tout ce qu'elle avait jamais été. « Je me garderai, déclarait-il à François de Custine, de rien précipiter; pourquoi livrer une bataille; si les Français la gagnent, ils nous ruineront; s'ils la perdent, ils ne resteront pas sans ressources. Mon plan, ajoutait-il, est de porter et d'entretenir longtemps sur votre frontière de nombreuses armées, de leur faire occuper des positions inattaquables, et d'attendre là votre défaite de vos inquiétudes intérieures et de la banqueroute [2]. »

Tel était Charles-Ferdinand de Brunswick-Lünebourg; il envahissait la France à contre-cœur, et avec le secret pressentiment d'un désastre; il ressemblait, dit Massenbach, au Mornay de la *Henriade :*

[1] Huitième carnet de Mazarin (Chéruel, *Hist. de France pendant la minorité de Louis XIV*, II, 295).

[2] Sorel, *Revue hist.*, I, 175-176. Cp. le mot de Brunswick au prince d'Oels : « Puissions-nous en finir au plus vite avec ces diables de Français ! » (Sybel, I, 472).

Mornay, parmi les flots de ce torrent rapide.
S'avance d'un pas grave et non moins intrépide ;
Incapable à la fois de crainte et de fureur,
Sourd au bruit des canons, calme au sein de l'horreur.
D'un œil ferme et stoïque il regarde la guerre
Comme un fléau du ciel, affreux, mais nécessaire.
Il marche en philosophe où l'honneur le conduit,
Condamne les combats, plaint son maître, et le suit.

Il suivait en effet le roi plus que le roi ne le suivait. Le vrai chef de l'expédition était Frédéric-Guillaume. Le monarque ne devait pas se contenter du rôle de spectateur. « Un roi de Prusse, dit l'auteur de la *Lettre sur la vie de Dumouriez*, n'est pas un roi de France, un Louis XIV qui laisse au prince de Condé ou au maréchal de Turenne l'entière disposition de ses affaires; les rois de Prusse sont essentiellement militaires; c'est à eux qu'aboutissent, pendant la guerre, tous les rayons de la direction, et l'influence du général en chef n'est plus qu'une réaction[1]. » Le faible Brunswick subit en 1792 la volonté de Frédéric-Guillaume; il n'osa contredire son souverain; il le laissa traverser ses plans et dicter les opérations militaires. Il aurait dû donner sa démission ; il aima mieux garder le commandement, soit par ambition, soit parce qu'en restant à la tête de l'armée, il espérait conjurer les dangers qu'il connaissait d'avance. Mais peut-on exécuter le plan qu'on désapprouve? A l'irrésolution naturelle de Brunswick se joignit l'irrésolution de l'homme qui n'agit qu'à regret et à son corps défendant. Il faut faire sans balancer ce que demande le roi, prendre une offensive prompte et vigoureuse; Brunswick ne marche qu'avec lenteur et sans assurance; l'embarras de son allure trahit les incertitudes de son âme. Il sent qu'il commet une faute et s'efforce de l'atténuer. On crie autour de lui que la partie est magnifique; il sait au contraire qu'il joue un jeu dangereux, il hésite, et ses retards lui ravissent les chances qui lui restaient.

[1] *Lettre sur la vie de Dumouriez*, Londres. 1795, p. 55-64 : elle fut évidemment écrite sous l'influence et presque sous la dictée de Brunswick ; cp. Massenbach, *Mém.*, I, 324.

Ce fut encore une des causes si nombreuses de l'insuccès de la campagne. Saint-Simon disait à Beauvilliers, lorsque le duc de Bourgogne alla prendre en 1708 le commandement de l'armée de Flandre, avec le duc de Vendôme pour conseiller, que le feu et l'eau n'étaient pas plus différents ni plus incompatibles que ces deux princes, et qu'il était impossible que les affaires n'en souffrissent[1]. Frédéric-Guillaume et Brunswick, eux aussi, différaient l'un de l'autre autant que le feu et l'eau ; le roi, plein d'une ardeur martiale, voulait remporter des succès rapides et pénétrer jusqu'au cœur de la France ; le duc, partisan de la guerre méthodique, craignait de s'enfoncer trop avant dans l'intérieur du pays. Il est possible que l'un ou l'autre, seul et livré à lui-même, fût venu à bout de l'entreprise : sans la présence du roi, la prudence calculée de Brunswick aurait peut-être valu aux alliés la possession des forteresses de la Meuse et la réussite d'une seconde campagne ; sans la présence de Brunswick, l'impétuosité du roi aurait peut-être mis en déroute les armées françaises et ouvert à la coalition les portes de Paris ; l'un aurait habilement mené l'expédition, selon toutes les règles de l'art, et obtenu des avantages médiocres, mais certains ; l'autre aurait hardiment entraîné son armée contre tous les principes de la stratégie et forcé la fortune par une heureuse témérité. Mais tous deux se disputèrent la direction de la guerre ; celui-ci voulut une chose et celui-là une autre ; la fougue de Frédéric-Guillaume et la circonspection de Brunswick furent sans cesse en conflit ; l'unité de commandement, cette condition essentielle de toute victoire, disparut ; deux partis se formèrent dans l'armée et prévalurent tour à tour ; un funeste esprit d'incertitude et de division régna dans les opérations ; on marcha tantôt à pas de tortue et avec une lenteur incroyable, tantôt à grandes journées et avec une précipitation extrême ; les fautes s'accumulèrent, l'adversaire en profita, et la campagne fut manquée[2].

[1] Saint-Simon, *Mém.*, chap. CXCV.

[2] Dès le mois de juillet on craignait à Berlin les tiraillements que ferait naître au quartier-général la divergence des opinions, et l'envoyé de Suède, Carisien, écrivait que, d'après beaucoup de personnes,

IV. De plus graves dissentiments existaient entre les alliés. Au quartier-général prussien Frédéric-Guillaume et son favori Bischoffswerder étaient les seuls qui voulaient écraser la Révolution. Mais la plupart des généraux, Brunswick, Kalkreuth, Courbière, ne marchaient contre la France qu'avec répugnance. Manstein; le maréchal Möllendorf; Hertzberg qui venait de quitter le ministère; Lucchesini et Haugwitz, qui représentaient la politique prussienne, l'un à Varsovie, et l'autre à Vienne; Struensee, le ministre des accises, qui, selon le mot du jeune Custine, était aussi partisan de la Révolution qu'un ministre de Prusse peut l'être; Hardenberg qui administrait les margraviats d'Anspach et de Bayreuth acquis par la Prusse en 1791, désapprouvaient la croisade antijacobine. Quelles que soient les suites, disait le prince Henri, je ne puis que les envisager comme funestes; la Prusse ne fera qu'exécuter les volontés de l'Autriche[1]. Tous les personnages considérables du royaume détestaient la Révolution, mais l'Autriche ne leur inspirait pas moins d'aversion et de haine. Ils pensaient que la cause dont le roi se faisait le défenseur, était étrangère à la Prusse, et qu'on aurait dû s'épargner une guerre où l'on avait beaucoup à perdre et peu à gagner. Ils sentaient, comme l'avait écrit Mirabeau, que le grand conflit entre Vienne et Berlin recommencerait tôt ou tard, que la Prusse devait avoir pour objet éternel de surveiller l'Autriche, que la mission du Brandebourg était de servir de digue au torrent autrichien qui menaçait d'inonder l'Allemagne[2]. Ils lurent avec satisfaction dans le *Moniteur* la lettre de Gorani sur « les intérêts du roi de Prusse envers la France et la Pologne[3] ». L'aventurier italien disait nettement à Frédéric-Guillaume que son alliance avec la cour de Vienne avait été impolitique et absurde, qu'il se laissait tromper par Kaunitz, ce « charlatan octogénaire », et que la France était la seule puissance qui fût intéressée à l'agrandissement de la Prusse en même

le roi de Prusse ne resterait pas longtemps à l'armée où sa présence ne laisserait pas de gêner le duc de Brunswick (*Fersen*, II, 335).

[1] *Vie privée, politique et militaire du prince Henri*, 295.

[2] Mirabeau, *De la Monarchie prussienne*, V, 360, 368, 393.

[3] Lettre du 20 juin, *Monit.* du 15 juillet.

temps qu'à l'affaiblissement de l'Autriche. Les idées qu'exprimait Gorani étaient celles de la plupart des politiques et des militaires de la Prusse ; eux aussi jugeaient que l'alliance autrichienne jetait la monarchie de Frédéric II dans une fausse route. En même temps que la lettre de Gorani, paraissait à Berlin une brochure sur *l'intérêt de la monarchie prussienne*, qui fit grand bruit et sensation. L'auteur anonyme soutenait que le roi devait s'unir à la France, surveiller l'Autriche, se défier de la Russie qui ne cherchait qu'à distraire l'attention des deux puissances voisines pour faire de nouveaux progrès en Pologne et en Turquie [1].

Il y avait à Berlin un parti français. Les petits-fils des réfugiés protestants n'étaient pas encore devenus les ennemis implacables de la France, et ce ne fut qu'après la catastrophe de 1806 qu'ils cessèrent volontairement de parler la langue de leurs pères. Ils formaient dans la capitale de la Prusse un foyer de propagande ; ils applaudirent à la chute de la dynastie intolérante des Bourbons et aux victoires de la nation française ; ils accueillirent avec enthousiasme la proclamation de la République et, plus tard, celle de l'Empire. Leurs chefs étaient alors Borrelly, professeur à l'Ecole militaire, membre de l'Académie des sciences, et Chanvier, bibliothécaire du roi : tous deux devaient être chassés de Berlin à la fin de 1792, « à cause des propos scandaleux qu'ils s'étaient permis à l'occasion de la Révolution française, et des sentiments jacobins qu'ils affichaient [2] ».

Quelques Allemands faisaient même de sombres pronostics. Archenholz venait de passer quelques semaines à Paris ; il rencontra Tempelhof à Erfurt dans les derniers jours de juin, et lui dit que les Prussiens n'arriveraient pas jusqu'à la capitale. Dès le mois de février, il écrivait dans sa *Minerva* : « Les puissances réunies de l'Europe pourront être trop faibles pour rétablir en France l'ancien ordre de choses ; songez que les Français combattront à leurs portes, qu'ils ont une barrière de nombreuses forteresses qui arrêta Eugène et Marl-

1 Häusser, I, 349.
2 Lombard, *Lettres*, 323-324, et note de H. Hüffer.

borough ; songez que les soldats de la liberté française ne seront peut-être pas moins redoutables que les soldats de la liberté américaine, que leurs victoires ne sont pas impossibles, et, par suite, la conquête de provinces allemandes! » Klopstock composait l'ode intitulée : *La guerre de la liberté* : « Ne jouez pas, s'écriait-il, le jeu terrible de la guerre ; quoi! vous voulez, le feu et l'épée en main, précipiter le peuple français des cimes redoutables de la liberté ; écoutez les sérieux avis de la sagesse » ; il envoya cette ode au duc de Brunswick et le conjura de déposer le commandement. Le prince Auguste de Gotha souhaitait le triomphe des Français et assurait qu'il serait difficile de les vaincre sur leur propre territoire [1].

V. Ni l'Autriche, ni la Prusse ne s'entendaient sur le but de la guerre. Frédéric-Guillaume voulait restaurer en France la monarchie absolue pour nouer avec Louis XVI une liaison intime et gagner un puissant allié. Il sent, disait Fersen, l'avantage d'une alliance avec la France, il la désire, et c'est le prix qu'il mettra à ses secours. Il ne partageait pas le mépris de son entourage pour l'émigration, et quoique, selon le mot de Lafayette, il fût assez ridicule à l'héritier des grands maîtres de l'Ordre teutonique, de combattre contre la séquestration des biens ecclésiastiques [2], il avait le plus vif et le plus sincère désir de rétablir les privilèges de la noblesse et du clergé. Il écoutait volontiers Nassau, Caraman, Roll, qui vantaient sa grandeur d'âme. Il donnait aux princes français des sommes considérables [3], et, malgré la résistance de son ministre Schulenbourg, il consentait à proclamer le comte de Provence lieutenant-général du royaume. Si Marie-Antoinette recouvrait son autorité, ne la verrait-on pas subordonner de nouveau les intérêts de la France à ceux de l'Autriche? Lorsque

[1] Archenholz, *Minerva*. 1792, février, p. 369, et novembre, p. 117 (cp. sa conversation avec Forster, *Forster*, *Sämmtliche Werke*, VIII, 197) ; Klopstock, *Oden*, 1823, II, 126, et lettre à Brunswick ; lettres d'Auguste de Gotha (*Gœthe-Jahrbuch*, 1885, p. 44).

[2] Lafayette, *Mém.*, IV, 337.

[3] Près de cinq millions de livres (Sybel, I, 468).

Frédéric-Guillaume avait entrepris sa campagne dans les Provinces-Unies en faveur de sa sœur, femme du stathouder, il n'avait nullement rempli l'objet qu'il se proposait, et la Hollande était restée, ainsi que disait Frédéric II, la chaloupe de l'Angleterre, « ce vaisseau de guerre auquel elle est attachée ». Le roi de Prusse craignait en 1792 un dénoûment semblable. Il protégeait donc les émigrés ; il les appuyait de tout son pouvoir ; les ramener en France, leur rendre leur rang et leur crédit, c'était battre en brèche l'ascendant inévitable de Marie-Antoinette et balancer l'influence de l'Autriche. Je crains, écrivait Montmorin à La Marck, que la Prusse ne protège beaucoup les émigrés pour se servir d'eux ensuite et changer notre système politique ; en général, ils sont beaucoup plus contents de la cour de Berlin que de celle de Vienne, et je sais, à n'en pouvoir douter, que les plus marquants sont entièrement disposés de tout temps pour la Prusse, à commencer par le comte d'Artois et tout ce qui compose son entourage[1].

Le cabinet de Vienne, au contraire, n'avait nullement l'intention de rendre à Louis XVI ses prérogatives d'autrefois. Toujours jaloux de la France, il redoutait qu'un monarque absolu ne rétablît l'ordre dans les finances et la discipline dans les troupes, et qu'au lieu de se mettre, comme après 1756, à la remorque de la politique autrichienne, il ne se servît de ses nouvelles ressources contre son ancien allié. Il faut, disait Kaunitz, limiter au besoin de la sûreté générale le rétablissement de la constitution intérieure de la cour de France et prendre garde de faire revivre tôt ou tard l'influence française, qui serait si contraire à notre intérêt essentiel[2]. L'Autriche voulait donc affaiblir la royauté, tout en lui por-

[1] *Corresp. entre Mirabeau et La March*, III, 329-330 ; cp. *Fersen*, I, 236.

[2] Kaunitz à l'empereur, 5 juin (Vivenot, *Quellen*, II, 84). Cp. aussi I, 340 : « Il faut, dit Kaunitz, établir un ordre de choses supportable, mais pas davantage, pour que la France ne puisse peu à peu revenir au degré de son ancienne puissance, et il ne sera pas difficile d'y former un gouvernement tel que ce pays, dans une fluctuation et fermentation constante, soit faible à l'intérieur et nul à l'extérieur. » Voir encore la lettre de Fersen à Marie-Antoinette, *Fersen*, II, 199.

tant secours ; elle disait tout haut qu'elle étoufferait la Révolution, mais elle se promettait de ne pas brider entièrement les passions populaires et de laisser en France assez de mécontentement et de sourde résistance pour tenir en haleine la monarchie restaurée. Elle ne cachait pas son antipathie contre les émigrés ; elle leur imposa le rôle subalterne qu'ils durent jouer pendant la campagne et défendit à Monsieur de prendre le titre de lieutenant-général du royaume.

Mais la grande question qui divisait les alliés, était celle de l'indemnisation. Ce serait une vraie duperie, écrivait le ministère prussien, d'avoir fait des frais si énormes pour une cause qui d'ailleurs nous est étrangère, en pure perte et sans obtenir un juste dédommagement[1].

Quel serait ce dédommagement ? On songeait depuis longtemps à se faire payer le prix de ses secours en nature, c'est-à-dire en belles et bonnes provinces. Dès 1790 le comte de Goltz disait que l'Autriche prendrait une portion de territoire en Flandre ou en Alsace, et céderait à la Prusse un district de Bohême ou de Moravie sur les frontières de la Silésie[2]. Le 28 juillet 1791, Frédéric-Guillaume ordonnait à son ambassadeur à Vienne, Jacobi, de discuter avec le cabinet autrichien la question d'une conquête éventuelle de l'Alsace et de la Lorraine[3]. Cobenzl, le futur successeur de Kaunitz, pensait de son côté qu'on ferait bien de se rendre maître de ces provinces de France dans lesquelles on peut se soutenir facilement et sans grands frais ; c'étaient la Flandre, le Hainaut français, le comté d'Artois[4].

Mais serait-il bienséant de dépouiller Louis XVI? Les populations annexées accepteraient-elles sans déplaisir une domination nouvelle ? La France ne tenterait-elle pas de reprendre un jour les provinces arrachées de son sein? Après mûre réflexion, on résolut de ne pas toucher au territoire français « à cause des difficultés

[1] Ranke, *Ursprung und Beginn der Revolutionskriege*, append., 367.
[2] Goltz à Hertzberg, 25 mai 1790 (Häusser, I. 349).
[3] Hermann, *Diplomatische Correspondenzen*, 1867, p. 57.
[4] Vivenot, *Zur Genesis der zweiten Theilung Polens*, p. 45.

politiques et militaires auxquelles sont assujetties des acquisitions de ce genre ».

Il fallait chercher ailleurs l'indemnisation. Des conférences eurent lieu à Francfort et à Mayence entre le Prussien Schulenbourg et les Autrichiens Cobenzl et Spielmann. On convint d'abord que les avantages seraient égaux de part et d'autre; partage de frères, disait Cobenzl, partage égal de profits et de pertes[1]. Schulenbourg demanda pour la Prusse une partie de la Pologne : les palatinats de Posen, de Gnesen, de Kaliscz, de Kujavie et une portion de la Sieradie. Il ajouta qu'en revanche la Prusse permettrait à l'Autriche d'échanger la Belgique contre la Bavière. Le cabinet de Berlin faisait une grande concession à son allié. Lorsqu'en 1778, à la mort de Maximilien-Joseph, qui ne laissait d'autre héritier que l'électeur palatin, Joseph II avait envahi la Bavière pour la réunir à l'Autriche, le grand Frédéric avait pris les armes au nom de l'empire et envahi la Bohême et la Moravie avec deux armées ; on n'avait pas combattu, et, comme disait le roi de Prusse, on n'avait fait que des misères ; mais le traité de Teschen (1779) donna la Bavière à l'électeur palatin Charles-Théodore. En 1785, Joseph qui ne se rebutait pas, proposait à l'électeur d'échanger la Bavière contre les Pays-Bas autrichiens; mais Frédéric II cria *au feu*, il apparut une seconde fois comme le défenseur de la constitution germanique, et Joseph dut fléchir encore devant l'énergique attitude du vieux Fritz. Si l'Autriche, disait Mirabeau en 1788, acquiert la Bavière à laquelle elle vise actuellement comme à son but principal et presque unique, la balance tombe si pleinement de son côté que l'Empire sera infailliblement soumis à ses volontés ; la Bavière lui forme un grand accroissement de puissance et la rend invulnérable[2].

Mais Frédéric II n'était plus et son successeur abandonnait les traditions de la politique prussienne. Schulenbourg, consulté par le prince de Reuss, répondit que le *troc* était le seul dédommagement qui pût convenir à la

[1] Lettre à Reuss (Vivenot, *Quellen*, II, 160).
[2] Mirabeau, VII, 293-294.

cour de Vienne et que le cabinet de Berlin adhérait pleinement au plan proposé[1]; Charles-Théodore serait sommé de renoncer à la Bavière et d'aller régner sur les Pays-Bas qui deviendraient le royaume de Bourgogne; on ajouterait même à ce nouvel état une parcelle du Hainaut français. Mais quelle fut la surprise de Schulenbourg, lorsqu'aux conférences de Mayence, Cobenzl et Spielmann lui déclarèrent que l'Autriche perdait à ce troc deux millions de revenus et qu'elle réclamait en sus Anspach et Bayreuth! Céder ces principautés de Franconie que la Prusse avait acquises l'année précédente! Céder ces margraviats que le roi considérait comme le berceau de sa race! Schulenbourg trouva ce projet insoutenable, inadmissible. Ses collègues du ministère, Finkenstein et Alvensleben, jetèrent un cri d'indignation; ils étaient révoltés. ils jugeaient la proposition effroyable, pour ne pas dire insolente; c'était, ajoutaient-ils, partager l'Allemagne d'une manière aussi contraire aux intérêts les plus essentiels de la Prusse qu'avantageuse pour l'Autriche seule[2].

On se sépara sans rien conclure. L'article de l'indemnisation, disaient les ministres prussiens, est le plus important de tous, mais il est sujet à de grandes difficultés qu'il ne sera pas aisé de surmonter.

VI. La Prusse et l'Autriche étaient donc mécontentes l'une de l'autre. Mais toutes deux étaient mécontentes de la Russie et craignaient de devenir sa dupe. La cour de Pétersbourg, écrivait Kaunitz, veut nous embarquer sérieusement dans les affaires de France et garder les mains libres en Pologne[3]. Il voyait juste. On croyait en France qu'une flotte russe paraîtrait bientôt soit dans la Méditerranée, soit dans la mer du Nord, et le conseil exécutif provisoire ordonna que six navires se réuniraient aux neuf vaisseaux que l'amiral Truguet commandait à Toulon; il décida même de « faire encombrer

1 Vivenot, *Quellen*, II. 81.
2 Häusser, I. 359, et Ranke, *Ursprung*, 367.
3 Vivenot, *Quellen*, II, 91 (mot de Reuss : « Die Dupe von Russland ») et 105.

le port d'Ostende qui devait recevoir incessamment la flotte russe [1] ». Mais Catherine II ne pensait qu'à profiter des circonstances pour arrondir son empire ; elle ne parlait de la famille royale qu'avec émotion et du ramas des sans-culottes qu'avec mépris ; en secret elle écrivait à Grimm : « Vous voulez que je plante là mes intérêts pour ne m'occuper que de la jacobinière de Paris ? Non, je la battrai et la combattrai en Pologne. »

Elle poussa donc l'Autriche et la Prusse à s'armer contre la Révolution. Elle craignait, il est vrai, que les deux alliés n'eussent le désir de s'agrandir aux dépens de la France. Mais elle prit soin de leur recommander le désintéressement le plus parfait et de leur prêcher la magnanimité Elle leur remontra qu'il serait malséant de réclamer comme prix de leur secours une cession de territoire. Elle leur déclara qu'on devait, pour le bien et le repos de l'Europe, maintenir l'intégrité de la France [2]. Elle favorisa les émigrés, approuva leurs exigences, demanda que les frères de Louis XVI fussent mis à la tête de la coalition : elle savait que, si les émigrés jouaient un rôle actif dans la guerre, ils rendraient la paix plus difficile et s'opposeraient aux conquêtes de la Prusse et de l'Autriche.

En revanche elle offrit aux cabinets de Vienne et de Berlin de démembrer la Pologne une seconde fois, à condition de laisser à la cour de Pétersbourg la première et la plus grosse part. La Pologne avait profité de la guerre russo-turque pour se donner une nouvelle constitution, celle du 3 mai 1791, qui rendait le trône héréditaire, abolissait le *liberum veto* et confiait à deux chambres le pouvoir législatif. La tsarine proposa un nouveau partage, et Frédéric-Guillaume l'accepta. L'Autriche protestait ; elle voulait garantir la nouvelle constitution de la Pologne qui deviendrait un état neutre et n'entretiendrait qu'une armée de 40,000 hommes. Mais Catherine apaisa l'Autriche ; elle lui promit de fournir contre la France

[1] Arch. nat., reg. des délib. du conseil, 31 août et 19 septembre, p. 71 et 122.

[2] Hermann, *Diplom. Corresp.*, 15 mai et 21 juin (notes d'Osterman), p. 237, 240.

15,000 soldats — qu'elle se garda bien d'envoyer, — et ce fut son ambassadeur, Rasumovsky, qui remit sur le tapis l'échange des Pays-Bas contre la Bavière.

Pendant que la Prusse et l'Autriche faisaient leurs armements contre la France révolutionnaire, les troupes russes envahirent la Pologne. Le roi Stanislas dut adhérer à la confédération de Targovitsa que soutenait la tsarine; la constitution de 1791 fut détruite, et l'anarchie restaurée. Chose curieuse, disait le marquis de Bombelles, les Polonais ont voulu favoriser chez eux la prérogative royale et sont vexés par la même souveraine qui se montre si portée à rétablir la prérogative royale en France [1]. Mais Catherine ne se souciait pas d'être prise en flagrant délit de contradiction; elle ne suivait que ses intérêts, et il importait à la politique russe d'affermir la royauté en France et de l'affaiblir en Pologne.

L'invasion russe en Pologne avait eu lieu dans les dernières semaines du mois de juillet, tandis que s'ébranlait lentement l'invasion austro-prussienne. Mais Catherine victorieuse consentirait-elle à céder à Frédéric-Guillaume les palatinats promis? Laisserait-elle s'executer sans obstacle l'échange des Pays-Bas et de la Bavière?

Prussiens et Autrichiens commençaient donc la guerre de France comme ils devaient la mener, avec tiédeur et mollesse. Ils partaient inquiets, jetant un regard en arrière, craignant la Russie, se disant qu'il serait peut-être plus utile de réprimer l'ambition de Catherine II que de combattre la Révolution. Dans son impatience et son dépit, le cabinet de Vienne écrivait à son ambassadeur à Pétersbourg, que le temps n'était plus où l'Autriche devait flatter la Russie, supporter ses caprices et prendre pour argent comptant ses belles paroles et ses défaites; l'Autriche et la Prusse sont alliées, ajoutait Cobenzl, elles donneront le ton à l'Europe et dirigeront les affaires générales, ce système d'union nous donnera le moyen de mettre des bornes au jeu dangereux de la politique russe et d'arrêter les progrès de ce monstrueux état [2].

1 *Fersen*, II, 266; cp. Rambaud, *Hist. de Russie*, 497-500.
2 Vivenot, *Quellen*, II, 130-131.

VII. Les deux alliés ne pouvaient compter sur une intervention armée de la Russie. Ils tentèrent d'entraîner avec eux le reste de l'Europe. Déjà, dans un mémoire du 19 février, Brunswick avait prié Frédéric-Guillaume de gagner à la cause commune les cantons suisses, la Sardaigne et l'Espagne. Les troupes helvétiques auraient occupé les routes qui mènent en Franche-Comté par le Jura; le roi de Sardaigne aurait porté ses forces dans la région de Pont-Beauvoisin et menacé Lyon; le roi d'Espagne aurait envoyé dix à quinze mille hommes dans les Pyrénées.

Mais les Suisses restèrent neutres. Le roi de Sardaigne ne bougea pas, et lorsque Montesquiou envahit la Savoie, l'armée piémontaise, forte de 15,000 hommes, s'enfuit sans livrer combat. L'Espagne, gouvernée par d'Aranda, ne devait entrer dans la coalition qu'après la mort de Louis XVI; quel parti peut-on prendre, disait le ministre à l'Autrichien Kageneck, dans ce moment d'incertitude où personne ne sait ce qu'il doit faire?

On se flatta quelque temps d'obtenir l'appui de la Grande-Bretagne. Mais, malgré les efforts des alliés, malgré les intrigues des émigrés et la mission de l'évêque de Pamiers, le ministère anglais se contenta de rappeler de France son ambassadeur en le chargeant simplement d' « exprimer la sollicitude de Sa Majesté britannique pour la situation personnelle de Leurs Majestés très chrétiennes ».

La mort de Gustave III, le *don Quichotte du Nord*, qui devait, avec le concours et d'après le plan de Bouillé, tenter un débarquement en Normandie, avait délié la Suède de ses engagements. Le roi de Prusse lui-même avouait que les embarras de la régence imposaient au duc de Sudermanie la neutralité, et peut-être, ajoutait l'envoyé Carisien, ne désirait-on plus l'accession de la Suède; on était persuadé que les forces réunies de l'Autriche et de la Prusse suffiraient pour vaincre la France et que « le nombre des parties coopérantes pourrait gêner l'exécution ainsi que les plans de dédommagement formés d'avance[1] ».

[1] Massenbach, *Mém.*, I, 273 (mém. de Brunswick); Vivenot, *Quel-*

Restait l'Empire. Mais les négociations de Dumouriez n'avaient pas été infructueuses. C'était à l'Autriche et non à l'Empire que la France avait déclaré la guerre. Vainement Kaunitz se révoltait contre cette « distinction ridicule qu'établissaient les émissaires français » ; vainement il demandait si la neutralité de l'Empire était à la fois juste, décente et utile ; vainement il priait les cercles de fournir un secours, quel qu'il fût, soit des soldats, soit de l'argent, soit des vivres. Le Hanovre répondit que la guerre entre la France et le roi de Hongrie ne le regardait pas, et qu'il ne lèverait son contingent que lorsque le territoire de l'empire serait violé par des troupes françaises. Le cercle de Souabe déclara qu'il resterait provisoirement sur la défensive. Le cercle de Franconie osa dire que la marche des Prussiens faisait tout renchérir. Les électeurs ecclésiastiques se contentèrent d'insulter les envoyés français. Charles-Théodore, qui régnait à la fois sur le Palatinat et la Bavière, assura qu'il s'était toujours efforcé de vivre en bonne harmonie avec la France et qu'il ne changerait pas sa politique [1].

Un seul prince de l'Empire se joignit aux alliés. Ce fut le landgrave de Hesse-Cassel, Guillaume IX. Il ne possédait que 400,000 sujets, mais son économie rigoureuse avait fait de la Hesse une puissance militaire. Il avait mis dans ses coffres douze millions de thalers qui formaient son trésor de guerre. Il entretenait une armée d'environ 14,000 hommes bien disciplinés. Quelques-uns de ses soldats avaient fait la guerre d'Amérique sous les drapeaux anglais ; on admirait la haute stature et l'air martial de ses grenadiers ; ses chasseurs avaient la réputation d'excellents tireurs ; tous étaient robustes et accoutumés aux privations. Les officiers, dit Valentini,

len, II, 232 (Kageneck à Cobenzl) ; *Fersen*, II, 344-345 (mission de l'évêque de Pamiers et lettre de Pitt), 334-335 (lettre de Carisien).

[1] Vivenot, *Quellen*, II, 35, 45, 58 ; Sybel, I, 476 ; Häusser, I, 343 ; Ditfurth, *die Hessen*, 29-30. L'électeur de Mayence promit de mobiliser deux bataillons de 1,000 hommes chacun ; ces 2,000 soldats sans expérience, commandés par un simple colonel du nom de Winkelmann, devaient garder avec les Autrichiens le grand magasin établi à Spire. Klein, *Geschichte von Mainz*, 1861, p. 26 ; Rambaud, *Les Français sur le Rhin*, p. 175.

se montrèrent plus instruits que les officiers prussiens ; ils savaient mieux prendre leurs précautions, mieux diriger leurs patrouilles, mieux prendre parti dans les circonstances difficiles ; c'est de l'armée hessoise que sont sortis York et Gneisenau. Il y a, écrivait Mirabeau, des peuplades en Allemagne supérieurement distinguées des autres par quelque qualité particulière ; tels sont l'esprit et l'industrie chez les Saxons, le flegme chez les Hanovriens, la bravoure chez les Hessois [1]. Le landgrave offrit aux alliés 4,000 fantassins et 2,000 cavaliers ; on lui promit en retour le chapeau d'électeur et le remboursement de ses frais. Il prit le commandement de sa petite armée : l'avant-garde, sous le colonel Schreiber, était formée d'un régiment de hussards, de deux compagnies de chasseurs et de deux compagnies d'infanterie légère. Le corps de bataille, sous les ordres du lieutenant-général de Biesenrodt, comprenait six bataillons. La cavalerie, dont le chef était le général-major baron de Dalwigk, se composait d'un régiment de dragons et d'un régiment de carabiniers. L'artillerie comptait vingt pièces de canon, dont seize de 3 [2].

VIII. Cependant, au milieu des négociations, les troupes destinées à l'invasion de la France marchaient de tous côtés. Les chemins des électorats ecclésiastiques se couvraient de chariots et de trains d'équipages ; toute la région du Rhin, la « rue des prêtres », se remplissait du bruit et des mouvements de la vaste croisade qui s'enflammait. Le 14 juillet, François II, roi de Bohême et de Hongrie, élu neuf jours auparavant empereur d'Allemagne, était couronné à Francfort. Ce fut, dit Metternich, un des spectacles les plus grandioses et les plus magnifiques qu'on pût voir ; tout, jusqu'aux moindres détails, parlait à l'esprit et au cœur autant par la puissance des traditions que par la réunion de tant de splendeurs [3]. Personne ne soupçonnait que les trois électeurs ecclésiasti-

[1] Ditfurth, *die Hessen*, 13 ; Dampmartin, *Quelques traits...*, 105 ; Valentini. 17-18 ; Mirabeau. VI, 204.

[2] Ditfurth, 35 et 449 (traité de Wilhelmsbad, du 31 juillet et ordre de bataille). En réalité, Guillaume IX ne fournit que 5,532 hommes.

[3] Metternich, *Mém.*, I, 9.

ques exerçaient pour la dernière fois l'office que leur avait conféré la Bulle d'or. Personne ne voyait dans les émigrés qui regardaient curieusement cette imposante cérémonie, les « blanches mouettes, avant-coureurs de l'orage ». Personne ne pensait que, trois mois plus tard, un général français entrerait dans Francfort et crierait superbement aux habitants qu'ils ne verraient plus d'empereur dans leurs murs [1].

Les fêtes succédaient aux fêtes. Le matin du 19 juillet, l'empereur d'Allemagne faisait son entrée à Mayence au son des cloches et au bruit de trois cents coups de canon. Les enfants jetaient des fleurs sur son passage et la petite armée mayençaise formait la haie. Au soir arriva le roi de Prusse. La cour de l'électeur de Mayence, la plus brillante de l'Allemagne, était le rendez-vous des personnages les plus considérables de l'empire germanique et du monde de l'émigration ; on y rencontra, disent les journaux du temps, cinquante princes et une centaine de comtes et de marquis. Frédéric-Guillaume attirait tous les regards ; on observa qu'il parlait avec effort et par petites phrases hachées ; mais il dominait de la tête la foule qui l'entourait. Ce ne fut durant trois jours qu'un enchaînement de concerts et de spectacles, de bals, de soupers de deux cents couverts. On vit une des plus magnifiques illuminations du siècle. La ville entière, les jardins de la Favorite, les bateaux ancrés au milieu du Rhin, et dans le lointain les clochers de Kostheim, de Kastel et de Hochheim étincelaient de lumières. De tous côtés on lisait des devises en l'honneur du nouveau chef de l'empire et des allusions à la défaite de la France et à l'union des deux aigles autrichienne et prussienne [2].

Mais au milieu de ces divertissements, les diplomates ne pouvaient s'entendre sur la grande affaire de l'indemnisation, et le généralissime remarquait avec effroi l'insuffisance de ses moyens militaires.

[1] Freytag. 355 ; Kriegk. *Deutsche Kulturbilder*, 1874, p. 203 : Custine rief der Volksmenge in deutscher Sprache zu « Habt ihr neulich den Kaiser dahier gesehen ?... Nun, ihr werdet keinen mehr sehen ».

[2] Metternich. *Mém.*, I, 14 ; Vivenot. *Quellen*, II, 153 (Cobenzl à Kaunitz) ; Lombard, *Lettres*, 247 ; Forster, *Sämmtliche Schriften*, VII, 359.

Déjà, dans son mémoire du 19 février, Brunswick priait le roi de ne pas se fier légèrement aux promesses des émigrés ; il peut, écrivait-il, se produire des événements dont les suites seraient incalculables, et qui nous dit que les gens qui gouverneront la France ne prendront pas les résolutions les plus extraordinaires [1] ?

Trois mois plus tard, aux conférences de Sans Souci (12 mai), il exprimait l'avis que les alliés ne soumettraient la France que s'ils levaient une armée de 110,000 hommes. Il avait formé son plan de campagne. Il partait de Coblenz avec ses 42,000 Prussiens ; il faisait sa jonction dans le Luxembourg avec 15,000 Autrichiens venus des Pays-Bas et commandés par Clerfayt ; il s'emparait de Longwy, de Montmédy, de Verdun qui deviendraient les entrepôts de son armée, dite armée de la Meuse. Pendant ce temps, la cour de Vienne envoyait deux corps détachés, l'un sur le Rhin et la Moselle, l'autre en Flandre : le premier de ces corps, fort de 23,000 hommes et commandé par le prince de Hohenlohe-Kirchberg, se diviserait en deux parties dont l'une menacerait Landau et Sarrelouis, tandis que l'autre ferait le siège de Thionville ; le second, formé de 40 à 50,000 hommes, sous les ordres du duc Albert de Saxe-Teschen, assiégerait Lille et se rapprocherait autant que possible de la ligne de la Meuse. Dès que Brunswick se serait rendu maître de Verdun, il détacherait de son armée un corps de troupes assez considérable qui se porterait au devant de Saxe-Teschen et s'emparerait de Sedan, de Mézières, de Givet. Brunswick ne passerait pas la Meuse : « Maître, disait-il, de tous les points de la rivière, depuis Verdun jusqu'à Givet, ses flancs couverts par deux armées autrichiennes, il mettait ses troupes dans des quartiers de cantonnement et découvrant ainsi le revers des places ennemies sur la Sambre, il pouvait, partant d'une base si solide, marcher l'année suivante à des conquêtes presque certaines [2]. »

C'était le plan de Bouillé qui nous le détaille dans ses *Mémoires*. L'ancien commandant de la ville de Metz et de

[1] Massenbach. *Mém.*, I, 268-269.
[2] *Lettre sur la vie de Dumouriez.*

la province des Trois-Evêchés, mandé à Magdebourg le 27 mai par le roi de Prusse, s'était entretenu longuement avec le monarque et le duc de Brunswick. Il avait indiqué la Champagne comme la partie la plus faible de la frontière et l'attaque par Longwy, Verdun, Sedan comme la plus facile; ces trois places, assurait Bouillé, étaient très mauvaises; une fois qu'ils les auraient prises, les alliés marcheraient à Paris par Rethel et Reims à travers des plaines fertiles qui n'offraient aucun obstacle. S'il leur semblait impossible de pousser droit sur la capitale, ils s'empareraient encore de Montmédy et de Mézières; ils prendraient leurs quartiers d'hiver entre la Meuse et la Chiers; ils auraient dans la forteresse de Luxembourg un point d'appui et une place d'armes [1].

Mais, au quartier-général de Hochheim, près de Mayence, le duc de Brunswick vit arriver du Brisgau le vieux général autrichien Pfau et de Flandre le major prussien Tauenzien. Ces deux officiers apprirent au généralissime que la cour de Vienne n'avait pas tenu ses promesses. L'Autriche, lente, routinière, invariablement en retard d'une idée et d'une armée; épuisée d'ailleurs par cette guerre contre les Turcs qui dévorait les hommes [2], n'avait pu mettre sur pied la moitié des contingents annoncés. On sait d'ailleurs que ses contrôles étaient toujours fort enflés. Elle a, écrivait Tauenzien, une malheureuse maxime qui la trompe ainsi que ses alliés, d'être du double plus fort sur le papier qu'elle ne l'est effectivement. Qu'on se souvienne, dit un général autrichien, de la faiblesse de notre armée ou plutôt de sa non-existence à tous les commencements des guerres que nous avons toujours eues en voulant les éviter, et où l'économie et la difficulté du recrutage ne faisaient paraître nos régiments complets que sur le papier [3].

Brunswick sut que Clerfayt joindrait les Prussiens

[1] Bouillé, *Mém.*, 355 ; cp. Lafayette, *Mém.*, IV, 114-115.

[2] Menschenfressend.

[3] Häusser, I, 461 ; prince de Ligne, III, 114 ; cp. Favier (*Polit. des cabinets de l'Europe*, III, 270, p. p. Ségur) ; il remarquait déjà que les contingents de l'Autriche « n'existaient que sur le papier » et que ses alliés « se plaignaient toujours du fardeau énorme qui retombait sur eux ».

aux environs de Longwy avec onze bataillons et douze escadrons, c'est-à-dire environ 15,000 hommes. Mais Hohenlohe-Kirchberg qui devait menacer Landau et Sarrelouis, assiéger Thionville, couvrir le flanc gauche de la grande armée, avait à peine 14,000 hommes, une artillerie insuffisante et pas une pièce de siège! Le duc de Saxe-Teschen, qui devait faire une vigoureuse diversion en Flandre, ne disposait que de 15,000 hommes [1]. Il est aisé, dit l'auteur de la *Lettre sur la vie de Dumouriez*, de se peindre la situation embarrassée où se trouvait le duc de Brunswick, lorsqu'au lieu des secours puissants sur lesquels il avait compté, il vit arriver des corps de troupes trop faibles pour effectuer les entreprises qui leur étaient destinées.

En réalité, l'armée d'invasion comptait 42.000 Prussiens. 14,000 Autrichiens commandés par Hohenlohe Kirchberg, 15,000 Autrichiens dirigés par Clerfayt, 5,532 Hessois et 4,500 émigrés, en tout 81,000 hommes. C'était assez pour conquérir la ligne de la Meuse, mais non pour conquérir Paris et dompter la Révolution.

On sut bientôt au quartier-général que l'Autriche avait violé ses engagements. On vit la « terrible humeur » de Brunswick [2]. On blâma plus que jamais l'expédition. Le chef de l'état-major Grawert, les généraux Kalkreuth et Courbière, le prince royal. un grand nombre d'officiers, Massenbach, Lecoq, d'autres encore pensaient que les difficultés seraient grandes, qu'il fallait assiéger les forteresses de la Meuse et attendre d'une seconde campagne le succès final. Il est dangereux, disait Courbière, de pénétrer dans l'intérieur de la France avec une armée aussi faible, et vous verrez que les faciles promesses de messieurs les émigrés ne tiendront pas. Le prince royal rapporte dans son journal les paroles de Courbière et ajoute cette réflexion : « Quel homme impartial pourrait lui donner tort [3] ? »

Mais le roi de Prusse n'écoutait que les émigrés. On

[1] Massenbach a vu les listes de Pfau : les troupes de Hohenlohe-Kirchberg, dit-il, comptaient *au plus* 14.000 hommes. Tauenzien estimait les forces de Clerfayt à 14 ou 15,000 soldats.

[2] Von einem furchtbaren Humeur. Massenbach, *Mém.*, I, 32

[3] *Remin.* du prince royal, 149.

suit entièrement nos principes, écrivait Bouillé à Breteuil, et j'ai ri des intrigues dont j'étais témoin, parce que j'étais bien sûr qu'elles ne prévaudraient pas [1]. Ce fut sous l'inspiration des émigrés que fut lancé le fameux manifeste du 25 juillet.

IX. Ce manifeste, qui devait précéder les envahisseurs, était instamment sollicité par Louis XVI et Marie-Antoinette. Le roi en avait arrêté les termes ; il fallait, disait-il, déclarer avec force à l'Assemblée, aux ministres, aux corps administratifs, aux municipalités, aux individus qu'on les rendrait personnellement et particulièrement responsables dans leur corps et dans leurs biens de tous les attentats commis contre la personne du roi, celle de la reine et celle de leur famille. Depuis le mois de mai Louis XVI et Marie-Antoinette tremblaient en effet pour leur vie. Leurs inquiétudes redoublèrent après le 20 juin; la reine écrivit à Mercy qu'on avait résolu d'assassiner le roi pour le 14 juillet et que les puissances devaient parler fortement, arrêter les factieux par la crainte d'une punition prochaine, lancer un manifeste qui rendrait l'Assemblée et Paris responsables des jours du souverain et de ceux de sa famille; sauvez-moi, ajoutait-elle, moi et les miens, s'il en est temps. Ce douloureux appel se renouvela le 24 juillet. Dites donc à M. de Mercy, écrivait Marie-Antoinette à Fersen, que les jours du roi et de la reine sont dans le plus grand danger, que le délai d'un jour peut produire des malheurs incalculables, qu'il faut envoyer le manifeste sur-le-champ, qu'on l'attend avec une extrême impatience, que nécessairement il ralliera beaucoup de monde autour du roi et le mettra en sûreté, qu'autrement personne ne peut en répondre pendant vingt-quatre heures [2].

Le manifeste devait donc être une sommation destinée à protéger le roi et sa famille contre la fureur du parti populaire. Il faut, disait la reine, *en imposer ici*, et tous ses amis, Fersen, Mercy, Montmorin, Caraman,

[1] *Fersen*, II, 336.

[2] Recueil de Feuillet de Conches : *Fersen*, II, 332-333 ; cp. Brunetière, *Le manifeste de Brunswick en 1792* (Revue polit. et litt. du 26 juillet 1884).

approuvaient sa résolution. Le manifeste, — ainsi parlait Fersen, — doit être menaçant surtout pour ce qui regarde la responsabilité sur les personnes royales. La journée du 20 juin, écrivait Mercy, a démontré la nécessité d'une déclaration menaçante. Il est nécessaire, pensait Montmorin, de frapper les Parisiens par la terreur et de leur annoncer les malheurs auxquels ils s'exposeraient s'il arrivait la moindre chose au roi et à la reine. Il faut, mandait Caraman, que cela soit très court et insister sur la responsabilité de Paris ou de telle autre ville où sera le roi [1]. Tout le monde était d'accord sur ce point : le manifeste des alliés devait intimider Paris et menacer du châtiment le plus sévère les auteurs d'un attentat contre le roi et sa famille.

Mallet du Pan, chargé des instructions de Louis XVI, venait d'arriver à Francfort. Il fut reçu par Frédéric-Guillaume et s'entretint avec Cobenzl, Haugwitz et Heymann : le manifeste, disait-il, annoncerait que les alliés étaient fermement résolus à ne poser les armes qu'après avoir rendu au roi sa liberté et son autorité; il rendrait l'Assemblée et les autorités constituées responsables de la sûreté de Louis XVI et de la famille royale ; mais en même temps il séparerait les jacobins et les factieux du reste de la nation ; il déclarerait que les coalisés n'avaient d'autre but que d'arracher la France à l'anarchie ; il ne se prononcerait pas sur une réforme de la constitution, mais il ferait entrevoir que Louis XVI, remis en liberté, était le seul qui pût rétablir l'ordre dans le pays; en un mot, le programme des alliés devait être assez adroitement rédigé pour réfuter le grand argument des jacobins, que la guerre actuelle était une guerre des rois contre les peuples [2].

Ce n'était pas assez : il fallait proclamer franchement et sans ambiguïté que l'ancien régime avait à jamais disparu ; que la nation conserverait ses conquêtes de 1789 désormais irrévocables ; qu'elle ne verrait pas renaître l'ordre féodal et fiscal qu'elle abhorrait; que tous les

[1] *Fersen*, II, 336 ; *Corresp. entre Mirabeau et La March*, III, 317, 328.
[2] Mallet du Pan, *Mém. et corresp.*, I, 306-315.

emplois seraient offerts au mérite; que la taille, la dîme, les droits seigneuriaux étaient abolis pour toujours; que, si l'étranger intervenait dans les affaires de la France, il ne ramenait pas avec lui le collecteur, le gabelou et les sanglantes représailles de l'émigration.

Le projet de manifeste, esquissé par Mallet du Pan, était donc incomplet; il aurait manqué son but. Mais la déclaration qui parut sous le nom de Brunswick, était plus impolitique encore; elle ne parlait ni de la constitution, ni du futur gouvernement, elle ne renfermait que les menaces les plus violentes et sommait la France de se rendre à discrétion. Elle avait été rédigée par Geoffroy de Limon. C'était un ancien intendant du comte de Provence, chassé en 1777, puis rentré en faveur; intrigant, présomptueux, sans scrupules, il jouait le rôle de secrétaire de l'émigration. Breteuil voulut un instant le nommer contrôleur général des finances; la cour des Tuileries lui fit bon accueil en janvier 1792; Fersen pensait qu'il fallait le ménager et le recommandait chaudement à Mercy; le cabinet prussien le connaissait de longue date et lisait les lettres qu'il envoyait régulièrement à Heymann. Ce Limon plaisait donc à tous les partis. On pensa que, s'il faisait la déclaration, il saurait tout concilier, et les désirs de Louis XVI et de Marie-Antoinette, et les espérances des princes, et les vœux des alliés. Schulenbourg le fit venir de Bruxelles à Mayence et lui proposa de rédiger le manifeste; il ne voulait pas, disait-il, de la prose de Calonne. Limon partit; il avait en poche la déclaration qu'il avait écrite sous les yeux de Fersen et montrée à Mercy; elle est fort bien faite, jugeait le Suédois, telle qu'on peut la désirer, on ne promet rien à personne, aucun parti n'est dégoûté on ne s'engage à rien, et on rend Paris responsable du roi et de sa famille. Inspiré par Fersen et rédigé par Limon, le manifeste fut approuvé par l'empereur, par le roi de Prusse, par Schulenbourg, et signé enfin par le duc de Brunswick; on ne supprima que le préambule [1].

Limon se rengorgeait. Calonne lui demandait une en-

[1] Voir sur Limon et la genèse du manifeste *Fersen*, II, 2, 3, 18, 24-26, 329, 337, 341.

trevue et louait son travail en présence de Nassau-Siegen et du marquis de Lambert. Le comte d'Artois l'invitait à Bingen et lui proposait de l'attacher à sa personne. De retour à Bruxelles, Limon recevait les félicitations de Breteuil, et Fersen le traitait sans hauteur ; c'est un gueux, disait-il, mais il a du mérite.

On lisait dans cette fameuse déclaration que les alliés ne voulaient ni s'enrichir par des conquêtes ni s'immiscer dans le gouvernement intérieur de la France, mais qu'ils venaient délivrer à la fois Louis XVI et la partie saine de la nation. Brunswick sommait l'armée de ligne de se soumettre à son légitime souverain et les gardes nationales de veiller à la sûreté des personnes et des biens jusqu'à l'arrivée des troupes austro-prussiennes. Il ajoutait que les habitants qui oseraient se défendre, seraient punis sur-le-champ comme rebelles et leurs maisons démolies ou brûlées. La ville de Paris devait mettre Louis XVI en pleine liberté et le traiter avec le respect que les sujets doivent à leur roi. Les souverains alliés rendaient personnellement responsables de tous les événements, sur leurs têtes, pour être punis militairement, sans espoir de pardon, tous les membres de l'Assemblée, du département, de la municipalité et la garde nationale. Si le château était forcé ou insulté, ils en tireraient une vengeance exemplaire et à jamais mémorable en livrant Paris à une exécution militaire et à une subversion totale [1].

Deux jours plus tard (27 juillet), paraissait une déclaration additionnelle, signée encore de Brunswick : si le roi, la reine ou toute autre personne de la famille royale était enlevée de Paris, tous les lieux et villes qui ne se seraient pas opposés à leur passage, subiraient le même sort que Paris, et la route que suivraient les ravisseurs, serait « marquée par une continuité d'exemples [2] ».

[1] *Monit.* du 3 août.

[2] Cette seconde déclaration avait été rédigée par le ministre des princes, le comte de Moustier, auquel Calonne réservait dans son futur cabinet le portefeuille de la marine. Le *Moniteur* ne la publia que le 8 août, et le manifeste la fit oublier. Fersen la jugeait très forte (II, 24 et 342) ; le ministère prussien au contraire pensait qu'elle faisait peu d'honneur au comte de Moustier, qui n'était, selon lui, qu'un intrigant de premier ordre (Ranke, *Ursprung*, 368).

Le manifeste avait paru le 25 juillet. Mais on oublia de le notifier dans les formes ordinaires. On a fait une grande faute, disait Fersen, de ne pas l'envoyer d'une manière officielle; personne n'y a pensé [1]. Il circula néanmoins dans Paris dès le 28 juillet, et les agents royalistes le répandirent à profusion [2]. Mais on le commentait avec mépris, on s'en moquait, on en niait l'authenticité [3], on en critiquait le style, on ne croyait pas qu'il pût être parti de la main de Brunswick, le souverain le plus éclairé de l'Allemagne; cet acte, disait Gorani, n'ose se montrer que clandestinement et il est si singulier qu'il serait ridicule d'en entreprendre la réfutation [4].

L'Assemblée législative ne daigna pas rédiger un contre-manifeste. Elle se contenta, lorsqu'elle publia le 2 août le décret sur les déserteurs, de déclarer que le peuple français méprisait les menaces, et n'opposait d'autre réponse aux émigrés et aux alliés qu'un simple décret qui conviait tous les peuples de la terre à partager avec la France les bienfaits de la liberté [5].

Telle fut l'impression des hommes instruits et de tous ceux qui, selon le mot de Gorani, savaient penser, parler et écrire; ils ne parlaient du manifeste qu'avec une sorte de pitié et en haussant les épaules; « la grande cause des alliés devait être plaidée avec un art dont les auteurs du manifeste n'avaient aucune connaissance » [6].

Mais la déclaration de Brunswick fournissait aux chefs du parti jacobin l'occasion d'enflammer le patriotisme et d'exciter l'indignation populaire. Voilà le langage qu'on osait tenir à une grande nation qui s'armait pour sa liberté ! Ce n'est pas à la fin du XVIIIe siècle, écrivait-on de La Haye au *Moniteur*, qu'on parle ainsi aux

[1] *Fersen*, II, 343.

[2] *Révol. de Paris*, n° 160, 28 juillet-4 août. p. 181.

[3] Lettre de Limon. du 5 août (Häusser, I, 305) ; lettre de Louis XVI à l'Assemblée, 3 août. *Monit.* du 5.

[4] Première lettre au duc de Brunswick, *Monit.* du 21 août et Massenbach. *Mém.*, I. 343.

[5] *Monit.* du 3 août.

[6] Mots de Gorani, lettre du 4, *Monit.* du 21 août.

hommes, et surtout aux Français ; loin de ramener les esprits, cette pièce doit les irriter et les réunir tous dans le désir de venger cette insulte faite à la nation entière. Le *Moniteur* publia le texte du manifeste ; on a voulu, disait-il, essayer jusqu'où peut aller la patience de la nation et à quel degré de bassesse on peut se flatter de la réduire. Quelle ignorance et quelle audace ! Est-il un Français capable de rester calme en lisant ce libelle [1] ?

Au dédain du premier moment succéda l'indignation la plus vive. Le 5 août, le commandant du bataillon de la section Mauconseil se présenta devant l'Assemblée et déclara que le manifeste de Brunswick et des tyrans dont il était le vizir, remplissait d'une juste colère tous les cœurs français. « A la lecture de cette pièce orgueilleuse et atroce, qui a été faite jeudi dernier (c'est-à-dire le 2 août), trente-huit jeunes gens, tous serruriers ou forgerons, se sont élancés au milieu de l'assemblée de la section et se sont enrôlés pour punir cet excès d'audace ». Ces trente-huit citoyens, armés et équipés aux frais de la section, avaient suivi leur commandant et défilèrent devant la Législative [2].

Sur tous les points du territoire où fut connue la déclaration du 25 juillet, eut lieu la même explosion de patriotique colère. Brunswick, disait un bourgeois de Landau, voulait donc nous imposer comme unique loi la volonté de Louis XVI et nous remettre par la violence sous le joug de la cour, de la noblesse, du clergé et de la finance ! Ignorait-il que tous les Français, soldats, paysans, ouvriers et même la plupart des bourgeois avaient souhaité la Révolution et la regardaient comme le plus grand des bienfaits ? Ignorait-il qu'il exaspérerait contre lui la majorité du pays [3] ?

Mais on aurait tort de croire que le manifeste fut la principale cause du soulèvement de la nation contre les alliés. Selon Gouvion-Saint Cyr, il donna à la France plus de cent bataillons. Il fit surgir, écrit Mathieu Dumas, et appela à la défense du territoire tout ce qui por-

[1] *Monit.* du 3 et du 13 août.
[2] *Monit.* du 6 août.
[3] Laukhard, III, 26-28, entretien avec Brion.

tait un cœur français. La nation, dit Gay de Vernon, se dressa comme un seul homme souffleté au visage et arma un million de bras [1]. Cette opinion s'est produite après coup; la proclamation de la patrie en danger suffisait pour exalter les esprits; le manifeste fut emporté par le flot rapide des événements; les décrets de l'Assemblée, l'approche de l'envahisseur, l'imminence du péril national, et non la déclaration du 25 juillet, jetèrent dans les camps des milliers de volontaires.

Mais le manifeste hâta la chute de la royauté: c'était, dit Dumas, un acte barbare, un véritable fratricide des princes français envers Louis XVI; dans l'état de fermentation où était la capitale, faire un appel à la minorité ennemie de la Révolution, c'était évidemment compromettre le roi, l'accuser de complicité [2]. On était moins irrité contre Brunswick que contre les émigrés. On sentait instinctivement que le duc n'avait fait que signer la déclaration, et que les royalistes l'avaient inspirée. On devinait que le factum avait été rédigé par un Français de Coblenz ou de Bruxelles. On remarquait les termes favoris de la contre-révolution : l'anarchie, le trône et l'autel, la partie saine de la nation Prudhomme intitulait son article sur le manifeste « le dernier mot des émigrés avant leur entrée triomphale à Paris ». Ce sont les émigrés, écrivait Gorani à Brunswick, qui ont trompé Votre Altesse en lui persuadant qu'Elle pouvait intimider les Parisiens. Un grand homme, disait le *Moniteur*, s'est fait l'instrument d'une faction et on retrouve dans cette proclamation les idées et les expressions de ceux qui, depuis trois ans, n'aspirent qu'à déchirer le sein de la patrie. Mais le roi ne s'entendait-il pas avec les émigrés? Les gens de Coblenz n'étaient-ils pas, selon le mot de Prudhomme, ses co-intéressés, ses coopérateurs et ses complices? On lisait dans le manifeste que si le château était forcé ou insulté, les alliés sauraient se venger On prévoit donc l'invasion populaire,

[1] Cp. Gouvion-Saint-Cyr, I, 56; Mathieu Dumas, *Souv.*, II, 427; Gay de Vernon, *Custine et Houchard*, 26; d'un avis contraire est Mme de Staël, *Consid.*, II, 54.

[2] Mathieu Dumas, *Souv.*, II, 427.

s'écriait un journaliste; Louis XVI sait que sa déchéance est déjà prononcée par le peuple; il sait que les Tuileries pourraient bien, dans peu, ne plus être son palais; aurait-il en conséquence, envoyé ses notes à Coblenz, et le fatras pompeux de Brunswick n'aurait-il pas été publié dans la croyance qu'on peut en imposer aux Parisiens comme à des enfants [1] ?

Le manifeste devait empêcher la déchéance; il la précipita. Vainement Louis XVI le désavouait le 3 août par un message et assurait qu'il maintiendrait jusqu'à son dernier soupir l'indépendance nationale. L'Assemblée s'opposait à l'impression de sa lettre. Ducos et Merlin le traitaient d'imposteur. « Pour qui s'arment les cours? s'écriait Isnard; pour le roi. Que nous demandent-elles? de le rétablir despote. C'est en son nom que les ennemis agissent. Tous les faits contrastent entièrement avec la lettre du roi. »

Dans la même séance, Pétion, à la tête d'une députation de la Commune, se présentait à l'Assemblée et annonçait que « deux despotes avaient publié contre la nation française un manifeste aussi insolent qu'absurde ». L'ennemi, disait le maire de Paris, oppose des bourreaux à nos guerriers; il outrage impudemment la souveraineté nationale; il renouvelle le souhait de Caligula et veut anéantir d'un seul coup tous les citoyens de la France. Le lendemain (4 août) la section Mauconseil déclarait qu'elle ne reconnaissait plus pour roi des Français le tyran méprisable qui se préparait à livrer le pays aux fers ensanglantés des despotes de l'Europe. Six jours après, le palais des Tuileries était pris d'assaut, et Condorcet, dans son *adresse aux Français*, citait le manifeste comme une des raisons essentielles de la journée. « Cette déclaration dévouait à la mort tous les hommes libres et promettait une honteuse protection aux lâches et aux traîtres. L'ennemi n'y semble occupé que de la défense du roi; vingt-six millions d'hommes n'étaient rien pour lui auprès d'une famille privilégiée; leur sang devait couvrir la terre pour venger les plus faibles outrages, et le roi, au lieu de témoigner son indi-

[1] *Révol. de Paris*, n° 160, p. 181 et 192.

gnation contre ce manifeste, semblait n'y opposer qu'à regret un froid et timide désaveu [1]. »

Même avant le 10 août, les alliés comprenaient la faute qu'ils avaient commise. Dès le 29 juillet, Mercy proposait un contre-projet pour réparer le mauvais effet du manifeste, et sa déclaration ne renfermait pas la clause qui rendait Paris responsable de la sécurité du roi. Le 6 août, les deux ministres prussiens Finkenstein et Alvensleben écrivaient à Schulenbourg que, d'après l'opinion du public de Berlin et de tout le corps diplomatique, la proclamation du duc de Brunswick aurait des suites tout à fait contraires à celles qu'il avait prévues; le duc, ajoutaient-ils, a pris beaucoup trop tôt le ton comminatoire et aurait dû se rappeler que toute menace faite avant le temps aigrit les esprits au lieu de les intimider. Le 8 août, Rivarol rédigeait un contre-manifeste et quelques jours plus tard, il persiflait l'auteur de la déclaration du 25 juillet dans ce *Dialogue entre M. de Limon et un homme de goût* qui est, au dire de la marquise de Coigny, plus fin que le comique, plus gai que le bouffon et plus drôle que le burlesque [2].

Brunswick avait-il signé cette pièce à contre-cœur ? Il est hors de doute qu'il regretta toute sa vie d'avoir apposé son nom au bas de ce factum. Lorsque Bertrand de Molleville l'accusa dans ses *Mémoires* d'avoir pris part à la rédaction du manifeste, il répondit par un démenti solennel et ajouta qu'il voulait éviter de passer, dans les siècles à venir, pour un étourdi inconsidéré [3]. Que de dures menaces on a proférées contre la France, lui disait un jour Massenbach. Ah ! répliqua le duc, ces malheureux manifestes [4] ! Je m'en repentirai jusqu'à mon lit

[1] *Monit.* du 5 et du 16 août.

[2] *Corresp. entre Mirabeau et La Marck*, III, 331 ; Ranke, *Ursprung*, 368 ; de Lescure, *Rivarol*. 1883, p. 374-383. Mercy avouait, le 3 octobre, que le manifeste annonçait des prétentions extravagantes et des rigueurs inouïes.

[3] Brunswick au chevalier Gallatin. (Mallet du Pan, *Mém. et corresp.*, I, 236.)

[4] Il a signé trois manifestes : ceux de Coblenz (manifeste du 25 juillet et déclaration additionnelle du 27) et celui de Hans (28 septembre) ; aucun d'eux ne fut rédigé par le duc ; le premier a pour auteur Limon ; le deuxième, de Moustier ; le troisième, Lucchesini.

de mort et je donnerais ma vie pour ne pas les avoir signés[1] !

Au reste, les effrayantes menaces que contenaient les déclarations du 25 et du 27 juillet, ne furent pas exécutées. On sait que la plupart des officiers prussiens de cette époque aimaient sincèrement la France, et se piquaient d'être généreux à la guerre. Le roi et le généralissime refusèrent d'abandonner à la fureur du soldat et Sierck, et Aumetz, et Verdun, et Varennes. Vainement Breteuil réclamait de rigoureux châtiments ; le caractère du duc de Brunswick, écrivait-il, est doux et ses principes du moment répugnent encore plus à la sévérité dont nous avons tant besoin[2].

Mais, comme dit Malouet, ce n'était point avec des manifestes menaçants et de petites armées qu'il fallait attaquer une nation décidée à soutenir la réforme, bien ou mal entendue, de son gouvernement[3]. Jamais partie plus décisive ne fut plus légèrement engagée. On comptait tellement sur une victoire facile et rapide qu'on avait négligé d'emmener de la grosse artillerie ; à quoi bon, disait-on, un attirail de siège? On avait laissé passer la belle saison et on partait aux approches de l'automne, sans rien prévoir ni rien préparer, sans établir de magasins suffisants et en laissant tout au hasard[4] ; faire de grands approvisionnements de vivres et de fourrages, dit Dampmartin, c'était prendre des précautions inutiles et dispendieuses. Au lieu de se rassembler à Mayence et de faire ses places d'armes de cette importante forteresse ainsi que d'Ehrenbreitstein, de Düsseldorf et de Wesel, on se réunissait à Coblenz ; on se condamnait à passer par ces défilés de l'Eifel qui devaient, selon le mot d'un officier, donner le coup de grâce aux attelages de l'armée et devenir le tombeau de ses équipages. On ne jugeait pas nécessaire de s'assurer une base solide d'opérations sur les rives du Rhin et de mettre à couvert le seul point de retraite qu'on eût vers la

[1] Massenbach, *Mém.*, I, 236.

[2] *Fersen*, II, 367 (lettre du 12 septembre).

[3] Malouet, *Mém.*, II, 180.

[4] Lombard, *Lettres*, 319 ; cp. Dampmartin, *Mém.*, 292.

ligne du fleuve [1]. On établissait ses magasins dans une ville très mal fortifiée, à Spire[2], presque sous le canon d'une armée française postée tout près de là, à Wissembourg, et on éparpillait dans le Brisgau la réserve formée par le corps d'Esterhazy et de Condé. On n'avait connu qu'au dernier moment l'état des forces effectives qui formaient le contingent de l'Autriche. On avançait sans protéger suffisamment ses ailes. On avait si peu de monde que, deux semaines après son entrée en France, le généralissime était contraint, pour se renforcer, de découvrir Spire et Mayence, d'appeler à lui la plupart des Autrichiens qui gardaient le cours inférieur du Rhin, d'ouvrir ainsi l'Allemagne à l'invasion. On aurait dû détacher en reconnaissance des officiers d'état-major sur les routes que suivrait l'armée, et, comme dit Massenbach, imiter l'exemple de Noé, envoyer des colombes pour savoir où le terrain était sec, où l'on pourrait mettre le pied ; les Prussiens, ajoute cet officier, entraient dans un pays qui leur était aussi étranger que la Mésopotamie [3].

[1] Nous avons vu en 1812, dit Jomini (II, 157), l'armée française marchant sur le Niemen, raser les faubourgs de Magdebourg et mettre cette ville dans un état formidable de défense, seulement pour s'assurer du passage de l'Elbe, tandis qu'on possédait toutes les places de l'Oder et de la Vistule ; cette précaution louable contraste avec la négligence de ces généraux présomptueux qui se jetaient en Champagne.

[2] Malgré les protestations de neutralité de cette ville libre, cp. Rambaud, *Les Français sur le Rhin*, p. 176.

[3] Massenbach, *Mém.*, I, 27 28, et III, 272.

CHAPITRE IV

FONTOY

I Marche des Prussiens. — Coblenz, Trèves, Montfort. — La frontière franchie à Retange. — La première nuit sur le sol français. — Sac de Tiercelet et de Brehain. — Pillages et réquisitions. — Enlèvement de troupeaux. — Traites sur Louis XVI. — II. Succès des Prussiens. — Prise de Sierck, de Rodemaker et d'Ottange. — Combat de Fontoy. — Les hussards de Wolfradt. — III. Irritation et resistance des paysans. — Le curé d'Aumetz. — Méfiance des Prussiens. — Courage de nos soldats a Sierck et à Fontoy. — Inquietudes de Brunswick. — Les deux lettres de Gorani. — Lettre de Hohenlohe à Luckner et son entrevue avec Déprez-Crassier.

I. A la fin du mois de juin, l'armée prussienne s'était ébranlée vers le Rhin, en cinq colonnes : la première colonne (régiments westphaliens), par Mühlheim, Königswinter et Neuwied ; la deuxième, par Gotha, Nordheim, Cassel et Marbourg ; la troisième, qui se réunit à Halle, par Mersebourg Erfurt et Eisenach ; la quatrième, composée de troupes de la Basse-Silésie, par Dresde, Chemnitz, Zwickau, Saalfeld et Gelnhausen ; la cinquième, formée de régiments de la Haute-Silésie, par Prague, Würzbourg, Stockstadt, Wiesbaden et Nassau. Coblenz était le rendez-vous de l'invasion. Toute l'armée s'y rassembla le 19 juillet ; les émigrés avaient reculé dans le Hundsrück pour lui faire place ; elle campa sur la rive gauche de la Moselle, à Rübenach.

On avait fait gaiement cette longue marche de vingt jours. Du fond de la Prusse jusqu'à Coblenz, dit un témoin oculaire, on n'entendait que rires et joyeuses chansons, on souhaitait de vivre toujours ainsi. Les officiers du régiment de Weimar ne s'étaient jamais mieux divertis. Que d'aventures curieuses, au sortir de la vie monotone de garnison! Quel plaisir d'aller de l'avant et de voir du pays! Que n'avait-on pas à raconter! Que de plaisanteries sur les bons et les mauvais gîtes, sur les hôtes, tantôt grossiers, tantôt froidement polis, tantôt aimables et complaisants, sur les couvents de nonnes si nombreux en Westphalie, sur les curés et les chanoines des électorats, sur les jolies femmes qu'on avait rencontrées, sur les voitures versées, les roues brisées et les mille incidents de ce voyage à petites journées à travers l'Allemagne[1] !

Tout changea dès qu'on fut arrivé à Coblenz. Le roi passa des revues et donna des bals; mais son armée manqua de vivres. Les fours de campagne qu'on devait établir au pied de l'Ehrenbreitstein, n'étaient pas encore arrivés; ils ne pouvaient précéder l'avant-garde, dit ironiquement Massenbach, c'eût été offenser l'étiquette. Les boulangers firent défaut ; on croyait en trouver sur les bords du Rhin; personne ne se présenta. Ceux qu'on voulait engager se dérobèrent parce qu'ils craignaient d'être enrôlés dans l'armée. Hohenlohe dut acheter, de ses propres deniers, dans les villages des environs de Coblenz, le pain de son avant-garde[2].

Enfin, le 30 juillet, après une semaine d'insupportable inaction, lorsque la boulangerie, installée tant bien que mal, eut cuit assez de pain pour neuf jours, l'armée quitta le camp de Rübenach, en trois colonnes, et se dirigea sur Trèves. La marche fut pénible : on traversait, par un temps très chaud, sur la rive gauche de la Moselle, la région de l'Eifel, difficile, montueuse, pleine de ruisseaux et de défilés étroits. Les soldats changèrent plaisamment le nom du Martinsthal ou « Vallée de Martin » en celui de Marterthal ou « Vallée du Martyre[3] ».

[1] Témoin oculaire, I, 92 ; Gœthe, *Camp. de France*, 20.

[2] Massenbach, I, 29-30.

[3] Gœthe. *Camp. de France*, 20 ; Témoin oculaire, I, 92-95 ; Laukhard, III, 77.

L'armée n'arriva que le 5 août à Trèves. Elle campa le lendemain à Pellingen, le front couvert par la Moselle et la Sarre, la droite appuyée au couvent de la Chartreuse, et la gauche à Consarbrück. Elle resta sept jours dans ce campement. Encore un nouveau solstice, disait Massenbach. Il fallait donner quelque repos aux troupes et surtout aux chevaux de l'artillerie et du train, réparer les désordres d'une marche commencée depuis six semaines, cuire de nouveau du pain pour neuf jours. Qu'une armée est une machine terriblement compliquée, s'écriait le secrétaire Lombard, et que de ressorts on doit faire jouer pour la mettre en mouvement! Peut-être Brunswick voulait-il attendre l'impression que ferait sur la France la nouvelle de son approche ; il comptait encore sur la défection de l'armée de ligne, et s'imaginait qu'elle viendrait a sa rencontre. On vit, en effet, le 10 août, entrer au camp de Pellingen quelques déserteurs de l'armée de Lafayette; ils contèrent faussement que les troupes de Sedan étaient dans la plus grande détresse et que la moitié des soldats attendaient l'arrivée des alliés pour se ranger sous leurs drapeaux. Mais, pendant ce temps, l'ardeur belliqueuse des Prussiens s'attiédissait; la chaleur était extrême ; les soldats buvaient avidement l'eau malsaine et sale de la Moselle où on lavait le linge de l'armée, et où les chevaux se baignaient tout le jour; les maladies commençaient à sévir[1].

Le 12 août, l'armée prussienne quitta Consarbrück. Deux jours après elle campait à Montfort, petit village du pays de Luxembourg. Elle y fit une nouvelle halte qui dura jusqu'au 18 août : Brunswick prenait ses dernières mesures pour assurer l'approvisionnement des troupes. C'est dans ce camp de Montfort qu'on apprit la journée du 10 août. A cette nouvelle, Frédéric-Guillaume déclara qu'il fallait marcher aussitôt sur Paris. Les émigrés, plus puissants que jamais sur l'esprit du monarque, assurèrent que l'insurrection qui renversait la royauté, soulèverait l'horreur de toute la France ; que

[1] Massenbach, *Mém*, I, 33 ; Lombard, *Lettres*, 247 et 247 ; Minutoli, *Erinnerungen*, 33; Témoin oculaire, I, 97-98.

les forteresses se rendraient sans tirer un coup de canon: que l'expédition ne devait être qu'un coup de main; qu'il suffisait de courir avec impétuosité sur la capitale sans se donner ni le temps, ni la peine de faire venir l'artillerie de siège. L'armée prussienne avait cru jusqu'alors que le manifeste de son général frapperait d'épouvante ceux qu'on appelait les patriotes et les rebelles; elle commençait à croire qu'il en serait de cette campagne comme des promenades militaires des années 1790 et 1791 en Silésie; un grand nombre de soldats étaient déjà fatigués et ne cachaient pas leur lassitude. Mais le 10 août changeait tout; les dés étaient jetés; il fallait envahir la France. Ah! les maudits chiens de *patriotes*, on les pendrait et les ferait mourir sous la roue! La vue des prisonniers que faisait l'avant-garde augmentait la colère et l'exaspération. C'étaient, pour la plupart, des jeunes gens, presque des enfants, à peine vêtus. Et l'on avait enduré les souffrances d'une longue marche pour venir combattre cette canaille! On n'avait pas encore franchi la frontière! On hésitait à charger ce ramas de misérables! L'armée jura de ne pas faire de quartier et de tuer tout ce qui se présenterait[1].

Ce fut le 19 août que les Prussiens entrèrent en France, près du village de Redange. Le moment critique, écrivait Fersen à Marie-Antoinette, est arrivé, et mon âme en frémit; Dieu vous conserve tous, c'est mon unique vœu[2]. Mais déjà les éléments semblaient déclarer la guerre aux futurs sauveurs de la monarchie. Il faisait froid comme au mois de novembre; le vent était âpre, le ciel sombre. Pendant que le roi et le duc de Brunswick opéraient leur première reconnaissance en pays ennemi et marquaient l'emplacement du camp entre Tiercelet et Brehain-la Ville, l'armée s'arrêtait sur une hauteur. Bientôt la pluie tomba et, de plus en plus violente, fouetta les visages de ses gouttes glacées. « Quel temps de mauvais augure! s'écrie un des témoins de la campagne. Les hussards, enveloppés de leurs manteaux blancs, m'apparaissaient à travers la pluie comme des

[1] Minutoli, *Erinnerungen*, 39 et *der Feldzug*, 79; Lombard, *Lettres*, 248; Laukhard, III, 99; Renouard, 103.
[2] Fersen, II, 338, 339, 343.

ombres minces et flottantes. Partout où l'on voyait un saule, on se plaçait sous ses branches tremblantes pour n'y trouver qu'un faible abri contre l'orage. » Les soldats furent mouillés jusqu'aux os, et, lorsqu'au bout de deux heures, vint l'ordre de se remettre en marche, ils étaient transis de froid. Ils se rendirent au camp à travers une boue aussi gluante que la colle; aucun d'eux n'aurait pu charger son fusil et se défendre contre l'assaillant. Les bagages avaient été retardés par les mauvais chemins; il fallut les attendre en plein air sous l'averse incessante. Les plus heureux étaient ceux que les officiers envoyaient dans les villages voisins chercher du bois et de la paille; ils couraient de tous côtés et prenaient du mouvement pendant que leurs camarades recevaient la pluie sans bouger et maugréaient contre ce méchant pays de France. Enfin les tentes arrivèrent. C'était la première nuit que les Prussiens passaient sur le sol français; ils dormirent péniblement, les uns sur une paille humide, les autres dans la boue qui les couvrait de la tête aux pieds; il n'y avait pas, dit le prince royal, un seul endroit sec dans ce prétendu camp. Dès le lendemain, des soldats, pris de fièvre et incapables de marcher, se faisaient transporter à l'hôpital [1].

On se vengea de l'inclémence de la saison et des retards de l'intendance sur les habitants du pays. Dès le soir du 19 août, sans l'intervention généreuse de Lombard et du prince royal, le régiment de Herzberg aurait saccagé le village de Tiercelet, et d'impudents pillards avaient tenté d'enlever les volets de la chambre où reposait Frédéric-Guillaume. Le lendemain, lorsque le roi de Prusse eut quitté le camp, les soldats, se croyant sûrs de l'impunité, envahirent Tiercelet et Bréhain-la-Ville. Leur rage était indescriptible; ils entrèrent dans les maisons, enfoncèrent toutes les portes, brisèrent tous les meubles. Rien ne leur échappa; ils détruisirent ce qu'ils ne pouvaient emporter; le sol était jonché de plats de faïence mis en pièces, et d'assiettes cassées en mille

[1] *Rémin.*, 149-150; Témoin oculaire, I, 109; Laukhard, III, 106, 110-111; *Scenen und Bemerkungen aus meinem Feldpredigerleben 1792* (par un anonyme silésien), 62; Strantz, 27.

morceaux. Les femmes et les vieillards se lamentaient vainement et jetaient des cris de douleur : « O mon Dieu! misère! misère! »; mais les soldats, ricanant et les traitant de *patriotes*, poursuivaient leur œuvre de pillage et de destruction; les officiers les laissaient faire. Frédéric-Guillaume avait logé la veille dans la métairie de Bréhain-la-Cour et donné quelques écus à son hôte. On enleva l'argent du fermier, on lui ravit tout son linge, on massacra son troupeau — de quinze cents brebis et de cinq cents porcs, — on déshabilla et jeta à terre ses petits enfants, on prit jusqu'aux draps des berceaux. En une heure, de jolis villages n'étaient plus qu'une affreuse solitude. Le roi fut irrité; il donna les ordres les plus sévères: il commanda que les sentinelles fissent feu sur tout soldat qui violerait la propriété de l'habitant; il condamna deux des pillards à être pendus; il cassa le colonel d'un des régiments qui s'étaient le plus signalés par leurs excès. Mais le mal était fait; on avait, écrit Lombard, couvert de honte le nom prussien et pris le bon moyen pour faire de la France un seul parti et soulever la nation entière contre l'envahisseur[1].

Au bout de quelques jours, les déprédations, un instant interrompues, recommencèrent de plus belle. On fit en quelques endroits les exécutions militaires qu'annonçait le manifeste. On traita la France en pays conquis; on prit aux paysans leur pain et leur bétail, on réquisitionna leurs voitures et leurs chevaux. Lorsqu'ils osaient se plaindre, on leur donnait un bon au nom de Louis XVI qui devait payer lorsqu'il serait rétabli sur le trône, les dépenses de ses alliés[2]. Gœthe raconte qu'il

[1] Strantz, 28; Témoin oculaire, I, 111-112, 114-115 : *Rémin.*, 150; Lombard, *Lettres*, 293-294 : Laukhard, III, 107-111; Gœthe, *Camp. de France*, 14; (Caraman à Breteuil (*Fersen*, II, 355).

[2] La formule de ces bons était curieuse; voici celui que donna le duc de Brunswick aux habitants de Hans : « Le village de Hans en Champagne a livré pour l'armée prussienne 117 moutons dont S. M. le roi de France s'engage à payer la valeur, lorsque sa personne sacrée sera libérée et l'ordre rétabli dans ses états; en foi de quoi, je donne sous la garantie spéciale de S. M. prussienne, la présente quittance qui pourra être réalisée et échangée contre la valeur des susdites denrées en temps et lieu. Hans en Champagne, le 29 septembre 1792. Charles-Guillaume-Ferdinand, duc de Brunswick-Lünebourg ». J'es-

vit amener au camp prussien des bergers avec leurs troupeaux : on fit bonne mine à ces pauvres gens, on leur témoigna de grands égards, on leur demanda leurs noms, on compta leurs bêtes avec soin, puis, tandis qu'un officier leur offrait très poliment une traite sur le roi de France, leurs moutons furent égorgés et répartis entre les régiments et les compagnies. Je ne vis jamais, dit Gœthe, une scène plus cruelle ni une douleur plus mâle et plus profonde dans toutes ses nuances ; la tragédie grecque offre seule des choses aussi simples et aussi saisissantes [1].

II. Cependant les Prussiens franchissaient la frontière sur tous les points, entre la Moselle et la Chiers, et refoulaient devant eux les détachements français. Pas un engagement, pas une légère escarmouche qui ne fût favorable à leurs armes. Partout se montrait la supériorité des troupes réglées, organisées puissamment et de longue date, fortes de leur discipline et de leur vieille renommée sur une armée jeune, prise au dépourvu et que son chef, l'incapable Luckner, ne savait pas diriger. Le 11 août, un détachement de l'avant-garde de Holen-

père, disait Dumouriez à Servan. faire un jour acquitter cette quittance au roi de Prusse dans ses états de Clèves et de Gueldre. (Lettre du 2 octobre. *Monit.*, du 5.) Le bon billet qu'a la commune de Hans ! disait le *Patriote français* (6 octobre).

[1] Gœthe, *Camp. de France*. 27 ; Lombard, *Lettres*. 300 : Témoin oculaire. I, 115. Cp. la *Relation du siège de Longwy*, par les corps administratifs, p. 28-29. A Cutry, un sieur Mangin fut tué par des hussards qui l'accusaient de vouloir les empoisonner ; un autre qu'on trouva revêtu de l'habit de garde national, fut pendu ; un troisième qui se disait patriote, fut assommé. A Beuveille, un détachement prussien massacra un citoyen réfugié derrière le four banal, et sans le curé qui se jeta aux genoux du commandant, le village eut été la proie de l'incendie. Trois femmes furent violées à Doncourt et une autre à Lexy. A Villerupt, la maison de l'administrateur du district Jeanjean fut pillée ; à Tiercelet et à Aumetz, Petit, président du département, et Guissard, chef de la légion du district, prirent la fuite, et leurs têtes furent mises à prix. Trois maisons des environs de Longwy, Soxey, La Colombe et Bellevue furent ravagées et livrées aux flammes parce qu'elles appartenaient à des jacobins. Tous les jours des habitants de la banlieue de Longwy venaient se plaindre et gémir dans le cabinet du procureur-syndic du district, d'avoir reçu des coups de bâton ou de plat de sabre.

lohe entrait dans la petite ville de Sierck, occupait le château, tuait ou blessait 24 Français, faisait 40 prisonniers et s'emparait d'un canon, d'un drapeau, de cent fusils et d'une grande quantité de poudre qu'il jetait dans la Moselle [1]. Le 15 août, un autre détachement pénétrait, sans coup férir, dans le château de Rodemack, évacué la veille, sur l'ordre de Luckner, par le quatrième bataillon des volontaires de Seine-et-Oise. Le lendemain (16 août), Hohenlohe paraissait devant le château d'Ottange que défendaient 600 Français. Il établit une batterie sur une hauteur en face de la forteresse. Au bout de quelques instants, la garnison se retira sur Fontoy; elle fut poursuivie dans la plaine par la cavalerie prussienne qui lui tua dix hommes et lui fit une trentaine de prisonniers [2].

Le 19 août avait lieu le malheureux combat de Fontoy ou d'Aumetz. Fontoy est dans une gorge, sur la source principale de la Fensch. C'était là que campait l'avant-garde de l'armée de Luckner. Elle avait à sa tête un loyal soldat qui ne devait qu'à sa bravoure son grade de maréchal de camp : Deprez Crassier, officier précieux, disait Luckner, sous les rapports civils et militaires [3]. Le matin du 19 août Deprez-Crassier avait quitté Fontoy, avec deux compagnies de grenadiers et cinq escadrons, pour faire une reconnaissance et pré-

[1] Jusqu'en 1866 le château de Sierck était classé comme place forte et entrait dans le système défensif du pays ; il fut à cette époque déclassé et vendu (de Bouteiller, *Dict. topogr. de la Moselle*).

[2] Minutoli, *der Feldzug*. 73-81.

[3] Luckner à Clavière, 22 août (arch. guerre). Deprez-Crassier servait depuis 1745; il avait fait la guerre d'Italie au régiment suisse de Vigier, puis celle de sept ans au regiment de Royal Deux-Ponts et avait été blessé à Rossbach et à Sondershausen. Réformé à la paix, avec ses cinq frères qui servaient dans la même brigade, il obtint le traitement de capitaine allemand réformé, comme originaire du pays de Vaud. En 1773 il fut nommé lieutenant-colonel. Il suivit Maillebois en Hollande d'abord comme colonel, puis comme adjudant-général. Député du bailliage de Gex aux États généraux, il appartint à la minorité de la noblesse et fut le premier à quitter la salle pour se réunir à la chambre des communes. Il avait repris du service et obtenu le grade de maréchal de camp en 1791 (*Deprez-Crassier à la Convention*, 1793. p. 4-5). Lieutenant-général le 5 septembre 1792, il servit aux armées du Rhin et d'Italie, se retira en 1796 et mourut en 1803.

server du pillage le village d'Aumetz menacé la veille par les hussards prussiens Il vint, dans le brouillard, se heurter à l'avant-garde de Hohenlohe. Convaincu de la supériorité numérique de l'adversaire, il donna l'ordre de la retraite. Son infanterie avait une lieue de plaine à traverser ; mais sa marche fut couverte par la cavalerie; elle eut le temps de se retirer en bon ordre et de se jeter dans les bois. Les escadrons français prirent alors le galop ; mais les hussards de Wolfradt les suivaient de près comme de « vrais diables ». C'était un des régiments les plus célèbres de l'armée prussienne. On l'avait surnommé le régiment des bouchers (*Fleischhauer*) ; ses hommes, originaires pour la plupart de la Haute-Silésie et de la partie polonaise de cette province, étaient de grands gaillards, hauts en couleur, rudes, incultes, qui cachaient parfois un bon cœur sous leur grossière écorce : un d'eux, après le combat, donnait à un de nos chasseurs qu'il avait blessé, son pain de munition et sa gourde d'eau-de-vie. Ces hussards de Wolfradt ou, comme on les appelait aussi, les hussards bruns firent une charge si vigoureuse que la retraite des escadrons français se changea bientôt en déroute. Un grand nombre de nos cavaliers roulèrent avec leurs chevaux au fond des fossés dont la campagne était pleine ; les autres résistèrent avec acharnement; les hussards en tuèrent ou blessèrent près de deux cents, et ramenèrent quatre-vingts prisonniers[1].

L'heureuse issue de ce combat de cavalerie excita l'enthousiasme de l'armée prussienne. Ces commencements, dit Nassau-Siegen, étaient faits pour donner de l'espérance. Le roi nomma le colonel Wolfradt général-major et donna l'ordre du mérite à plusieurs officiers de hussards. Personne ne douta plus du succès de l'expédition et d'une marche victorieuse, irrésistible sur Paris.

[1] Luckner à Servan, 19 août (arch. guerre); conversation de Deprez-Crassier et de Hohenlohe ; Minutoli, *Erinnerungen*, 49-50, et *der Feldzug*, 84-86 ; Gœthe, *Camp. de France*, 22-23 ; Lombard, *Lettres*, 20 août, 294 ; Feuillet de Conches, VI, relation de Nassau-Siegen, 340. Le *Moniteur* du 27 août osa dire que la cavalerie prussienne avait pris la fuite.

III. Pourtant quelques esprits perspicaces demeuraient inquiets. Tout ce qu'ils voyaient autour d'eux, depuis les premiers pas des Prussiens sur le territoire français, les remplissait de défiance. Il leur semblait que les alliés s'enfonçaient dans l'incertain et l'inconnu. Ils comprenaient qu'on s'était fait illusion sur la situation de la France, sur les sentiments de sa population, sur la valeur de son armée. Toutes les personnes qui viennent du camp prussien, écrivait Fersen, ne parlent que des mauvaises dispositions du pays conquis. A Redange, au seuil même de la France. les habitants gardaient le silence sur le passage de l'envahisseur. Plus loin, et à mesure que se répandait le bruit de leur approche, les Prussiens ne trouvaient dans les villages que les enfants et les femmes, des femmes, dit Lombard. qui cachaient par leurs larmes et une complaisance hypocrite les desseins secrets de leurs maîtres. Les hommes s'étaient enfuis; mais quelques-uns, embusqués dans les bois, massacraient les trainards et les soldats isolés. On a blessé, écrivait un Prussien, plusieurs de nos maraudeurs dans les buissons sans qu'on sût d'où partaient les coups. Il y eut dans certains villages des patriotes résolus qui tirèrent de leurs fenêtres sur les premiers Prussiens qui se présentaient. A Sierck, une femme, s'armant d'un fusil, avait tué un hussard qui voulait pénétrer dans sa cave. Lorsque les ennemis étaient entrés à Aumetz, le curé de l'endroit avait fait feu sur l'officier qui commandait le détachement et l'avait blessé à la joue. Les envahisseurs n'osaient passer la nuit dans les maisons qu'après les avoir fouillées du toit jusqu'au sous-sol, et ils y découvraient toujours de la poudre, des balles et des armes. Ils craignaient d'être empoisonnés par l'habitant. Ils croyaient que les Français avaient infecté l'eau des puits et des fontaines. Le fusilier Laukhard, entrant dans une ferme avec ses camarades du régiment de Thadden, se vit offrir une assiette de soupe; il avait faim et mangea, mais ses compagnons n'osèrent l'imiter et lui dirent qu'il avait tort de se fier aux « patriotes ». Tout ce que nos hôtes nous donnaient. raconte Gœthe, et jusqu'au pain que cuisaient nos boulangeries, nous devenait suspect. Ces Français, s'écriait un secrétaire de Frédéric-Guillaume, ont vraiment un fol enthousiasme pour leur cause, et leur acharnement contre nous dépasse la mesure et les moyens permis; ils sont prêts à suivre le premier qui leur jette à la tête les mots de liberté et de despotisme[1] !

Quoique battus et mis en fuite dans les premières rencontres, nos soldats avaient lutté avec un courage et une opiniâtreté qui surprenaient les Prussiens. A Sierck, les uns s'étaient jetés dans des barques qui les avaient portés sur l'autre rive de la Moselle d'où ils tiraient encore sur l'ennemi; les autres s'étaient défendus énergiquement dans les maisons; les Prussiens durent enfoncer les portes de la ville. A Fontoy, les chasseurs à cheval s'étaient battus en désespérés. Comment! s'écriait un émigré, ces gueux-là osent se défendre! Vainement on leur offrait la vie sauve; ils ne voulaient pas accepter de quartier et préféraient mourir en criant: « Vive la liberté! » Les prisonniers gardaient une fière attitude et ne s'étaient rendus qu'à l'extrémité, le corps tout couvert de blessures. L'un d'eux, la mâchoire en sang, disait au prince royal qui trouva ce bon mot très français: « Ils m'ont rasé d'un peu trop près. » L'habileté du chef égalait la bravoure des soldats. Les hussards prussiens, emportés par leur ardeur, s'étaient avancés en vue du camp de Fontoy; mais un détachement d'infanterie, se jetant sur leurs flancs, avait menacé de leur couper la retraite, et les batteries du camp les avaient pris en écharpe; un boulet atteignit le cheval de Hohenlohe et le prince n'osa suivre son avantage[2].

Moins que jamais Brunswick se croyait assuré de la victoire. « Le baron de Salis, raconte Mallet du Pan, m'assura que lorsqu'on sut la prise de Sierck et quelques coups de fusil tirés des fenêtres sur les alliés,

[1] Lombard. *Lettres*, 233 et 293-295 : *Réminiscences* du prince royal, 149 ; lettre de Fersen à Breteuil, II, 365 : Ditfurth. *die Hessen*, 53 ; Minutoli. *Erinnerungen*, 53 ; Gœthe. *Camp. de France*, 40 ; Laukhard, III, 127-128 ; Strantz, 28. Ce dernier raconte qu'il trouva à Tiercelet tout un arsenal : fusils, tambours, drapeaux.

[2] Minutoli. *Erinnerungen*, IX et 73, et *der Feldzug*, 86-88 ; *Remin.*, 150 ; rapport de Deprez-Crassier, 21 août (arch. guerre).

le duc fut déconcerté et lui parla avec inquiétude de ces coups de fusil. M. de Salis lui dit qu'il suffisait de faire punir les tireurs et de raser leurs maisons. Mais le duc frappé, hésita sur l'exemple : il n'en revenait pas ; il était absolument troublé[1] ». Deux lettres successives qu'il avait reçues de Gorani, l'aventurier italien, avaient fait sur son esprit une impression profonde. Ces deux lettres étaient écrites avec beaucoup de force et d'habileté; Brunswick les lut attentivement ; elles lui donnèrent à réfléchir et accrurent de plus en plus ses inquiétudes et ses secrètes répugnances pour la guerre[2].

Dans sa première lettre, datée du 4 août, Gorani disait au duc qu'il ne pouvait regarder le souverain le plus éclairé de l'Allemagne comme l'auteur du manifeste. Les émigrés avaient donc égaré son jugement ! Comment s'était-il engagé dans une guerre à la fois injuste et impolitique ? Ne savait-il pas que le meilleur moyen de préserver l'Europe du *mal français*, c'était d'abandonner les Français à eux-mêmes et de les laisser vider leur querelle entre eux ? Le peuple, ajoutait Gorani, connaît désormais ses droits et sa force ; semblables aux Romains qui mettaient à l'enchère les champs où campait Annibal, les Français achetaient les biens nationaux même dans les provinces de l'Est. On ne ferait pas trembler Paris comme Berlin avec un petit corps de troupes comme celui de Hadik. L'armée prussienne ne pourrait subsister en France. Durant la guerre de Sept-Ans, elle n'avait rien à craindre des paysans allemands accoutumés depuis longtemps aux avanies et toujours effrayés par le bâton des soldats. Mais que ferait-elle contre les paysans français ? Supposons, continuait Gorani, que vous veniez à Paris ; que de risques vous courrez au milieu de ce peuple enivré du fanatisme de la liberté ! Supposons même que vous soumettiez Paris ; croyez-vous faire la contre-révolution ? Vous enchaîne-

[1] Mallet du Pan, *Mém.*, I, 324.

[2] Cp. Témoin ocul., I, 196, et II, 134 (cp. 138-162, trad. des lettres), et Massenbach, *Mém.*, I, 236. Ces deux lettres ont paru dans le *Moniteur* du 21 et du 28 août ; mais Massenbach les a vues en original, il les publie en appendice (342-358), et la lettre du 4 août renferme deux passages qu'on ne trouve pas au *Moniteur*.

rez Paris, mais les départements vous prépareront des fers Croyez-moi, concluait Gorani, renoncez à une entreprise qui n'est fondée que sur des renseignements infidèles et qui ressemble aux tentatives de don Quichotte.

Cette lettre prédisait à Brunswick que l'entrée des Prussiens en France ne ferait que précipiter la déchéance de Louis XVI. Le second avertissement de Gorani était daté du 11 août : « Voilà donc, disait-il à Brunswick, l'effet qu'a produit votre manifeste ! Il n'y a plus de royalistes à Paris, ou s'il y en a, ils n'oseront se montrer. » Il engageait le duc à désavouer les outrageantes menaces qu'il avait prononcées. « Je vous le répète, monseigneur, on ne parle pas un tel langage à une nation de vingt-sept millions d'hommes. On serait tenté de croire, en vous entendant, que vous avez déjà gagné sept ou huit batailles. Un héros ne sait s'exprimer qu'avec dignité ; il doit éviter les fanfaronnades déshonorantes ; c'est une folie d'insulter une nation avant de l'avoir vaincue, et une bassesse de l'insulter après. » Gorani terminait cette lettre en affirmant de nouveau que le duc était trompé par les émigrés, que l'entreprise dont il s'était chargé dépassait les forces humaines, qu'il portait à la royauté française le coup le plus mortel en croyant lui rendre service, et que loin de se couvrir de gloire, il perdrait dans cette guerre sa réputation.

Les prédictions de Gorani se réalisaient déjà. Vainement les Prussiens essayaient de mêler la politique aux armes et de mettre dans leur parti l'armée de ligne et ses généraux. Ils ne gagnaient personne à leur cause.

Deux jours après le combat de Fontoy, Hohenlohe proposait à Luckner de se joindre à lui pour rendre à Louis XVI l'autorité royale [1]. La captivité du roi, écrivait-il au maréchal, le renversement absolu de l'ordre primitif essentiel, l'oubli de la religion, l'esprit de révolte et de séduction dans l'Europe entière, tout cela vient d'armer les plus grands souverains contre le gouvernement factieux de la France, et le roi, mon maître,

[1] Hohenlohe à Luckner, 21 août (daté du camp de Crune) ; Luckner au ministre, 23 août (arch. guerre).

vole lui-même au secours de son frère opprimé. Que je serais heureux, ajoutait Hohenlohe, de combattre les ennemis du véritable bonheur de la France, joint à vous ou même sous vos ordres! Luckner ne répondit pas et envoya la lettre du Prussien au ministre de la guerre.

Le même jour, Hohenlohe demandait un rendez-vous à Deprez-Crassier, sous prétexte de causer avec lui du traitement des prisonniers. La conférence eut lieu en avant de Fontoy, sur la route de Longwy. Deprez-Crassier était accompagné d'un aide de camp et de trois ordonnances; ses troupes, postées sur le front du camp, assistaient de loin à l'entrevue, la première de ces entrevues de généraux qui devaient être, dans cette campagne, plus nombreuses que les combats. Le premier officier que rencontra Deprez-Crassier fut le prince de Nassau-Siegen, qui lui parla de la journée du 10 août. Serait-il possible, dit Nassau, qu'un galant homme comme vous servît le roi Pétion? Je ne sais rien officiellement, répliqua Deprez-Crassier, je suis soldat et je ne pense qu'à faire mon devoir, à servir la patrie libre et le roi. A cet instant, parut Hohenlohe, suivi d'une vingtaine d'officiers et de deux escadrons qui se rangèrent en bataille derrière lui.

Deprez-Crassier a reproduit son entretien avec Hohenlohe mot pour mot, dans un rapport qu'il envoyait le soir même à Luckner. Cette conversation, si fidèlement retracée qu'on croit l'entendre, est de l'histoire véritable et réellement vivante. On la reproduit ici, sans la résumer, dans son naturel et sa sincérité : elle peint mieux que le récit le plus étudié le monde militaire de la fin du XVIIIe siècle et surtout l'état d'esprit d'un grand nombre d'officiers français attachés, comme Deprez-Crassier, à la dynastie qu'ils servent depuis longtemps, mais comme lui, fermement résolus à refuser tout pacte avec l'étranger et à faire leur devoir de soldat.

HOHENLOHE. Je souhaite, général, que nous fassions la guerre avec humanité.

DEPREZ-CRASSIER. Je le désire, car j'ai été indigné que l'on ait pillé et assassiné des citoyens paisibles.

HOHENLOHE. Assassiné! Non pas. Ils ont osé tirer sur nous; tout bourgeois qui porte les armes doit périr.

DEPREZ-CRASSIER. Tous les Français sont soldats; mais les vieillards, les femmes, les enfants doivent être respectés.

HOHENLOHE. Ils le seront; le roi a déjà congédié un chef, et j'ai fait passer des soldats par les verges; à l'avenir, ils seront punis de mort

DEPREZ-CRASSIER. Vous m'autorisez à en rendre compte à mon général ?

HOHENLOHE. Oui... Nous sommes ici, général, pour rétablir l'ordre et la paix dans le royaume, rendre au roi sa liberté et ses droits, anéantir les factieux; voyons, général, soyons amis, empêchons l'effusion du sang, unissons-nous pour une cause aussi juste.

DEPREZ-CRASSIER. Prince, je veux votre estime, je la mériterai toujours. J'ai déjà répondu à M. de Nassau que je servais la France libre et le roi.

HOHENLOHE. Dites des factieux.

DEPREZ-CRASSIER. Un soldat n'en connaît point; il n'obéit qu'aux ordres de ses supérieurs légitimes.

HOHENLOHE. Vous changerez.

DEPREZ-CRASSIER. Jamais.

HOHENLOHE. Un galant homme comme vous doit aimer son roi.

DEPREZ-CRASSIER. Oui, le roi des Français libres.

HOHENLOHE. Soyons amis, général (il tend la main à Deprez-Crassier).

DEPREZ-CRASSIER. Je m'en ferai un honneur.

HOHENLOHE. Je vous promets d'avoir le plus grand soin de vos prisonniers.

DEPREZ-CRASSIER. Je vous donne ma foi que les vôtres seront traités comme nos frères.

HOHENLOHE. J'ai donné quatre louis à votre officier (sans doute un officier français fait prisonnier dans le combat de Fontoy).

DEPREZ-CRASSIER. Je vous en suis infiniment obligé. Recevez-les, prince, avec ma vive reconnaissance (il tire quatre louis de sa poche et les présente à Hohenlohe).

HOHENLOHE. Je ne les ai pas donnés pour qu'on me les rende.

DEPREZ-CRASSIER. Vous ne voulez pas humilier l'officier qui les a reçus et moi qui dois vous les rendre.

HOHENLOHE. Eh bien! vous les donnerez à un officier prussien que vous prendrez... Si l'on eût fait la retraite d'Aumetz quelques minutes plus tard, je prenais votre infanterie.

DEPREZ-CRASSIER. Il fallait le faire à temps, devant un général comme vous.

HOHENLOHE. Qui commandait ?

DEPREZ-CRASSIER. Moi.

HOHENLOHE. Vos troupes se sont bien conduites

DEPREZ-CRASSIER. Nous ne sommes pas du même avis, et le brave maréchal qui me commande, m'a donné d'autres troupes.

HOHENLOHE. Je demande, général, à vous parler à part. (Deprez-Crassier se place à droite du prince, en face du camp de Fontoy et les deux généraux font quelques pas en avant.)

DEPREZ-CRASSIER. Si vous le voulez, prince, je vous conduirai à mon camp.

HOHENLOHE. Je le veux bien, si vous voulez joindre vos forces aux miennes, pour servir votre roi avec moi. Ce n'est pas par indiscrétion que j'avance ; c'est pour vous parler sans être entendu... J'ai ordre de vous offrir rangs, honneur, fortune si vous voulez vous unir à moi pour arracher le roi de sa prison.

DEPREZ-CRASSIER. Ne poursuivez pas, prince, vous m'humiliez : je ne recevrai jamais rien que de ma nation que je sers. Vous devez m'estimer. Je ne serai jamais un traître.

HOHENLOHE. Preuve que je vous estime, c'est que je m'adresse à vous discrètement, pour vous faire connaître que votre bonne foi est abusée ; j'aurais pu vous faire cette proposition par d'autres.

DEPREZ CRASSIER. Elle n'eût jamais été reçue.

HOHENLOHE. Encore une fois, ne refusez pas l'offre que je vous fais de la part d'un roi que vous aimeriez sûrement, si vous le connaissiez (Après un instant de silence.) La gauche de votre position n'est pas bonne.

DEPREZ-CRASSIER. J'y ai paré et j'aurai plus de gloire à la défendre.

HOHENLOHE. Comment se porte M. de Luckner?

DEPREZ-CRASSIER. Bien.

HOHENLOHE. Le duc de Brunswick l'aime, il voudrait le voir.

DEPREZ-CRASSIER. Dans trois heures mon général sera ici, si vous le voulez.

HOHENLOHE. Non, pas dans ce moment. (Deprez-Crassier tire sa montre) Vous n'avez pas dîné ?

DEPREZ-CRASSIER. Non, et je serai fort glorieux, si vous permettez que je vous invite.

HOHENLOHE (après avoir décliné l'invitation). Vous avez augmenté beaucoup vos forces cette nuit?

DEPREZ-CRASSIER. M. le maréchal pourvoit à tout.

HOHENLOHE. La grosse artillerie qui vous est arrivée a dû trouver des obstacles.

DEPREZ-CRASSIER. La nécessité sait les vaincre.

HOHENLOHE. Vous avez là de beaux hommes; de quels régiments sont-ils ?

DEPREZ-CRASSIER. Des cuirassiers, Chartres et Schomberg.

HOHENLOHE Quel est le régiment le plus élevé en hommes [1] ?

DEPREZ-CRASSIER. Les carabiniers.

HOHENLOHE. Je vous le répète, général, soyons amis, pensez à ce que je vous ai dit.

DEPREZ-CRASSIER. Vous avez ma réponse, elle ne variera jamais.

HOHENLOHE. Quand vous aurez quelque chose à me mander, écrivez-moi, j'en userai de même. Adieu, général, dînez tranquillement, je vous promets de ne pas vous troubler... A propos, vous m'avez fait lâcher deux coups de canon, dont l'un a brisé ma botte et blessé mon cheval.

DEPREZ-CRASSIER. Nos artilleurs savent bien pointer.

HOHENLOHE. Je veux vous voir partir, général.

DEPREZ-CRASSIER. Permettez que je reste, et je vous préviens que je vais rendre compte de votre conversation au général qui commande.

HOHENLOHE A qui ?

DEPREZ-CRASSIER. Au brave maréchal.

HOHENLOHE. Bien des compliments de ma part [2].

Après cet entretien, on ne pouvait plus douter que l'armée de Metz se battrait aussi résolument que les chasseurs de Fontoy contre l'étranger qui prétendait

[1] Il demande évidemment dans quel régiment servent les hommes qui ont la taille la plus haute.

[2] Deprez-Crassier à Luckner, 21 août (arch. guerre).

étouffer la Révolution et ramener l'ancien régime. Je sers la nation, avait répondu Deprez-Crassier à Hohenlohe, et un mois plus tard, l'armée de Metz, dont il avait exprimé le sentiment, criait : « *Vive la nation !* » devant les colonnes prussiennes qui n'osaient l'attaquer. Mais personne encore, même dans le camp français, ne prévoyait Valmy. Tout réussissait aux Prussiens ; le plan de Brunswick s'exécutait et les alliés venaient d'obtenir un nouveau succès qui avait une bien autre portée que le combat de Fontoy, parce qu'il donnait à l'envahisseur une des entrées principales de la France et jetait la consternation jusque dans Paris.

Deux jours après son entrevue avec Hohenlohe, Deprez-Crassier recevait du prince le billet suivant : « Je me hâte de vous donner des nouvelles que vous ignorez apparemment encore et qui pourront vous intéresser surtout après la conversation que nous eûmes ensemble. Longwy s'est rendu à discrétion hier au soir, vers les dix heures [1]. »

[1] Hohenlohe à Deprez-Crassier, 23 août (arch. guerre).

CHAPITRE V

LONGWY[1]

I. Investissement de Longwy. — La ville et ses fortifications en 1792. — La garnison. — Lavergne. — Sommation. — II. Bombardement. — Première démarche des corps administratifs. — Seconde démarche. — Conseil de défense. — Certificat donné au commandant par les officiers municipaux. — Capitulation. — Sortie de la garnison. — III. Causes de la reddition. — Lâcheté des habitants. — Faiblesse de Lavergne. — Son châtiment. — Dévouement de Victoire Resnier à son mari.

I. Les premiers coups des envahisseurs devaient tomber sur Longwy[2]. C'était sur Longwy que marchait

[1] Voir sur le siège de Longwy les documents du dépôt de la guerre ; les lettres et mémoires justificatifs du commandant Lavergne (lettre à Luckner, 25 août ; *Monit.* du 2 septembre ; autre lettre du 27 décembre) ; les pièces relatives à la capitulation dans le dossier de Lavergne (arch. nat., W, 341, dossier 640) ; et parmi elles, le mémoire d'un témoin oculaire, p. 69 ; la *Relation du siège* par les corps administratifs : le rapport de Guadet sur la reddition (*Monit.* du 2 septembre) ; l'*Essai sur l'histoire de Longwy*, par M. C***, Metz, 1829, p. 38-48 (l'auteur de cet ouvrage se nomme non pas Courtois, comme on le lit dans une note de l'exemplaire de la Bibliothèque de Metz et dans le catalogue de la Bibliothèque nationale, mais Charles Clauteaux) ; Minutoli, *der Feldzug*, 98-101 ; Renouard, *Gesch. des franz. Revolutionskrieges*, 1865, p. 128-131 : Gebler, art. cité de la *Milit. Zeitschrift* autrichienne ; et surtout la *Minerva* d'Archenholz, 1792, p. 503-514, lettre d'un officier supérieur prussien qui assistait au siège. M. Dommanget a fait, le 22 septembre 1870, à la Société d'archéologie et d'histoire de Metz, pendant le siège de cette ville, devant le général Zentz et un certain nombre d'officiers et de soldats blessés, une conférence sur Longwy en 1792, qui fut publiée sur papier jaune par le *Vœu national* (21, 23 et 26 octobre 1870) ; ce n'est qu'une reproduction du travail de Clauteaux.

[2] Dès le 15 août, l'Assemblée législative avait, sur la proposition

toute l'armée de Brunswick qui venait de pénétrer sur le territoire français entre la Moselle et la Chiers. C'était sur Longwy que se dirigeait Clerfayt, qui venait des Pays-Bas autrichiens, par Saint-Hubert, Neufchâteau et Arlon, se joindre aux Prussiens et former une de leurs ailes. Peu à peu le cercle se rétrécissait autour de la petite forteresse. Pendant que l'avant-garde de Hohenlohe s'établit à Crune et contient le détachement de Deprez-Crassier qui campe à Fontoy, le reste des Prussiens se porte de Tiercelet sur Longwy et occupe la rive gauche de la Chiers. La première ligne forme un corps d'observation entre le village de Chénières et la ferme de Praucourt. La seconde ligne se poste à Cutry et fait face à la forteresse. La brigade du prince de Bade se place entre Mexy et Larimont. Le 20 août, Clerfayt arrive à Cosnes, sur la rive droite de la Chiers. Longwy était enveloppé de tous côtés, isolé de l'armée de Metz et de celle de Sedan, séparé violemment du reste de la France.

La position de cette ville est à la fois très pittoresque et très propre à la défense. Située à l'extrémité d'un des plateaux les plus élevés de la Lorraine, sur une sorte de promontoire soutenu par des rochers escarpés, la forteresse domine la vallée de la Chiers. De la haute tour carrée de l'église paroissiale qui s'élève sur la place d'Armes et se voit au loin à plusieurs lieues de distance, on découvre à la fois Arlon, Luxembourg et jusqu'aux collines de la Meuse, derrière lesquelles, à douze lieues de Longwy, se cache Verdun, cette autre sentinelle avancée de la Lorraine. Les approches de la forteresse sont défendues, au nord et à l'est, par des précipices; à l'ouest seulement elle se relie au plateau dont elle forme la pointe par une langue de terre fortifiée sur les plans de Vauban avant 1789, et de Chasseloup-Laubat pendant et après la Révolution. En 1792, elle avait six demi-lunes; deux d'entre elles, l'une vers la ferme de la Colombe, à gauche de la porte de Bourgogne, l'autre à droite de la porte de France, étaient couvertes

de Merlin de Thionville, transféré à Metz le siège de l'assemblée electorale qui devait d'abord se tenir à Longwy.

par des lunettes; la sixième était remplacée par l'ouvrage à cornes de Saint-Marc. Le corps de la place formait un hexagone régulier, bastionné et entouré d'un large fossé. Il contenait des casernes et des pavillons où 5,000 hommes d'infanterie et 800 chevaux pouvaient se loger aisément, des corps de garde à l'abri de la bombe, des poudrières et des magasins de fourrages, un grand arsenal, une boulangerie militaire casematée, trois vastes souterrains. La ville, resserrée dans ses fortifications, a l'aspect sévère et froid d'une place de guerre. Elle se compose presque entièrement d'une grande place carrée, la place d'Armes, que bordent des maisons symétriquement bâties; à l'ouest, l'église qui date du XVIIe siècle, et l'Hôtel-de-Ville aux entresols voûtés; au nord l'arsenal, à l'est la maison du commandant. Cette place est traversée par la rue principale qui s'étend entre les deux seules portes de la ville, celle de Bourgogne au nord, et celle de France au midi. Les autres rues, régulières et coupées à angles droits, sont parallèles à la rue principale ou la coupent transversalement; les maisons, aux toits d'ardoises, sont construites en pierres de taille, et leurs façades uniformes qu'on prendrait pour des remparts percés de fenêtres[1], répondent à ce sombre ensemble de poternes, de voûtes et d'ouvrages défensifs qui les entourent. A côté de ce que l'art militaire a créé de menaçant, se voit, comme par contraste, une nature aimable; de beaux tilleuls garnissent les remparts; sur l'escarpement de la colline et jusqu'à son sommet montent des jardins plantés d'arbres fruitiers; le chemin de la ville haute s'élève en zigzags au milieu de touffes de verdure; la ville basse, bâtie en amphithéâtre sur le versant inférieur de la montagne, s'étend jusqu'à la rive droite de la Chiers, en face de collines couvertes de grands bois, dans une fraîche et riante vallée, où des usines, entourées d'arbres, associent à ces beautés pittoresques le mouvement et le bruit de l'industrie.

Quoique surnommée la porte de fer de la France, la place n'avait pas, en 1792, une fortification suffisante pour arrêter longtemps les ennemis. Dès le mois de mai

[1] Mézières, *Récits de l'invasion*, 2e édit., 1881, p. 156.

on constatait la dégradation de ses ouvrages[1]. Les murs de revêtement écroulés en plusieurs endroits, le fossé à sec, de nouveaux remparts terminés à moitié, le corps de la place presque entièrement à découvert, telle était, au témoignage unanime des assiégés et des assiégeants, la situation de Longwy. Dès la première nuit de l'investissement, dit un lieutenant prussien, on aurait pu, avec deux bataillons, et sans courir un grand danger, s'avancer hardiment jusqu'au point où l'on ouvre d'ordinaire la troisième parallèle. Les officiers auxquels on confiait le commandement, émigraient ou donnaient leur démission : Gaston avait quitté la France ; d'Arblay, adjudant-général de l'état-major de Lafayette, était parti en disant que la place ne pourrait tenir et qu'il serait bien fou d'y rester ; le maréchal de camp Berruyer avait à peine parcouru les remparts qu'il sollicitait son rappel en ajoutant qu'il ne voulait pas se déshonorer et perdre en un jour le fruit de trente années de service[2].

La garnison comptait 2.596 hommes ; elle se composait de quelques hussards de Lauzun, du 34e régiment (Angoulême), et de trois bataillons de volontaires, le 2e de la Côte-d'Or le 3e et le 4e des Ardennes. Elle était commandée par un vieux soldat, attaché sincèrement aux principes de la Révolution, Louis-François Lavergne - Champlorier. Capitaine au régiment de Rouergue, Lavergne avait donné sa démission avant 1789, pour vivre dans l'Angoumois, à Champlorier, où sa famille possédait des forges importantes. Il commanda les gardes nationales de son canton et présida la société des amis de la constitution, puis reprit du service. Il était lieutenant colonel du 58e de ligne à Thionville lorsque Luckner lui donna le commandement de Longwy en lui promettant le grade de maréchal de camp.

Lavergne arriva le 13 août à son poste et débuta par

[1] Victor de Broglie à Servan, 22 mai 1792 (arch. guerre).

[2] Minutoli, *der Feldzug*, 101 : Lavergne à Luckner, 25 août (arch. guerre) ; *Relation*, 7 ; *Minerva*, 514 « die ganze Festung zerrüttet und elend ». D'ailleurs il est aisé de bombarder la place des hauteurs voisines ; les batteries postées sur le mont du Chat, à deux mille pas, s'élèvent au même niveau que les remparts.

un petit succès. Le 20, le jour même où la place était investie, il commanda une sortie contre les chasseurs tyroliens qui s'avançaient jusqu'à Saint-Remy, les délogea d'un bois qu'ils occupaient et leur fit vingt-cinq prisonniers.

Le lendemain, à quatre heures de l'après-midi, parut un parlementaire autrichien. Il fut conduit à l'Hôtel-de-Ville où Lavergne avait réuni les principaux officiers de la garnison et les corps administratifs. Il remit une copie du manifeste de Brunswick, ainsi que deux sommations de rendre la place, l'une adressée au commandant de la garnison, l'autre à la municipalité de Longwy. La ville devait se rendre immédiatement et reconnaître l'autorité de Louis XVI.

Les forces de leurs Majestés Impériale et Royale étant employées uniquement à réduire les rebelles à l'autorité légitime qu'ils ont méconnue, leurs commandants remettront à la disposition de Sa Majesté très chrétienne ou des personnes qui auront titre pour agir en son nom, tous les pays et villes qu'ils auront réduits, sans qu'aucune conquête soit faite ou conservée pour le compte de Leurs Majestés Impériale et Royale qui y ont expressément renoncé.

Lavergne répondit au parlementaire qu'il défendait la ville au nom de la nation souveraine, et ne la céderait qu'à la dernière extrémité. La lettre qu'il rédigea séance tenante pour le duc de Brunswick respirait l'indignation patriotique la plus sincère.

Nous, commandant des troupes de Sa Majesté dans la ville de Longwy et pays adjacent, et nous, maire, officiers municipaux et notables de la même ville de Longwy, sensibles aux honnêtetés de Son Altesse le duc de Brunswick, n'en sommes pas moins étonnés du style de sa sommation, puisque combattant au nom du roi et de la nation française toujours souveraine, nous voyons cependant que c'est au nom d'un roi que nous avions jusqu'à présent jugé notre père, qu'on nous menace de toutes les rigueurs de la guerre. Mais fermes dans notre conscience, pleins de confiance dans la justice de notre cause, nous espérons repousser la force par la force ; rien ne peut étonner un Français que la crainte de la honte et de l'infamie, et vous jugerez à la manière de nous défendre que nous sommes dignes de toute votre estime.

Cette déclaration fut accueillie par des applaudissements. Les assistants, transportés d'enthousiasme, jurèrent de se défendre jusqu'à la mort, et sur la place d'Armes, les soldats, apprenant la réponse de Lavergne, poussèrent, à plusieurs reprises, des cris de joie et des bravos. Cependant une scène curieuse se passait dans l'Hôtel-de-Ville. On offrait des rafraîchissements au parlementaire et on buvait avec lui à la santé du roi de Prusse et de Brunswick. Mais lorsqu'il proposa de porter un toast à Louis XVI, Lavergne refusa de lui faire raison. Je ne bois pas, dit-il, à ce roi parjure qui fait la guerre à ses sujets, buvons à la santé de la nation ; et, à son tour, le parlementaire but à la santé de la nation française [1].

II. Dès qu'on sut au camp des alliés la résolution de Lavergne, on fit en toute hâte les préparatifs du bombardement. On ne voulait pas s'attarder devant cette bicoque, et il importait à la cause des alliés d'obtenir, dès leur entrée en France, un succès aussi prompt qu'éclatant.

Dans la nuit du 21 au 22 août, à la faveur d'épaisses ténèbres, Tempelhof établit la batterie de mortiers du capitaine Mauritius à une petite portée des remparts, sur le plateau de Romain. Il plaça derrière le village, près de la ferme de la Colombe, quatre mortiers de dix-huit, quatre autres encore non loin de Romain, et entre ces deux batteries deux obusiers de dix. Cette artillerie ouvrit le feu a onze heures et demie, mais elle le suspendit vers une heure, a cause de la pluie. Elle fit très peu de dégâts : on avait mal calculé la direction des bombes dont la plupart dépassèrent la forteresse ou tombèrent dans la ville basse [2].

Le 22 avril, de cinq à six heures du matin, le bombardement recommença. Tempelhof avait réuni tous ses mortiers sur le même point, entre les deux chaussées de Piedmont et de Mont-Saint-Martin, au-dessus de Mexy et au bois du Chat. Trois cents bombes tombèrent dans Longwy ; elles étaient, dit Lavergne, portées comme

[1] Mém. de Lavergne, *Monit.* du 30 septembre.
[2] *Rémin.*, 151 ; *Minerva*, 1792, p. 508.

par la main; elles mirent le feu en plus de vingt endroits; un magasin de paille et de fascines fut entièrement consumé.

Les artilleurs de la place s'efforçaient de répondre au feu des assiégeants, mais ils manquaient d'expérience et tiraient à travers le brouillard. Les alliés avaient installé leurs batteries, l'une à neuf cents pas, l'autre à six cents pas de la forteresse; ils n'eurent qu'un mort et trois blessés.

Lavergne se multipliait. On l'accusa plus tard de s'être mis en sûreté pendant le bombardement; mais, tantôt à la maison commune où il donnait ses ordres, tantôt sur les remparts où il encourageait les artilleurs, il faisait son devoir de commandant. La garnison montrait autant de courage que son chef. Trois canonniers détenus dans la prison de la ville écrivirent à Lavergne ce court billet: « Nous demandons notre élargissement pour aller combattre l'ennemi et aider nos camarades; après notre devoir fait, nous rentrerons en prison[1]. »

Mais la consternation régnait dans Longwy. Si l'incendie était éteint presque partout, les citernes s'épuisaient, et l'eau allait manquer complètement. La plupart des maisons étaient endommagées, et plusieurs avaient reçu jusqu'à cinq et six bombes. Toutes les fenêtres de la ville étaient brisées. Quelques personnes avaient péri dans les caves, car, dit naïvement un témoin oculaire, on vit bien en cette occasion que les bombes respectaient les braves gens; il n'arrivait rien à ceux qui s'exposaient le plus; tandis que les éclats de bombes allaient chercher jusque dans leur retraite honteuse les hommes pusillanimes et craintifs.

Le second bombardement n'avait duré qu'une heure. Les ennemis, écrit Lavergne, mettaient quelques intervalles, parce que, comme ils me l'ont dit depuis, ils comptaient sur si peu de résistance de notre part, qu'ils s'attendaient à chaque instant à nous voir arborer le drapeau blanc. A dix heures du matin, un grand nombre d'habitants, suivis d'enfants et de femmes, sortirent des caves, ou, comme dit le témoin oculaire, de leurs trous,

[1] Rapport de Guadet.

et se rendirent à l'Hôtel-de-Ville. Les membres du district et de la municipalité prièrent Lavergne d'avoir pitié de la population et de capituler. Mais Lavergne déclara qu'il s'ensevelirait sous les ruines de la place plutôt que de la rendre. Il ajouta que les femmes et les enfants devaient se munir de vivres et se cacher dans les casemates. Enfin, sur de nouvelles supplications, il leur permit de sortir de la ville par une poterne. On vit alors, écrit un habitant de Longwy, un spectacle vraiment digne d'intérêt; les parents et amis qui allaient se quitter, peut-être pour ne plus se revoir, se jetant dans les bras les uns des autres, s'adressaient les plus tristes adieux [1].

Lavergne croyait que l'ennemi tenterait un assaut dans la journée ou dans la nuit. Il résolut de ne défendre que le corps de la place. Il fait rentrer les gardes extérieures, il assigne à chacun son poste, il met d'endroits en endroits des grenadiers chargés de précipiter l'assaillant dans les fossés, il dispose sur les remparts les piques et les hallebardes; il touchait, dit il, au dernier et au plus beau jour de sa vie.

Mais, à trois heures de l'après-midi, les membres de la municipalité revinrent à la charge, et conjurèrent Lavergne de cesser toute résistance; on n'avait, disaient-ils, qu'une garnison insuffisante; on ne pouvait espérer de secours, car des deux généraux qui commandaient l'armée, l'un, Lafayette, avait pris la fuite, et l'autre, Luckner, ne pouvait pénétrer [2].

Cette nouvelle démarche des corps administratifs ébranla Lavergne. Il réunit aussitôt le conseil de défense, formé des officiers supérieurs de la garnison. Il exposa sa position et n'en déguisa pas l'extrémité; la place était livrée à elle-même; l'ennemi avait placé deux nouvelles batteries qui devaient jouer dans quelques heures; Longwy serait réduit en cendres le lendemain. On avait cru d'abord à la présence de 12 à 13,000 hommes; mais il n'était plus douteux que 60,000 hommes au moins cam-

[1] [Clauteaux], *Hist. de Longwy*, 46 : cp. Lombard, *Lettres*, 299.

[2] « L'abominable émigration de M. de Lafayette ne contribua pas peu à me décider » (Lavergne à Luckner).

paient devant la place. Lavergne croyait même que les alliés donneraient l'assaut. Les officiers de la garnison et les corps administratifs étaient-ils résolus à soutenir l'attaque? Pour lui, quoiqu'il n'eût jamais vu de siège, il avait la ferme volonté de faire son devoir jusqu'au bout et de vendre chèrement sa vie.

Après lui, les commandants du génie et de l'artillerie affirmèrent qu'on ne possédait qu'un nombre insuffisant de piques et de fusils de rempart ; qu'un seul homme devait défendre cinq à six toises de terrain ; qu'on avait plus de canons que de canonniers ; que la plupart des pièces étaient hors d'état de faire le service.

Les administrateurs, plus effrayés que jamais, supplièrent Lavergne d'épargner à leur malheureuse ville les horreurs d'un nouveau bombardement ou d'un assaut. Les officiers supérieurs de la garnison se joignirent à eux et firent « les plus fortes représentations sur la grandeur et l'évidence du péril qui les menaçait ». Tous étaient d'avis qu'il fallait rendre la place. Un seul, le commandant du bataillon de la Côte-d'Or, s'opposait à la capitulation. Lavergne hésitait encore. Enfin, les administrateurs déclarèrent qu'ils prenaient la responsabilité de la capitulation, et rédigèrent l'acte suivant :

Nous, administrateurs du district et officiers municipaux de la ville de Longwy, certifions et attestons, à tous ceux qui le présent verront, que M. Lavergne, commandant de cette place, n'a proposé la capitulation que sur la demande réitérée qui lui en a été faite par nous, au nom de tous les habitants et de l'avis du conseil de guerre, d'après la certitude que nous avions du bombardement et des préparatifs irrésistibles qui ont eu lieu de la part des ennemis ; nous ajouterons qu'il est impossible d'avoir mis plus d'ordre, d'activité et de surveillance à remplir les devoirs de la place de brave militaire et de bon citoyen.

Un officier de hussards se rendit sur-le-champ au quartier-général autrichien, à Cosnes, pour proposer une capitulation, mais, dit le témoin oculaire, le plus gros restait à faire :

C'était de disposer la brave garnison à accéder à cette capitulation. O mes concitoyens, ô mes freres, vous qui n'êtes nullement instruits de ces détails, que n'étiez-vous présents comme moi au spectacle déchirant qui suivit ce oui fatal! Vous auriez vu ces guerriers se livrer à toute la rage du désespoir, les uns s'arrachant les cheveux et frappant les murs de leur tête, d'autres mordant avec fureur le canon de leurs fusils ; on en voyait se jeter à terre avec violence et s'y rouler, en l'arrosant de leurs larmes ; d'autres enfin courant dans les rues, comme des forcenés, sans savoir où ils allaient. A ce premier mouvement de rage et de douleur succéda un abattement universel. On les fit rentrer dans leurs casernes.

Les courriers, ajoute le témoin oculaire partirent donc pour le camp ennemi avec le drapeau blanc Tous les vrais amis de la liberté et de l'égalité détournaient les yeux avec horreur de ce signe fatal, tandis que les aristocrates jouissaient d'avance en secret de leur triomphe. J'arrivai dans ce moment au corps de garde de la place et j'y attendis avec plusieurs de mes concitoyens le résultat de la négociation. Nous désirions, ou, pour mieux dire, plusieurs de nous désiraient que Brunswick n'y voulût point entrer. Il est plus glorieux, disions-nous, de mourir que de vivre pour voir le lieu qui nous a vus naître au pouvoir des ennemis de la liberté et de l'égalité. Que ferons-nous désormais dans cette ville infortunée ? O Lafayette abominable, scélérat, monstre vomi de l'enfer, pour dévorer le sein de sa patrie[1] et toi, Louis le traître, voilà une partie de vos exécrables projets accomplis. Vous nous avez vendus et livrés entre les mains de nos tyrans !

La capitulation fut signée le lendemain (23 août), après de vives discussions entre Clerfayt et Lavergne. Le commandant de Longwy demandait les honneurs de la guerre ; le feldzeugmestre voulait faire la garnison prisonnière ; enfin, on convint que les soldats, volontaires et troupes de lignes, auraient la faculté de se retirer où bon leur semblerait, mais, arrivés sur le glacis de la place, ils remettraient leurs armes et leurs drapeaux ; ils livreraient la caisse militaire qui renfermait 128,000 livres en numéraire et 2,350 en assignats ; ils prenaient l'engage-

[1] Tout Longwy partageait l'injuste colère du témoin oculaire contre Lafayette ; le juge de paix Claude, ancien constituant, écrit au président de l'assemblée (p. 48 du procès de Lavergne, que Lafayette a livré Longwy en faisant retirer son armée qui campait sous les murs de la ville. Le procureur-général syndic de la Moselle dit aussi que Lafayette avait livré Longwy à ses propres forces (p. 7).

ment de ne plus servir contre les alliés pendant la durée de la guerre[1].

Le 24 août, à sept heures du matin, la garnison de Longwy sortit de la ville. Elle déposa ses armes et rendit ses drapeaux. Le lieutenant-colonel du 3e bataillon des Ardennes était un vieux soldat qui comptait quarante-cinq ans de services ; on le vit se jeter en pleurant sur l'étendard de son bataillon ; il fallut le lui arracher[2]. Un des plus intimes confidents des princes, le marquis de Lambert, assistait au défilé des troupes ; on le prit, à cause de la ressemblance des noms, pour le prince de Lambesc, ce colonel de Royal-allemand, qui chargeait la foule le 12 juillet 1789 dans le jardin des Tuileries. Lambesc lui-même, dit le témoin oculaire, l'infâme Lambesc, dont le nom seul rappelle un souvenir d'horreur, nous salua en souriant.

Ce chroniqueur anonyme du siège avait pris un sac et s'était mêlé aux volontaires. « Mon âme, dit-il dans la langue emphatique du temps, mais non sans une chaleur généreuse, mon âme ne peut se résoudre à se courber sous le joug avilissant de l'esclavage. Je quitte mon père et ma mère sur le bord du tombeau, qui n'avaient que moi pour soutien et pour appui. Ah ! que ne pouvais-je les emporter avec moi, ces chers auteurs de mes jours ! Heureusement ils ont de quoi vivre. Leurs remontrances et leurs larmes, jointes aux vives sollicitations de mes amis, rien ne peut m'arrêter. Je reviendrai, leur ai-je dit, quand vous serez libres ; je serai, j'espère, du nombre de ceux qui briseront vos fers : je fuis cette terre infortunée pour me réfugier au milieu des amis de l'égalité et de la liberté. Tant qu'il y aura un coin dans ma patrie sous leur empire, je m'y retirerai O liberté, égalité, vous êtes mes seules idoles et je jure de ne brûler jamais d'encens que sur vos autels, persuadé qu'en suivant votre culte, j'aurai toutes les vertus de l'homme sociable[3] ! »

[1] Capitulation du 23 août (arch. guerre).

[2] Le 3e bataillon des Ardennes à l'Assemblée, *Monit.* du 31 août.

[3] Ma plume, dit il encore, se refuse à retracer les circonstances du désarmement. J'ai vu la garnison soumise à la plus grande humiliation qu'aient jamais éprouvée des cœurs français. Au milieu des co-

Pendant que le bataillon autrichien de Matthesen, commandé par le colonel Spiegel, occupait la forteresse, et qu'un bataillon prussien de Wolframsdorf s'établissait dans la ville basse, la garnison de Longwy s'éloignait dans diverses directions, les volontaires par Marville, et le 34e d'infanterie par Crune et Richemont. Le roi de Prusse attendait à Mexy le passage des troupes de ligne. Les émigrés ne purent dissimuler un sentiment de fierté française en voyant l'attitude martiale des canonniers [1]. Mais le 34e attirait les regards. On comptait, dit un officier prussien, qu'il donnerait des preuves éclatantes de royalisme, qu'il prendrait la cocarde blanche, qu'il crierait *vive le roi*. Il passa dans le plus grand silence, avec un calme et un bon ordre qui frappèrent d'étonnement les vainqueurs. Quelques pas plus loin, Legrand, colonel du régiment, se jetait dans la Chiers et se noyait [2].

Les alliés trouvèrent dans Longwy 71 canons, obusiers et mortiers, 4,000 sacs de farine, 236 tonneaux de vin et des approvisionnements considérables qu'ils se partagèrent. Il restait encore assez de munitions pour défendre la place durant plusieurs mois.

III. On a souvent dit que les émigrés hâtèrent la reddition de Longwy par les intelligences qu'ils avaient dans la place. Gœthe raconte qu'il dîna chez un hôtelier qui

lonnes d'esclaves, des Français, des hommes libres, contenus par les canons de la place, posèrent leurs armes ! O Français, Français, levons-nous tous pour venger cet outrage sanglant et exterminons cette horde de barbares !

[1] *Monit. de l'armée*, 1868, n° 66, *Souvenirs* du comte de L*** (Logny).

[2] Minutoli, *Erinnerungen*. et *der Feldzug*. 100 ; *Rémin*.. 155 ; ce suicide a fait moins de bruit que celui de Beaurepaire, mais on ne sait pas s'il fut inspiré par les mêmes motifs. Lavergne se plaint très vivement de ce colonel : « Furieux de ce que je commandais, il partit en poste pour demander de faire sortir son régiment. En vain je lui dis à son retour qu'il fallait nous réunir pour le bien commun ; il ne put digérer cela ; il n'est pas de mauvais conseils, d'avis faux, d'insinuations perfides dont il ne m'ait entouré. » Les administrateurs de Longwy disent dans la *Relation du siège*, 21-22, qu' « il comptait sur le commandement et avait donné sa parole d'honneur de rendre la place sans tirer un seul coup de canon », qu' « il se noya, désespéré sans doute d'avoir manqué son coup ».

tenait M. de Bouillé en grande estime et que des royalistes de la ville lui reprochèrent d'avoir fait des emplettes chez un mercier jacobin. Il y avait donc à Longwy, comme partout, à cette époque, deux partis, celui des « aristocrates » et celui des « patriotes ». Mais la majorité de la population avait accueilli le nouvel ordre de choses avec enthousiasme. Pendant la Révolution, la municipalité donna les preuves les plus évidentes de son civisme; elle jetait au feu, avant l'entrée des Prussiens, le registre de ses délibérations. L'administration du district n'avait cessé de se plaindre de l'incurie du pouvoir exécutif, de la négligence des officiers du génie, de la faiblesse des ouvrages de défense. Les signataires de l'adresse qui fut présentée aux princes, avouent que la ville fut quelquefois égarée par la force et la surprise[1].

Les habitants précipitèrent la capitulation, non point parce qu'ils étaient royalistes, mais parce qu'ils avaient peur d'un troisième et plus horrible bombardement, qui ferait un monceau de ruines de leur cité. L'égoïsme, dit Lombard, l'emporta chez eux sur le patriotisme; ils aimaient la Révolution, mais ils refusaient de lui sacrifier tout leur avoir : ils forcèrent la garnison a capituler[2].

Ils étaient coupables; ils avaient violé l'article II de la loi du 26 juillet 1792 : les places de guerre étant la propriété de tout l'empire, dans aucun cas, les habitants ni les corps administratifs ne pourront requérir un commandant de place de la rendre, sous peine d'être traités comme des révoltés et des traîtres à la patrie. Lorsque Guadet fit son rapport sur la reddition de Longwy, il insista sur la « lâcheté bien avérée, bien reconnue des habitants »; il montra qu'ils avaient « consigné » cette lâcheté dans le certificat qu'ils avaient remis a Lavergne; cette déclaration, disait le girondin, est le témoignage écrasant de leur manque de courage.

Mais le commandant de la place était plus coupable que les habitants. Il a tenté plus tard de se justifier. Mais dès le 25 août il s'était condamné lui-même en

[1] Gœthe, 17-19; Rapport du procureur-général syndic de la Moselle (arch. nat., W, 341, doss. 640, p. 7).
[2] Lombard, *Lettres*, 314-315.

écrivant à Luckner : « Je n'ai pas tenu, autant que vous l'auriez désiré, autant que le bien de la patrie l'exigeait. » Arrêté à l'improviste et pressé de questions, n'avouait-il pas qu'il n'avait osé se présenter au maréchal parce qu'il rougissait d'avoir rendu une place remplie de provisions de toute espèce ? Avait-il observé la loi du 26 juillet 1792 qui défendait à tout commandant de capituler avant qu'il y eût brèche accessible et praticable au corps de la place [1] ?

Il expia cruellement sa faute. Le malheureux croyait qu'on l'oublierait dans le tumulte de l'invasion. « Je me retire chez moi, écrivait-il à Luckner, en vous souhaitant un plus heureux succès ; avec de la patience, vous triompherez » Mais déjà Servan avait ordonné au maréchal de former une cour martiale qui jugerait sur-le-champ le commandant de Longwy et de l'instruire des poursuites, courrier par courrier, pour que la France connût la punition presque aussitôt que le crime. Lavergne regagnait l'Angoumois en chaise de poste lorsqu'il fut arrêté dans la Haute-Marne, à Bourmont, par un détachement du 1er régiment d'artillerie qui se rendait à Metz. On trouva dans sa voiture 23,000 francs en numéraire et 10,000 francs en assignats. Cette somme considérable excita les soupçons. On crut qu'il avait vendu Longwy aux alliés, et, au mois de novembre, la trésorerie l'accusa d'avoir soustrait sur les fonds destinés aux besoins de la place une somme de 35,000 francs dont l'emploi demeurait inconnu. Lavergne s'était-il approprié une partie de la caisse militaire ? Il a toujours nié ce vol, et la trésorerie ne l'a pas prouvé. On sait qu'il était riche et tirait de gros revenus de ses forges de la Charente.

Quoi qu'il en soit, le directoire du district de Bourmont et le conseil général de la Haute-Marne approuvèrent l'arrestation de Lavergne et l'Assemblée législative ordonna sa mise en jugement. Il fut enfermé dans la

[1] Il mentait évidemment, lorsqu'il déclarait devant les commissaires du district de Bourmont que ce décret ne lui était pas officiellement parvenu et que, pendant les quinze jours qui précédaient la capitulation, il n'avait eu aucune nouvelle de France (pièce 13 du procès).

citadelle de Langres et jugé, le 15 octobre, à Troyes, par une cour martiale. On n'avait produit aucune pièce, ni fait venir aucun témoin ; le jury déclara qu'en l'absence de preuves matérielles contre l'accusé, il ne pouvait prononcer. Lavergne retourna dans sa prison de Langres. Il y devint malade, une fièvre lente le consumait et son corps se couvrait d'ulcères. Il demanda de nouveaux juges. Mais le ministre de la guerre et le ministre de la justice se renvoyaient l'un à l'autre la procédure. Lavergne étant accusé à la fois de trahison et de détournement, d'un délit militaire et d'un délit commun, fallait-il le traduire de nouveau devant une cour martiale ou le faire comparaître devant les juges ordinaires ? La Convention devait trancher le débat ; elle décida, le 21 février 1793, que Lavergne resterait à Langres tant qu'on n'aurait pas fait un rapport général sur la reddition de Longwy.

Lavergne avait des amis chauds et puissants qui plaidaient sa cause et sollicitaient sa liberté. Le commandant et le conseil général de Thionville attestaient que Longwy ne pouvait être défendu par un meilleur patriote et un homme plus courageux. Les officiers du 58e régiment affirmaient son civisme ; les sous-officiers et les soldats demandaient qu'on leur rendit leur lieutenant-colonel. Les « Amis de la liberté et de l'égalité » d'Angoulême écrivaient à la Convention en faveur de leur compatriote, « s'il eût été un traître nous vous aurions demandé sa mort. Il est innocent et justifié, pourquoi prolonger plus longtemps les tourments d'une détention déjà trop longue ? » La jeune femme de Lavergne, Victoire Resnier, avait fait les plus généreux efforts pour délivrer son mari. Elle était venue à Paris et avait vu le ministre de la guerre ; elle s'était présentée, accompagnée de son père, au club des Jacobins ; elle se serait même présentée à la barre de la Convention si elle n'avait craint d'être mise en pièces par le public des tribunes, non pas qu'elle eût peur de mourir, écrivait-elle au président de l'Assemblée, mais je ne pouvais me faire à la pensée déchirante de laisser mon infortuné mari dans les fers et un enfant à la mamelle. Elle voulait partager le cachot de Lavergne, si étroit qu'il fût et s'y loger en sa compagnie le reste de ses jours. Elle fit insérer au *Moniteur* un mémoire justificatif qui remplissait deux pages du journal [1].

Lavergne vivait donc oublié à Langres, lorsqu'il eut la pensée de se rendre à l'armée des Pyrénées-Orientales, pour y gagner son pardon à la pointe de l'épée. Il annonça son dessein à Barère et à Robespierre. Arrêté, dès les premiers pas, à Pont-sur-Rhône, traduit devant le tribunal révolutionnaire, il essaya de toucher Fouquier-Tinville et Foucault en se représentant comme un précurseur de la Montagne, un homme du peuple, une victime des fédéralistes et des traîtres, de Wimpfen et de Luckner qui l'avaient envoyé à Longwy pour priver la démocratie d'un de ses plus zélés partisans. Il fut condamné à mort comme auteur ou complice d'une conspiration qui avait pour but de livrer Longwy aux ennemis de la France.

A peine le jugement était-il rendu, qu'une femme cria dans la salle : « Il faut un roi, oui, il faut un roi », et se tournant vers le tribunal : « les bourreaux ! les monstres ! ils assassinent le monde : je veux aller à la guillotine avec mon mari ! » C'était la femme de Lavergne. Elle fut aussitôt arrêtée par les gendarmes et conduite devant les administrateurs de police. La douleur et la colère qui la transportaient d'abord, avaient fait place à une complète prostration. Elle répondit à toutes les questions qu'elle ne savait rien. Pourquoi avez-vous été arrêtée ? — Je n'en sais rien. — Les gendarmes disent que vous demandez un roi. — Je n'en sais rien. — Dumas l'interrogea de nouveau avant le jugement. Il faut un roi, répondit-elle, je le répéterai et le soutiendrai jusqu'à ce que je n'ai plus de langue. Fouquier rédigea séance tenante l'acte d'accusation. Il déclara qu'elle avait « conspiré contre le peuple français en provoquant le rétablissement de la royauté et en voulant exciter à la guerre civile contre les citoyens ». Les mêmes juges condamnèrent Lavergne et sa femme. Mais Victoire Resnier avait rejoint son mari, et le lendemain, dans la cha-

[1] *Journal des Jacobins*, 11 octobre (séance du 9), et *Moniteur* du 30 septembre, pièces diverses du procès de Lavergne.

rette, pendant que Lavergne gisait sur la paille, évanoui et presque inanimé, elle lui donnait ses derniers soins. La chemise du malheureux s'était entr'ouverte et laissait sa poitrine exposée au soleil ; Mme Lavergne pria le bourreau de prendre une épingle de son fichu et de l'attacher à la chemise de son mari. Le peuple criait qu'elle n'avait pas mérité la mort. « Mes amis, dit-elle, c'est ma faute, j'ai voulu mourir avec mon mari. » Lavergne, revenant à lui, la regardait avec angoisse. « Ne t'alarme pas, lui dit-elle, je n'aurais pu vivre sans toi, nous allons mourir ensemble ». Le souvenir de cette vaillante femme protégera la mémoire du commandant de Longwy ; l'héroïsme de Victoire Resnier a couvert et racheté la faiblesse de Lavergne [1].

[1] Arch. nationales, W. 341, dossiers 640 et 643, pièces diverses ; cp. Wallon, *Hist. du trib. révol.*, III, 88-98 ; Campardon, *Hist. du trib. révol.*, 1862, I, 379-384.

CHAPITRE VI

METZ

I. Luckner. — Son caractère. — Sa conduite au 10 août. — Sa faiblesse. — Mauvaises nouvelles. — II. Les commissaires. — Ils demandent le maintien de Luckner. — Servan le destitue. — III. Kellermann. — Son arrivée à Metz. — Luckner généralissime. — IV. Rapport des commissaires. — Opinion de Kellermann. — Renforts d'Alsace. — Ordre de bataille. — L'avant-garde. — La réserve de Valence. — Linch. — Pully. — M. Chartres, prince français. — D'Aboville et Senarmont. — Berthier et Schauenburg. — Esprit de l'armée du Centre avant Valmy.

I. Luckner, qui commandait l'armée du Centre, avait alors soixante-dix ans. Il était né en Bavière, à Campen. Il fit ses premières armes dans un régiment de hussards hanovriens, puis entra au service de la Prusse et combattit les Français pendant la guerre de Sept-Ans; il était à la tête d'une division de l'armée de Ferdinand de Brunswick [1]. Mais Frédéric II le payait mal; Luckner s'offrit à la France qui lui donna le grade de lieutenant-général (20 juin 1763): la monarchie de Louis XV croyait régénérer l'armée en faisant venir de Prusse des officiers pour la commander. Il fut nommé maréchal, en même temps que Rochambeau (janvier 1792), et le ministre Narbonne, lui remettant le bâton en présence de la garnison de Metz, disait: « M. de Luckner, vous que nous n'avions appris à connaître que par nos revers, vous nous avez

[1] Voir les *Mém.* de Rochambeau.

adoptés pour patrie et en privant nos ennemis d'un de leurs premiers généraux, vous nous donnez pour garant de votre dévouement le choix que vous avez fait de la France sur toute l'Europe[1]. » On ne peut s'imaginer la popularité de Luckner au début des hostilités. On ne le nommait que le brave Luckner ; le pays mettait en lui son espoir ; la Flandre, l'Alsace le réclamaient à grands cris, comme le seul qui pût défendre la frontière ; le ministre de la guerre aurait voulu qu'il fût partout ; Couthon demandait qu'il devînt généralissime et eût carte blanche[2].

Robuste, malgré son grand âge, passant toute la journée sur son cheval, s'agitant plus qu'il n'agissait, courant dès l'aube aux avant-postes, poussant de grossiers jurons, tutoyant le soldat et lui frappant sur l'épaule, Luckner s'était fait aimer des troupes par ce semblant d'activité comme par la brusquerie de ses manières. On ne l'appelait dans les camps que le père Luckner. Mais il n'aurait su conduire de vastes opérations et manier des masses. Lorsqu'on lui proposait un mouvement, il objectait que le train de son armée était considérable et que ses équipages l'embarrassaient. Il ne voulait qu'escarmoucher et ne comprenait que la guerilla. Il ne put jamais concevoir ni se mettre dans la tête un plan de campagne ; hussard il avait commencé, hussard il était resté. Il envahit la Belgique au mois de juin, s'empara de Menin, brûla les faubourgs de Courtrai, puis commanda la retraite. Il servait la France depuis trente ans et savait à peine le français. Lorsque Dumouriez lui expliquait l'invasion des Pays-Bas autrichiens : « Oui, oui, répondait-il, moi tourne par la droite, tourne par la gauche, et marcher vite ». Malade et mandé à la barre de la Convention, il envoyait une lettre en allemand qu'il fallait traduire. C'était, dit Vaublanc, un bien pauvre homme. O mon malheureux pays, s'écriait Mme Roland après s'être entretenu tout un soir

[1] *Affiches de Metz*, du 5 janvier 1792.

[2] Arch. guerre, Lettres des admin. du Bas-Rhin et de Dietrich à de Grave (9 mai), de de Grave à Luckner (4 mai) ; Corresp. de Couthon, 161.

avec Luckner, vous êtes donc perdu, puisqu'il faut aller chercher hors de votre sein un pareil être pour lui confier ses destinées[1] !

La Révolution était pour ce soudard quelque chose d'étrange et d'incompréhensible. Il confondait les partis et se disait dévoué à tout le monde, au roi, à l'assemblée, à la nation, à la Constitution. En réalité, il n'était attaché qu'à la monarchie et ne se réglait que sur Lafayette. La monarchie l'avait nommé un peu tard maréchal de France[2], mais il lui devait les trente mille livres qu'il touchait annuellement depuis 1763. Lafayette était son lieutenant : mais il imposait à Luckner par ses façons de grand seigneur ; il l'avait entouré d'officiers de son bord ; il lui avait donné pour chef d'état-major Alexandre Berthier, alors dévoué à la Constitution de 1791 et très *fayettiste ;* Berthier menait Luckner, écrivait toutes ses lettres, inspirait tous ses actes.

Pourtant, ce rude et inculte soldat, docile à l'impulsion de Lafayette et de Berthier, avait assez de finesse pour attendre l'événement. Il hésitait longtemps avant de s'engager, il ne se prononçait qu'à la dernière extrémité ; mais il finissait toujours par se rallier au parti victorieux. Si l'on blâmait ses tergiversations et sa conduite équivoque, il gémissait, il pleurnichait, il parlait de son âge, de ses services passés, de son ignorance de la langue française. Après le 20 juin, il exprimait dans une lettre publique son indignation contre les factieux en ajoutant qu'il se joignait à un autre général qui avait acquis le droit de faire entendre sa voix toutes les fois qu'il s'agissait de la liberté. Mais, devant la commission des vingt et un qui le pressait de questions, il déclarait que Lafayette lui avait fait des propositions horribles[3].

Après le 10 août, il parut un instant se rallier à

[1] Dumouriez, *Mém.*, I, 224 ; Vaublanc, *Mém.*, I, 464 ; *Mém.* de Mme Roland, I, p. 403 : *Moniteur* du 27 septembre.

[2] Louis XVI avait barré son nom sur une liste de promotions présentée par le maréchal de Ségur et Luckner disait souvent qu'il avait *la barre sur le cœur.* Gay de Vernon, *Custine et Houchard*, 14.

[3] Lettre du 28 juin, *Journal de Paris*, 1er juillet.

Lafayette. Il priait le général de bien garder les commissaires dans le château de Sedan, parce qu' « il ne saurait qu'en faire, s'ils arrivaient jusqu'à lui ». Il assurait à l'aide de camp de Lafayette, Alexandre Romeuf, qu'il défendrait la cause de la monarchie constitutionnelle et il tenait à ses soldats le discours suivant :

Il fient t'arriver un crant accident à Paris ; l'ennemi qui l'est tefant nous, ché mè moque ; mais l'ennemi qui l'est terrière nous, ché mè moque pas. Si on fous tonne te l'argent, prenez, mangez, ché mè moque ; ne m'apantonnez pas : moi, ne fous apantonne chamais. Le chénéral Lafayette, il a fait arreter trois commissaires qui l'etaient fenus pour mettre le tesortre tans son armée; nous avoir bientôt le même fisite, et nous les recevoir te même. Foilà le aide de camp de Lafayette qui mé a apporté le noufelle, et qui tira à Lafayette les ponnes tispositions tes soldats te l'armée tu fieux Luckner[1].

Il ne cachait pas sa mauvaise humeur dans ses lettres au ministre et laissait échapper de sourdes menaces. Il rappelait qu'il avait prêté serment au roi et à la Constitution à la face de la France entière. Il lui tardait, disait-il, de connaître les causes d'un événement qui causait à son armée de vives inquiétudes. Il s'étonnait que l'Assemblée eût destitué Lafayette : « Je n'ai jamais vu M. de Lafayette que dans les vrais principes de la Constitution et, comme moi, il n'avait pour but que la nation, la loi et le roi. » Il blâmait la destitution de Victor de Broglie et l'épuration des états-majors. « La France, écrivait-il, n'aura bientôt plus un officier qui connaîtra le service. Le moment est-il favorable pour dégoûter ceux qui ont tenu ferme à leur poste ? De pareilles autorités déplairaient infiniment dans l'armée que je commande. Si je connaissais des officiers qui s'écartent des vrais principes de la loi, je serais le premier à les suspendre de leurs fonctions. » On lui recommandait de se défier de La Morlière qui commandait à Strasbourg : il répondait que La Morlière était un honnête homme et un brave militaire, chérissant la Constitution. Si ces titres, ajoutait-il, ont élevé des soupçons contre lui, je

[1] Lafayette, *Mém.*, III, 397-398.

dois m'attendre sans doute au même sort. Mais il n'osait se déclarer ouvertement contre le nouveau régime et, comme toujours, craignait de se compromettre par un acte décisif. Il reçut de Paris une *adresse aux armées* qu'on le chargeait de répandre parmi ses troupes et une lettre anonyme qui le sommait, au nom de l'honneur et de sa réputation militaire, de marcher sur la capitale pour sauver Louis XVI. « Généraux, officiers et soldats, disait l'auteur de l'adresse, le roi à qui vous avez juré d'obéir, est dans les fers et sera peut-être bientôt sur l'échafaud. Depuis le 10 août, jour d'horreur et d'ignominie, une faction atroce s'est emparée de toutes les autorités. Quittez vos armes, si vous ne voulez pas être regardés par l'Europe comme les compagnons des Jourdan, des Santerre, des brigands de Marseille et de Brest, ou plutôt réunissez-vous à ces souverains qui viennent, non vous combattre, mais vous secourir ; allez faire ensemble tomber les fers de votre trop bon et trop malheureux roi. » Luckner envoya l'adresse et la lettre au ministre de la guerre [1].

Il voyait la France entière se soumettre aux décisions de l'Assemblée et reconnaître le 10 août. Il voyait l'ancien maire de Metz, Anthoine, un des instigateurs et des chefs de l'insurrection parisienne, rentrer dans la ville en triomphateur, prendre sans obstacle possession de la mairie, rassembler les citoyens au son du tocsin, casser le conseil général et publier, aux applaudissements de la foule, les décrets de l'Assemblée. Le vieux sabreur, dont le caractère était un mélange singulier de faiblesse et d'astuce, comprit que la royauté avait perdu la partie ; il changea de langage ; il assura qu'il était jacobin, « *Sacretié, moi, ché si jacobi* » : il flatta le maire de Metz, et Anthoine, qu'on appelait alors un autre Pétion, écrivit au président de l'Assemblée législative qu'on pouvait compter sur le maréchal [2].

[1] Arch. guerre. Luckner à Clavière, 20, 21 et 22 août ; lettre du 17 août signée l. d. b. a. p. d. c. d. v.

[2] Arch. guerre, Anthoine au président de l'Assemblée, 21 août ; *Monit.* du 20 août, lettre de Metz, datée du 15 ; *Lettres de la marquise de Coigny*, 224 et 297 (lettre de Mme de Buffon) ; Lafayette, *Mém.*, III 397.

Mais, pendant que Luckner hésitait entre le roi et l'Assemblée, il ne faisait aucun effort pour arrêter ou retarder les progrès de l'envahisseur. Les alliés se rappelaient qu'en 1705, Villars, posté au camp de Sierck, avait empêché Marlborough de pénétrer en Lorraine ; mais Luckner, disaient-ils, n'est pas un Villars. Il pouvait, avant l'arrivée des Prussiens, se porter sur Trèves et occuper les défilés de l'Elsbach et du Martinsthal, « saisir, entre la Moselle et le Rhin, des positions qui nous procuraient un nouveau front de frontières, étroit et facile à conserver, nous soumettaient la navigation du Rhin et de la Moselle, retardaient la jonction des alliés [1] » ; il pouvait jeter une avant-garde à Taverne, près de Consarbrück, entre la Sarre et la Moselle, et barrer a l'ennemi la route de Trèves à Sierck et a Grevenmaker ; il pouvait, soit occuper une position près de Kerling ou derrière le Kanerbach, soit encore se poster à Tiercelet et à Crune. Il ne bougea pas, au grand étonnement de l'ennemi, qui n'avançait qu'avec circonspection ; il restait fixé à son camp de Richemont, à deux lieues de Thionville ; il se contentait de détacher à Fontoy une avant-garde de cinq bataillons et de neuf escadrons, commandée par Deprez-Crassier ; il laissait les Prussiens franchir la frontière et investir Longwy [2].

Il ne savait que se plaindre ; tantôt il se lamentait sur le nombre des ennemis qui s'augmêntait tous les jours ; tantôt il annonçait avec douleur que l'adversaire ne lui laisserait bientôt d'autre ressource que de se retirer sous les murs de Metz. D'Hangest avait pris le commandement de l'armée de Sedan, abandonnée par Lafayette, et priait le maréchal de venir à son secours. Luckner lui répondait par la plus décourageante des lettres. Pouvait-il quitter sa propre armée ? Il n'avait même pas un lieutenant-général qui fût en état de se rendre à Sedan ; d'Harville était « malade les trois quarts et demi du temps » et les autres officiers généraux de l'armée de Metz, d'Aboville, Valence, Berruyer, Jarry, le duc de Chartres, Pully, Linch, Deprez-Crassier, Ber-

[1] Math. Dumas, *Souvenirs*, II, p. 489.
[2] Massenbach, I, 35 ; Minutoli, *der Feldzug*, 55-56 et 69.

thier, n'étaient que maréchaux de camp. Plus je réfléchis sur la situation de la France, ajoutait Luckner, plus je m'attriste sur l'impossibilité d'un succès pour les armes françaises [1].

Le 21 août, le maréchal de camp Jarry, qui commandait l'avant-garde de l'armée, émigrait avec le colonel du 3e régiment de hussards, M. de Froissy [2]. Cette défection soudaine, en face des ennemis, deux jours après le combat de Fontoy, augmenta les bruits de trahison qui couraient dans l'armée. Je n'ai, écrivait Luckner au ministre, que de mauvaises nouvelles à vous annoncer. Le surlendemain (23 août), éclatait, comme un coup de foudre, la nouvelle de la capitulation de Longwy. Luckner fut atterré : il jeta un cri de désespoir ; les revers ne faisaient plus que se suivre et s'accumuler. Les événements, mandait-il à Paris, se succèdent avec une telle rapidité que j'ai à peine le temps de vous en rendre compte ; et, le jour même, sans faire la moindre tentative pour défendre ou regagner le terrain, avec une précipitation qui donnait à ce mouvement l'allure d'une déroute, il levait le camp de Fontoy, puis le camp de Richemont : il abandonnait Sarrelouis et Thionville à leurs propres forces : il reculait sur la rive droite de la Moselle et se réfugiait sous le canon de Metz. Le 24 août, à l'aube, l'armée du Centre campait à Frescaty, dans une position détestable, et, comme disait Kellermann, au fond d'un entonnoir [3]. Battue au combat de Fontoy, ébranlée par l'émigration de Jarry et par la capitulation de Longwy, coupée de Sedan, cette armée laissait la Lorraine ouverte à l'invasion. Inquiète, méfiante, découragée, elle ne se battait plus avec la même ardeur. Deprez-Crassier, annonçant à Luckner la prise de Longwy, lui mandait que le major de Hompesch avait, seul, mis en fuite toute une compagnie. « Il a pris un homme devant une compagnie de grenadiers, à la demi-portée de

[1] Arch. guerre, Luckner aux administrateurs de la Moselle (20 août) et à Clavière (21 août).

[2] Ce Jarry avait longtemps servi dans les troupes prussiennes ; il était entièrement dévoué à La Marck (Flammermont, *Négoc. secrètes de Louis XVI*, 23).

[3] Arch. guerre, Luckner à Clavière, 22 août.

fusil, et je vous le dis avec douleur, mon général, elle a quitté son poste, en voyant ce seul homme qu'elle pouvait exterminer [1] ! »

II. Les commissaires envoyés par l'Assemblée législative à l'armée du Centre, Delaporte, Lamarque et Bruat, arrivaient à Metz en même temps que Luckner. Ils y firent une entrée solennelle, au son de la vieille cloche de la Mutte et aux applaudissements des Messins. Mais l'enthousiasme de la patriotique cité ne dérobait pas aux représentants la triste situation de l'armée. A quelques lieues de Metz on leur avait dit qu'ils ne pourraient entrer dans la ville et que l'ennemi tenait la campagne environnante. Au dernier relais, le maître de poste leur refusa des chevaux, et ils durent employer la violence pour obtenir un changement d'attelage et poursuivre leur route.

Luckner pleura devant les commissaires de l'Assemblée. Il jura qu'il était fidèle à la nation et qu'il saurait mourir à son poste. Je n'ai, disait-il, d'autre désir que de me mesurer avec l'ennemi ; je n'ai jamais voulu me mêler de politique ; mon métier est de combattre ; je crois Louis innocent, mais la nation jugera. Ses protestations mêlées de larmes et son naïf jargon touchèrent les députés. Ils ne virent dans ce soldat incapable, « demi abruti [2] », qu'un vénérable guerrier, une sorte de Burrhus, franc et rude, qui ne savait pas farder la vérité et déplorait sincèrement les malheurs de la France Ils s'entretinrent durant quatre heures avec le maréchal. Il ne cessait de leur dire : que voulez-vous que je fasse avec 17,000 hommes contre 100,000 ennemis? Mais c'est égal, ajoutait-il, si je ne puis commander en maréchal de France, il me restera peut-être de quoi faire le partisan. Il flatta l'orgueil des commissaires ; il les assura qu'il était heureux de leur arrivée, qu'ils verraient par leurs propres yeux la faiblesse de son armée, qu'ils resteraient avec lui pendant toute la campagne; il souhai-

[1] Arch. guerre, Deprez-Crassier à Luckner, 23 août ; le fait est confirmé par Minutoli, *Erinnerungen*, 49, et *der Feldzug*, 86-87.

[2] Mot de Mme Roland.

tait de tout son cœur et pour l'acquit de sa conscience, que l'Assemblée entretînt auprès de lui des commissaires perpétuels. Bruat, Delaporte et Lamarque, trompés par ces belles paroles, crurent à la loyauté de Luckner et aux talents qu'il n'avait pas. Au fond, on lui reprochait surtout de se laisser dominer par son entourage ; il ne s'agissait donc que de le *désentourer*. Le maire de Metz, Anthoine, écrivait qu'il suffisait de délivrer le brave Luckner des intrigants qui le trompaient. Les officiers généraux de l'armée, attachés au nouveau régime, Valence, Beauharnais, demandaient le maintien du maréchal.

Les commissaires croyaient, en arrivant à Metz, que Luckner était un esclave des despotes, indigne de commander à des hommes libres, et ils avaient la ferme intention de le destituer. Au sortir de leur entretien avec le maréchal, ils résolurent de l'investir de la dictature militaire! Ils écrivirent au ministre de la guerre que Luckner était un général habile et le soldat le plus actif de son armée, que les troupes le chérissaient comme leur père, qu'il portait l'espérance partout où il paraissait, qu'il fallait le conserver à la nation, que d'ailleurs aucun officier ne consentirait à prendre le commandement en d'aussi difficiles circonstances. Ils proposèrent à la commission extraordinaire de l'Assemblée de nommer Luckner généralissime des armées du Centre, du Nord et du Rhin : il aurait tous les pouvoirs, il défendrait la frontière sous sa propre responsabilité, il destituerait et nommerait les officiers[1].

Mais Servan venait de prendre possession du ministère. Il comptait que Luckner donnerait sa démission après le 10 août, et le maréchal s'obstinait à garder son commandement! Il ne parlait, s'écriait Servan, que de retraite et de roi avant l'arrivée des commissaires, et depuis il ne parle que de soumission et de nouveaux serments! Mais l'ineptie de Luckner irritait Servan plus encore que sa duplicité. Au lieu de faire face aux enva-

[1] *Affiches de Metz*, nº 35, 30 août ; Arch. guerre. Les commissaires à la commission extraordinaire, 24 août, et au ministre de la guerre, 25 août.

hisseurs ou d'inquiéter leur flanc, au lieu de se porter entre Metz et Thionville, d'attendre les renforts d'Alsace et de couper les communications des alliés, au lieu de se tenir à portée de Verdun, Luckner cédait tout le terrain à l'adversaire et reculait derrière la Moselle! A la nouvelle de ce mouvement « inconcevable », Servan destitua le maréchal. Le 24 août, le *Moniteur* déclara que le grand âge de Luckner et son indifférence politique le livraient à de perfides influences, et que le trop facile vieillard se laissait circonvenir par les intrigants : par Jarry, Berthier et « autres contre-révolutionnaires ». Il rappela que Luckner avait changé de commandement avec Lafayette et consenti à un « mouvement croisé qui ouvrait la frontière et facilitait l'invasion », qu'il avait longtemps hésité avant de reconnaître l'autorité de l'Assemblée, qu'il ne savait agir que sur le champ de bataille. Le lendemain (25 août), Servan annonçait à l'Assemblée que Luckner, ayant exprimé des sentiments suspects et tenu des propos inciviques, était remplacé par Kellermann. Bravo, s'écriait une jacobine, femme d'un futur conventionnel, M. Servan a, sans hésiter, frappé un grand coup, et me voilà tranquille sur le civisme de nos armées dont les chefs seuls étaient à craindre[1].

III. Kellermann avait alors cinquante-sept ans. Successivement cadet dans le régiment de Lowendal (1750), enseigne de Royal-Bavière (1753), lieutenant des volontaires d'Alsace (1756), il s'était signalé par sa bravoure dans la guerre de Sept-Ans. Capitaine en second d'un régiment de dragons (1759), puis capitaine à la suite dans les volontaires du Dauphiné (1760) et dans la légion de Conflans (1763), il avait organisé en Pologne la cavalerie des confédérés de Bar. Nommé, à son retour en France, major (1779) et ensuite lieutenant-colonel (1780) de hussards, il était le 1er janvier 1784 brigadier des armées du roi, et quatre ans plus tard, à la veille de la Révolu-

[1] *Monit.* des 24 et 25 août ; *Journal d'une bourgeoise*, p. p. Lockroy, 1881, p. 252-253.

tion, maréchal de camp (9 mars 1788)[1]. Il adhéra résolument aux idées nouvelles et calma, tantôt dans le Haut-Rhin, tantôt dans le Bas-Rhin, les esprits des soldats aigris contre leurs officiers. J'ai été, disait-il plus tard, le premier général sans-culotte de cœur, et me suis déclaré jacobin à la naissance de cette société[2]. Devenu lieutenant-général au mois de mars 1792, il avait reçu le commandement des troupes établies au camp de Neukirch, en avant de Sarreguemines, au confluent de la Sarre et de la Blies; puis il avait mené sa division à Herxheim, entre Landau et Rheinzabern (27 juillet); mais quelques jours plus tard, sur l'ordre de Luckner, il se retirait à Lauterbourg. Dès qu'il apprit la journée du 10 août et le retour de Servan aux affaires, il écrivit au ministre, le félicita de son rappel qu'il « méritait si bien » et lui demanda le commandement en chef de l'armée de la Lauter. Je me flatte, disait-il, que je serai mis à ma place, je l'attends de votre amitié et de votre justice.

Ignorant, rédigeant ses dépêches en un style naïf et fort incorrect, émaillant ses lettres de nombreux germanismes, écrivant *Kalcreidt* pour « Kalkreuth », *Galbo* pour « Galbaud », *relâge* pour « relâche », et *débuté* pour « député », brave, mais sans discernement, perdant quelquefois au milieu du péril la liberté d'esprit nécessaire pour donner les ordres et guider une armée, Kellermann n'avait ni l'instruction supérieure, ni le caractère qui font le général en chef. La destination, disait Victor de Broglie, qu'on lui a donnée en le mettant à la tête du camp de Neukirch, est analogue au genre particulier de son talent, convenable à son caractère et semble ne pouvoir recevoir aucun degré d'extension[3]. D'ailleurs Kellermann était envieux; il jalousa Dumouriez et Custine; sous une apparente modestie il cachait un orgueil vif et irritable. Lorsqu'il ne commandait

[1] Cp. la notice de Salve, 1807, et surtout celle de Botidoux, 1817. Il est né à Strasbourg le 28 mai 1735.

[2] *Exposé de la conduite de Kellermann*, 1793, p. 36.

[3] Arch. guerre, Victor de Broglie à de Grave, 11 mai 1792; Victor de Broglie, dit Gay de Vernon, était, par ses connaissances et son expérience, le premier de son grade.

qu'une simple avant-garde, il s'intitulait général en chef de l'armée de la Sarre et des Vosges. Lorsqu'il remplaça Luckner, il manda superbement au ministre qu'il espérait sauver la frontière de la Lorraine comme il avait sauvé celle de l'Alsace. Après la canonnade de Valmy dont il ne voulait partager l'honneur avec personne, il se crut le plus grand général de l'Europe, et les Prussiens avaient à peine fait leur retraite qu'il demandait le bâton de maréchal de la république ; ce serait, écrivait-il, une pédotière (*sic*) que cette quantité de généraux en chef, s'il n'y en avait pas de supérieur, et j'ai eu affaire à quatre armées que j'ai chassées devant moi[1] ! Mais Kellermann était actif, appliqué, constamment préoccupé du bien du service. Personne ne mettait en doute sa haine de l'ancien régime. Le *Moniteur* accueillait avec joie la nomination de ce « brave général dont le patriotisme égalait les talents ». Les troupes le chérissaient. Toute l'Alsace louait son civisme, et dès le mois de juin les jacobins de Strasbourg avaient demandé qu'il fût nommé commandant en chef de l'armée du Rhin ; il est le seul de nos généraux, disaient-ils, qui ait notre confiance et qui l'ait tout entière[2].

Kellermann avait un autre mérite. Il estimait que les troupes de ligne et les volontaires de 1791 étaient seuls capables de résister à l'invasion. Il n'hésita pas à renvoyer sur les derrières de l'armée les bataillons de nouvelle levée qu'il voyait arriver sans armes et en haillons. Il ne gardait de chaque bataillon que les grenadiers et les cent hommes les plus robustes et les mieux vêtus, les grenadiers pour servir dans les troupes légères, les

[1] Arch. guerre, corresp. de Kellermann avec le ministre ; lettre du 2 septembre ; Robinet. *Procès des dantonistes* (lettre de Kellermann à Fabre d'Eglantine), 1879, p. 530-533.

[2] Arch. guerre. Victor de Broglie à de Grave (11 mai) « il a activité et volonté, son zèle pour la Constitution est bien connu » ; Biron à Servan (23 août) « il a l'amour et la confiance du soldat » ; les jacobins de Strasbourg au ministre de la guerre (juin) ; « qui, Monsieur, peuvent mieux que nous apprécier le vrai mérite, nous sans cesse occupés du bien et de la chose publique, nous qui suivons sans cesse les opérations et même les évolutions militaires de l'ensemble ?... Kellermann jouit de la considération, et, de plus, de la confiance des soldats et des citoyens ». Cp. le *Monit.* du 24 août.

autres pour être pionniers et ne combattre que derrière des retranchements. Je ne veux, dit-il, que des hommes de ligne ou des volontaires d'ancienne levée; quant aux nouvelles recrues, sans armes, sans instruction, que peut-on en faire [1]?

Il arriva le 27 août à Metz. Les commissaires de l'Assemblée ignoraient encore l'arrêté du Conseil exécutif qui nommait Kellermann à la place de Luckner. Cette nouvelle les surprit et les peina. On brisait Luckner à l'instant même où ils vantaient son expérience et la franchise de sa conduite. Ils annoncèrent au maréchal sa destitution avec de grands ménagements. Mais Luckner entra dans une colère violente; il fit écrire aussitôt à Servan que son patriotisme était sans tache, qu'on essayait vainement de le diffamer aux yeux de sa patrie adoptive et de l'Europe entière, qu'il irait vivre dans la retraite à Strasbourg en s'efforçant d'oublier la honte dont on avait voulu souiller sa longue et glorieuse carrière. La lettre finie, il prit la plume et signa : le triste maréchal Luckner. Les commissaires et Kellermann cherchèrent à calmer le vieux reitre qui pleurait plus que jamais sur sa disgrâce, ils le firent dîner avec eux, ils le comblèrent de prévenances. Les commissaires lui promirent d'envoyer un courrier extraordinaire au conseil exécutif et de demander avec instance qu'il fût nommé généralissime des trois armées. Kellermann consentit à patienter quelques jours avant de prendre son commandement. Luckner s'apaisa peu à peu; il versa de nouvelles larmes, non plus de douleur, mais de joie et de reconnaissance. Y a-t-il, écrivait Biron, en apprenant cette comédie, une position plus bizarre, j'oserais même dire plus ridicule, que celle de Kellermann à Metz? De tous les côtés, chacun n'a fait que la moitié de ce qu'il voulait [2].

Le Conseil exécutif se rendit aux sollicitations des commissaires et de Kellermann. Il nomma Luckner gé-

[1] Arch. guerre, Kellermann à Lajard, 1er juillet; Servan, 10 juin et 23 août (cp. Rousset, *Les Volontaires*, 100), et à Dumouriez, 6 septembre.

[2] Arch. guerre, Luckner à Servan, 27 août; Kellermann à Servan, 27 août, et à Biron, 28 août; Biron à Custine, 30 août.

néralissime Mais cette nouvelle fonction du maréchal n'était qu'un vain titre qui chatouillait son amour-propre, lui conservait de gros appointements et le rendait inutile. On lui donnait toutes les armées à commander, afin qu'il n'en pût commander aucune. On l'éloignait du théâtre des opérations ; on le plaçait dans l'intérieur, à Châlons, sous la réserve expresse qu'il ne pourrait donner aux généraux que des conseils. On le chargeait d'organiser les nouvelles levées, mais on lui donnait un coadjuteur, Laclos, qui devait contre-signer toutes ses lettres. Cette nomination nous a étourdis, disait une jacobine, mais il est peut-être prudent de retenir Luckner par un honneur insignifiant qui nous l'attache sans nous compromettre. C'était l'avis de Couthon ; le maréchal, écrivait-il, n'obtient qu'une fiche de consolation, et il était politique de la lui accorder. Luckner à Châlons, lit-on dans le journal de Prudhomme, Luckner sans pouvoir immédiat sur l'armée, Luckner délivré des traîtres qui l'ont à jamais perdu, Luckner ne saurait être dangereux, et fatigué lui-même de sa nullité, nous le verrons bientôt demander sa retraite de généralissime *in partibus*[1].

IV. Cependant les commissaires de l'Assemblée avaient terminé leur enquête Elle portait à la fois sur la situation de Metz et sur l'armée campée sous les murs de la ville. Elle n'avait abouti qu'à d'affligeantes conclusions.

La garnison de Metz ne comptait que 4,000 hommes : quatre compagnies d'artillerie, quelques détachements d'infanterie et de cavalerie, et surtout beaucoup de gardes nationaux de différents départements, la plupart sans armes et sans uniforme, « troupes de nouvelle levée, disait Kellermann, qui occasionneront en cas de siège plus de désordres qu'ils ne seront utiles ». On n'avait rien préparé pour assurer la défense de la place ; Metz, écrivait le nouveau général d'armée, n'est nulle-

[1] *Monit.* du 31 août (arrêté du pouvoir exécutif) ; *Journal d'une bourgeoise*, 282 ; *Corresp.* de Couthon, 185 ; *Révolutions de Paris*, n° 164, 379.

ment en état de résister aux ennemis ; les troupes sont sans munitions, et les points les plus essentiels, sans canon. La défiance régnait dans la ville et le 9 septembre une proclamation du Conseil de guerre mettait les habitants en garde contre les alarmistes et les traîtres : « Des malveillants vous entourent de toutes parts, on vous agite, on répand des bruits exagérés, les sots les croient, les intrigants les propagent, et ils servent, par là, la cause de nos ennemis beaucoup mieux que les baïonnettes dont ils sont armés [1]. »

Quant à l'armée qui campait à Frescaty, elle ne comptait comme l'avait dit Luckner, que 17,000 hommes ; elle se méfiait de l'état-major et des entours du maréchal ; il faut, écrivaient les commissaires, purger une armée où les patriotes sont en petit nombre, mais est-ce le moment d'en venir aux grands moyens quand l'ennemi est là ? Kellermann partageait leurs craintes ; cela va mal, disait-il, et l'armée n'est pas organisée comme il le serait à désirer [2].

Mais son arrivée rendit peu à peu aux troupes le sang-froid et la confiance. Luckner avait, dans les derniers jours de son commandement, propagé l'alarme par son effarement sénile. Kellermann était dans la force de l'âge ; on le savait brave, et à cette époque critique, dit Gay de Vernon, il fallait qu'un général donnât l'exemple presque aussi souvent que la direction ; on connaissait son dévouement à la Révolution ; les soldats le virent déployer une grande activité ; ils furent désormais certains que leur général n'éprouverait pas à l'heure du péril les défaillances qu'avait causées à Luckner l'irruption des masses prussiennes. Kellermann, écrivait Valence quelques jours plus tard, se conduit à merveille et il est fort aimé ; nous sommes fermes, tranquilles, pas trop mal pour la discipline, et, si les officiers voulaient, elle serait excellente [3].

[1] Arch. guerre. Kellermann à Servan, 2 septembre ; Bouillé disait déjà dans un *mémoire* rédigé en novembre 1790 (*Tableau hist.*, I, 75) que la place de Metz était « très mauvaise ».

[2] *Id.* Les commissaires au président de l'Assemblée, 24 août ; Kellermann à Servan, 28 août.

[3] *Id.* Valence à Biron, 11 septembre.

D'ailleurs les renforts arrivaient. Servan, préoccupé du salut immédiat de la capitale, n'hésitait pas à dégarnir la frontière de l'Alsace. Il prit à l'armée du Rhin quelques-uns de ses meilleurs bataillons pour les donner à Kellermann. « L'attaque de l'ennemi est maintenant décidée, écrivait-il à Biron, et ce n'est pas de votre côté; il ne faut laisser en Alsace que ce qui est absolument indispensable. Le grand point est de sauver Paris. Si nous avions le malheur de perdre quelques parties des frontières, nous parviendrions à les reprendre; si Paris est pris, je ne sais plus prévoir ce qui arriverait. » Sur l'ordre de Biron, Custine envoya du camp de Wissembourg 8,500 hommes à l'armée du Centre. C'étaient deux bataillons de grenadiers, 6 bataillons de volontaires, 3 régiments d'infanterie de ligne et 5 régiments de cavalerie.

Ces renforts, conduits par Sheldon, quittèrent Wissembourg le 30 août. Deux heures après le départ, Sheldon était frappé d'apoplexie et ramené sans connaissance à Wissembourg; c'était, dit Biron, un bon officier qui faisait son service avec une exactitude scrupuleuse et une inébranlable fermeté. de tels officiers sont au moins aussi rares que les grands talents. Muratel prit le commandement des troupes et rejoignit l'armée du Centre le 5 septembre. Kellermann renvoya trois bataillons de volontaires du Bas-Rhin qui n'avaient pas d'armes; ils n'auraient fait, écrit-il, qu'augmenter la dépense sans rendre un service utile; mais il garda le reste [1].

L'armée du Centre comptait désormais 22,000 hommes. Son avant-garde formait trois corps. Le premier était formé de la légion Kellermann que commandait le lieutenant-colonel Salomon. Le second, composé de deux bataillons d'infanterie et de trois régiments de cavalerie [2], avait à sa tête le maréchal de camp Deprez-Crassier qui s'était signalé au combat de Fontoy; le

[1] Arch. guerre, Custine à Biron (30 août); Biron à Custine (3 septembre); Kellermann à Biron (3 septembre), et à Servan (9 septembre).

[2] 1er bataillon d'infanterie légère, 1er bataillon de grenadiers, 3e régiment de hussards, 4e de dragons, 1er de chasseurs.

chef d'état-major de Deprez-Crassier était l'Alsacien Schérer, son ancien compagnon d'armes dans la légion de Maillebois, le futur ministre de la guerre et général de l'armée d'Italie. Le troisième corps d'avant-garde, sous les ordres du maréchal de camp La Barolière, comprenait trois régiments de chasseurs à cheval et un bataillon de grenadiers [1].

La réserve avait pour chef un des meilleurs généraux de l'armée. Valence Gendre de Mme de Genlis, Cyrus de Timburne Timbronne, comte de Valence, avait obtenu par le crédit du duc d'Orléans le grade de colonel du régiment de Chartres-Dragons (14e dragons). Il était maréchal de camp depuis 1791. Il venait de repousser une reconnaissance tentée par le prince de Waldeck sur Ladonchamp et la Maison-Rouge (31 août) et avait reçu, à la suite de ce fait d'armes, le brevet de lieutenant-général. On ne doit, écrivait Kellermann, avoir aucun doute sur sa manière de penser qui est franche et loyale Il demandait même pour Valence le titre de commandant en second de l'armée du Centre « pour n'être pas gêné dans la confiance particulière qu'il avait en lui ». Valence, dit Napoléon, fut toujours national, et Dumouriez, dont il devint un des lieutenants préférés, assure qu'étranger à tous les partis, il ne consultait que son civisme, sa droiture et son désir de se distinguer [2].

La première ligne de bataille était commandée par le général Linch. Il était Anglais; mais il avait pris de bonne heure du service dans l'armée française et se distinguait à la fois par une bravoure extraordinaire et par l'originalité de son caractère. Il fit la guerre dans l'Inde, puis en Amérique, sous les ordres du comte d'Estaing. Il assistait au siège de Savannah; chargé, au moment

1 1er bataillon de grenadiers ; 8e, 9e et 10e régiments de chasseurs à cheval.

2 Kellermann à Servan, 2 et 14 septembre (arch. guerre); Dumouriez, *Mém.*, I. p. 222; Las Cases, *Mémorial*, III. 114. La réserve que commandait Valence se composait des deux régiments de carabiniers et du 17e de cavalerie, du 3e régiment de ligne, et de cinq autres bataillons (1er bataillon de grenadiers de ligne, 3e bataillon de gardes nationales, 6e bataillon de grenadiers nationaux, 4e bataillon de grenadiers du Rhin, 2e bataillon de grenadiers).

de l'assaut, par d'Estaing qui commandait la colonne de droite, de porter un ordre très urgent à la colonne de gauche, Linch s'avança froidement entre les deux partis, sous une grêle de balles et de boulets. On lui criait de passer par le centre ou par la queue des colonnes. Linch continua sa marche, et, sa mission remplie, revint par la même route. Vous avez le diable au corps, lui dit d'Estaing, pourquoi avez-vous pris ce chemin où vous deviez périr mille fois ? — C'était le plus court, répondit Linch, et il alla se placer au premier rang de la colonne d'assaut[1]. Attaché depuis à l'état-major de Rochambeau, il avait été nommé maréchal de camp le 6 février 1792 et devint plus tard lieutenant-général.

La ligne dont Linch avait le commandement était forte de huit régiments d'infanterie et de quatre régiments de cavalerie. Les huit régiments d'infanterie formaient deux brigades ; le 1er, le 24e, le 81e et le 22e de ligne appartenaient à la première brigade ; le 5e, le 90e, le 102e et le 44e, à la seconde.

La cavalerie se composait de deux brigades ; l'une de cavalerie proprement dite, et l'autre, de dragons. La cavalerie, commandée par Pully, qui reçut le 19 septembre son brevet de maréchal de camp, comprenait le 8e et le 10e régiment : le 8e était le seul régiment de cuirassiers que comptait alors l'armée française[2] ; le 10e était l'ancien Royal-Cravate. Pully avait ces deux régiments dans sa main ; il avait été lieutenant-colonel de Royal-Cravate et colonel du 8e cavalerie[3].

[1] Ségur, *Mém.*, I, 475-476 ; cp. p. 472-475 le curieux récit de l'aventure arrivée à Linch et au comte de Deux-Ponts faits prisonniers, en allant de La Guayra à Porto-Cabello, par une frégate que commandait Nelson, et relâchés le lendemain.

[2] C'était l'ancien régiment des cuirassiers du roi qui passèrent le Rhin les premiers en 1672 sous les ordres du comte de Revel et combattirent à Senef. Il était devenu le 8e régiment de cavalerie et avait conservé son armement. Il avait été commandé depuis 1788 par Ch. de Lameth, puis par Pully ; son colonel était alors Desprès-Marlière. C'est ce régiment qui fit, le 6 août 1870, la célèbre charge de Morsbronn ou de Reichshoffen. (*Histor. du 8e régiment de cuirassiers*, 1875.)

[3] Voir sur Pully les *Souvenirs du colonel de Gonneville*, 2e édition, 1876, p. 9 ; le fils de Pully avait émigré (D'Allonville, *Mém. secrets*, II, 391). Pully fut plus tard adjoint au comité d'instruction (Iung,

La seconde brigade de cavalerie de la première ligne se composait des 14e et 17e régiments de dragons. Elle était dirigée par le duc de Chartres, qu'on nommait alors « M. Chartres, prince français » et qui fut plus tard Louis-Philippe. Colonel propriétaire de Chartres-dragons, le jeune duc avait pris depuis la Révolution le commandement effectif de ce régiment, devenu le 14e dragons. Il avait assisté comme volontaire à la déroute de Mons et, disait Biron, essuyé pour la première fois les coups de fusil de la manière la plus brillante et la plus tranquille. Le 7 mai 1792 il était nommé maréchal de camp à l'ancienneté ; il n'avait alors que dix-neuf ans. Je n'ai pas encore vu, lui dit Kellermann, d'officier général aussi jeune ; c'est, répondit le duc de Chartres, que je suis le fils de celui qui vous a fait colonel[1]. Le duc de Montpensier ou, comme on l'appelait, M. Montpensier, accompagnait son aîné et lui servait d'aide de camp.

La seconde ligne de l'armée du centre, commandée par Muratel[2], était formée des troupes qui venaient d'Alsace ; la défense de Paris, écrivait Biron, doit passer avant tout, et j'ai fait marcher tout ce que j'avais de meilleur. L'infanterie de ligne, la plus belle, disait Custine, qui fût au camp de Wissembourg, comprenait les 8e, 30e et 62e régiments, ci-devant Perche, Salm-Salm et Nassau ; la cavalerie, le 1er dragons, le 8e et le 10e chasseurs, le 4e et le 19e cavalerie autrefois la Reine et Royal-Normandie). Deux bataillons de volontaires de 1791, le 1er de Saône-et-Loire et le 2e de la Moselle, appartenaient à cette ligne de bataille.

L'artillerie, à laquelle on avait attaché en qualité d'auxiliaires les volontaires du 1er bataillon de l'Yonne, était sous les ordres d'un savant officier, d'Aboville, inventeur des roues à voussoir et inspecteur général de l'arme. C'est le véritable vainqueur de Valmy. Il avait

Bonaparte, III, 57), commanda en 1800 la seconde division de l'armée de Macdonald (Math. Dumas, *Souv.*, III, 197), et organisa la levée de 1813 à Versailles (Fain, *Man. de 1813*, I, 113).

[1] Vatout, *Le Palais-Royal*, 1838, p. 221. Il fut nommé lieutenant-général le 11 septembre.

[2] Maréchal de camp depuis le 8 août.

pris part à la guerre d'Amérique et commandé les batteries qui firent brèche dans Savannah. Il devait recevoir le 7 septembre le grade de lieutenant-général et diriger l'artillerie sur le champ de bataille de Wagram. L'habile Senarmont, ancien colonel du régiment de Besançon et maréchal de camp depuis le 18 juillet, était le chef d'état-major de d'Aboville et commandait en second l'artillerie de l'armée du Centre [1].

Berthier resta quelques jours encore chef de l'état-major général. Plus administrateur que militaire, plus propre à l'organisation qu'au commandement d'une armée, admirablement doué pour le rôle qu'il joua successivement près de Luckner, de Kellermann et de Napoléon, habile à saisir rapidement la pensée du général en chef et à pourvoir dans les moindres détails à l'exécution des plans les plus vastes, Berthier montrait déjà sous la Révolution les qualités qu'il déploya sous l'empire avec tant d'éclat. Mais ses talents ne faisaient pas oublier son royalisme, ses liaisons avec Lafayette et l'ascendant qu'il avait pris sur Luckner. On se rappelait sa bruyante protestation contre le 20 juin, la haine implacable qu'il avait vouée publiquement au parti populaire, la lettre où il jurait à Louis XVI de combattre les factieux avec les mêmes armes que les ennemis extérieurs. Vainement Berthier, qui se sentait menacé, envoyait à la Convention 300 livres pour les frais de la guerre et deux croix d'or pour les veuves et les enfants des patriotes tués dans la journée du 10 août. Servan exigea sa destitution. Kellermann ne se sépara de Berthier qu'avec peine; je ne puis, écrivait-il, que me louer de son zèle et de son activité, il n'a point manifesté une façon de penser qui soit contraire au bien de la chose publique [2]. Il le rem-

[1] Alexandre-François de Senarmont, général de division en 1793, prit sa retraite à la fin de la même année et mourut en 1805 ; il ne faut pas le confondre avec son fils Alexandre-Antoine, né à Strasbourg le 21 avril 1769, et alors élève de l'école de Châlons.

[2] Berthier à Louis XVI, camp de Menin, 27 juin (*Journal de Paris*, 2 juillet) ; *Monit.* du 25 septembre ; Kellermann à Servan, 11 septembre (arch. guerre) ; il se servit de lui à l'armée des Alpes. Il n'y avait pas, a dit Napoléon, de meilleur chef d'état major que Berthier. Il n'était pas capable de commander cinq cents hommes, mais c'était un état de situation ambulant (Foy, *Guerre de la Pén.*, I, 73).

plaça par l'Alsacien Balthazar Schauenburg, qui fut nommé maréchal de camp le 7 septembre, et qui devait, en 1798, commander l'armée d'Helvétie. Schauenburg avait alors trente-deux ans de service : il avait passé par tous les grades et se vantait de devoir à la Révolution son brevet de colonel et celui de général[1].

On remarquait encore dans l'état major de Kellermann les deux adjudants-généraux Duvigneau et d'Hédouville et le capitaine du génie Devaux. Hédouville, récemment capitaine au 6e régiment de chasseurs, puis adjoint à l'état-major, venait de recevoir son brevet d'adjudant lieutenant-colonel ; il sert avec beaucoup de distinction, disait Luckner, et supporte tout le poids de l'état-major ; ce fut cet Hédouville qui pacifia la Vendée et représenta la France en Russie. Le capitaine Devaux, que nous retrouverons plus tard, devait jouer un rôle important à la fin de la campagne[2].

Telle était la composition de l'armée du Centre qui devait trois semaines plus tard affronter victorieusement sur le tertre de Valmy la canonnade des Prussiens. Elle ne comptait guère que des troupes de ligne et, jointe à l'armée de Dumouriez, elle était assez forte pour arrêter les envahisseurs.

Le jacobin Philibert Simond, député du Bas-Rhin, la rencontra quelques jours plus tard, sur le chemin de Vitry-le-François, lorsqu'elle se portait au secours de l'armée du Nord campée près de Sainte-Menehould. Elle était, dit-il, dans un grand état de délabrement ; mais ses soldats, qui n'avaient pas de souliers, paraissaient tous gais et dispos : ils ne se plaignaient pas et n'avaient à la bouche d'autre mot que *ça ira*. Le conventionnel s'entretint avec Kellermann et Valence ; les deux généraux avouèrent qu'ils ne pouvaient « garantir tous les officiers », mais, ajoutaient-ils, la très grande majorité est bonne et nous répondons du patriotisme et des excellentes dispositions de chaque soldat[3].

1 *Schauenburg à la Convention*, 1793, p. 7.

2 Voir sur Hédouville la lettre de Luckner à Servan (28 mai, arch. nat., AA, 61), et de Martel, *Les historiens fantaisistes*, 1885, II, p. 15.

3 Discours de Simond aux jacobins ; Journal des Jacobins, 19 septembre.

CHAPITRE VII

VERDUN

I. Desseins de Brunswick. — Le camp de Praucourt. — II. Châtillon-l'Abbaye. — Aventures de Gœthe. — Une marche du diable. — III. Situation de Verdun. — Galbaud. — Beaurepaire. — IV. Mesures de défense. — L'investissement. — La garnison de Verdun. — Pichon et Bousmard. — V. Le conseil défensif. — Tentative de secours. — VI. La première sommation. — Le bombardement. — VII. Manifestation des habitants. — Délibération du conseil défensif. — VIII. La seconde sommation. — Adresse des corps administratifs. — Suspension d'armes. — IX. Suicide de Beaurepaire. — X. Neyon. — Capitulation de Verdun. — Sortie de la garnison et entrée des Prussiens. — Désordres dans la ville. — Le meurtre de Henkel. — Accueil fait aux envahisseurs. — Le bal. — Les donneuses de bonbons. — Patriotisme de la population. — Causes de la reddition. — XI. Expédition de Saint-Mihiel. — Madame Sauce. — Le maire de Varennes, Georges. — Ternaux et Gossin.

I. Pendant que l'armée de Metz passait des mains de Luckner dans celles de Kellermann, le duc de Brunswick marchait sur Verdun. Il aurait pu disperser l'armée de Sedan que Dumouriez ne commandait pas encore. Ce fut le 22 août qu'il apprit la fuite de Lafayette. Longwy se rendit le lendemain. Il était aise de détacher sur-le-champ un corps de quinze à vingt mille hommes qui se serait porté sur Sedan et aurait, dans le désordre qui régnait, culbuté tout par une attaque soudaine. L'armée de Sedan, disait Caraman, ne sait plus où donner de la tête. Du 22 au 28 août, assure Dumouriez, elle se serait débandée à la vue des ennemis. Brunswick, écrivait

Luckner, sait qu'elle n'a pas de général, et il profitera du moment pour lui tomber dessus[1]. Mais le duc était toujours en proie aux mêmes perplexités, et ne fut jamais homme à se jeter sur l'adversaire avec la promptitude et la confiante impétuosité que déployèrent plus tard les généraux de la Révolution.

Du moins, puisqu'il voulait conquérir le nord-est de la France pied à pied, par une guerre méthodique, en assurant à la fois ses quartiers d'hiver et sa retraite, pourquoi n'attaquait-il pas Montmédy ? Sans doute, disait Luckner à la nouvelle de la prise de Longwy, que cette même armée tâchera de prendre également Montmédy ; alors elle aura une retraite assurée sur Luxembourg et une trouée suffisante pour s'avancer sur notre territoire[2]. Mais Montmédy était une ville de guerre, très bien casematée ; on ne comptait pas la prendre par un coup de main ou en y jetant des bombes, et, faute de grosse artillerie, il était impossible de l'assiéger dans les règles. On se tourna contre Verdun ; on savait la place mauvaise ; on espérait que la bourgeoisie ouvrirait, comme à Longwy, les portes de la ville[3] ; enfin, Verdun, une fois pris, serait le grand entrepôt de vivres des alliés et le point où s'opérerait le plus facilement le passage de la Meuse. On marcherait de là sur Paris ; les émigrés se disaient sûrs de trouver dans l'intérieur un puissant parti qui se déclarerait en leur faveur ; à les entendre, il ne s'agissait que de pénétrer plus avant et de montrer au pays le sauveur qui s'approchait. Le roi de Prusse les croyait aveuglément ; on assure, écrivait Lombard dès le 25 août, que nous irons droit sur la capitale, et plaise à Dieu que nous puissions arriver à temps pour sauver la vie du malheureux Louis XVI !

Brunswick céda une fois encore aux désirs de Frédéric-Guillaume et de l'émigration. Ce n'est pas sans de graves

[1] Lombard, *Lettres*, 298-299 ; Fersen, II, 356 ; Dumouriez, *Mém.*, I, 323 ; Luckner à Clavière, 22 août (arch. guerre).

[2] C'est une des fautes que Dumouriez reproche à Brunswick. *Mém.*, I, 323 ; la raison de guerre, dit l'auteur du *Tableau historique* (II, 82), semblait prescrire de prendre Montmédy ; Luckner à Clavière, 24 août (arch. guerre).

[3] Lombard, *Lettres*, 301.

motifs, dit Massenbach, qu'on marche de Longwy sur Verdun, en laissant Metz et Thionville sur ses derrières et deux armées ennemies sur ses flancs ; le duc parut devant Verdun en général qui fait une tentative politique[1].

Mais Brunswick perdit cinq jours devant Longwy. Il attendait que la boulangerie de l'armée eût quitté Luxembourg et cuit la quantité de pain nécessaire. Les troupes demeurèrent du 24 au 29 août, sous une pluie incessante, dans le camp de Praucourt. Les contemporains ont tracé le tableau le plus affreux de ce campement. Une nuit, dit le prince royal, un orage terrible éclata, les tentes furent renversées par le vent, et tout nagea dans l'eau. Le sol était si boueux que Gœthe passait les nuits dans sa voiture et se faisait porter par les soldats pour ne pas faire trente pas dans cette fange épaisse. On ne prenait aucune précaution hygiénique; la terre était jonchée des plumes de volatiles dérobés dans les fermes, d'entrailles de moutons et de porcs, de peaux de brebis. Un large fossé qui détournait l'eau des prairies, avait été comblé par les débris de toutes sortes qu'y jetaient les soldats ; la digue se rompit sous de violentes averses, et les immondices, entraînées par l'eau, se répandirent dans tout le camp. Aussi, à Praucourt, comme à Coblenz et à Consarbrück, sévissait la dysenterie. L'humidité du terrain, la mauvaise nourriture, l'eau malsaine augmentaient le nombre des malades. On dut transformer en hôpitaux l'hôtel de ville de Longwy et la maison du commandant de place. Le découragement gagnait les troupes. Gœthe raconte qu'on pénétrait sans obstacle dans leur camp, et, lorsqu'il vint à Praucourt, le 27 août, il ne rencontra pas une vedette, pas une patrouille; tout le monde s'était blotti sous la toile. On se gardait négligemment, non pas avec l'imprudence naturelle aux victorieux ; mais on était maussade, on avait de l'humeur, on ne prenait pas la peine de combattre l'impression de langueur et d'abattement que causaient

[1] Massenbach, *Mém.*, I, 40-41 ; l'auteur du *Tableau historique* (II, 82) dit aussi que la politique appelait Brunswick à Verdun plus que l'art de la guerre ; cp. Lombard, *Lettres*, 300.

la fatigue et le mauvais temps. Ainsi se passa toute la campagne : quand on est trempé par la pluie, écrit Valentini, on n'a pas envie de se mouvoir; on reste où l'on est, sous la tente et dans la boue ; le hussard s'enveloppe de son manteau et ne voit rien; tout cela explique, de la façon la plus naturelle, nos pertes de temps, les nouvelles que nous recevions trop tard, et nos longues stagnations [1].

II. Cependant Brunswick prenait ses dernières mesures avant de se porter sur Verdun. Après tout, cette marche achevait le mouvement qu'il avait commencé; il se jetait entre l'armée de Sedan et celle de Metz et empêchait leur jonction. Il pensait avec raison que Kellermann s'efforcerait de donner la main à Dumouriez. Il envoya Clerfayt vers Montmédy et Stenay pour retarder la marche de Dumouriez et couvrir le siège de Verdun. Il donna l'ordre à Hohenlohe-Kirchberg d'investir Thionville, d'observer Kellermann et de protéger ainsi le flanc gauche des Prussiens [2].

L'armée quitta Praucourt le 29 août. Elle ne trouva que de mauvais chemins. Le sol était tellement gras que les roues des canons semblaient ne former qu'une masse de boue Gœthe vit sur sa route plus d'un fusilier harassé qui ne pouvait se traîner [3]. Mais, tout en maugréant contre les obstacles qu'on rencontrait, on admirait la fertilité du pays. Les villages, où l'on ne voyait que de rares habitants, charmaient le regard par leur aspect riant et coquet. Partout des maisons et des granges récemment construites ; partout l'apparence du bien-être et de l'aisance. Nous réparons nos habitations, disait un paysan à un officier prussien, nous ne le pouvions pas *au temps du despotisme royal* [4], parce que la cour, la noblesse et le clergé nous prenaient tout jusqu'à notre der-

[1] Valentini, 10 ; cp. sur le camp de Praucourt *Rémin.*, 151 ; Gœthe, 16 ; Témoin oculaire, I. 115 ; Laukhard. III, 120, 123, 126.

[2] Caraman à Breteuil, *Fersen*, II, 356 : « On cuit du pain et on veut prendre tous les moyens d'ensemble avec Hohenlohe et Clerfayt » ; Minutoli, *der Feldzug*, 107 ; Renouard, 138 ; Sybel, I, 550.

[3] *Rémin.*, 151 ; Gœthe, 25 : Laukhard, III, 129-130.

[4] En français dans l'original ; Témoin oculaire, I, 129-131.

nier liard. On passa devant Châtillon-l'Abbaye; c'était un des premiers biens nationaux que voyaient les Prussiens; le propriétaire avait jeté bas une partie de l'édifice et vendu les pierres aux habitants des environs. L'ancien meunier de l'abbaye conta aux officiers qu'il avait acheté le moulin et quelques arpents de terre pour seize cents livres; c'est assez cher, ajoutait-il, et les moines l'avaient eu à meilleur marché. Sur toute leur route, les Prussiens se convainquirent des mensonges des émigrés. On leur avait dit que les paysans, épouvantés par l'anarchie, abandonnaient la culture des campagnes et n'éprouvaient que de l'horreur pour la Révolution. Ils virent des potagers bien entretenus, des champs ensemencés avec soin, des terres qu'on s'efforçait d'améliorer par un travail assidu. Ils entendirent les habitants vanter les bienfaits du nouveau régime. La Lorraine, écrit Minutoli, où se développèrent en réalité toutes nos forces, était peut-être moins fanatique que le reste du pays, mais assurément la population était plus républicaine que royaliste. Plus de dîme et de redevances, disaient les paysans aux Prussiens qui les interrogeaient curieusement, on peut penser à soi et mettre quelques écus de côté; nous sentons maintenant que nous sommes des hommes, et non plus des esclaves; d'ailleurs tout est moins cher, et la livre de sel, qui valait de six à sept sous, ne coûte plus que deux sous [1].

Le 30 août, après avoir campé près de Pillon, l'armée prussienne s'engagea sur la chaussée qui menait à Verdun. Gœthe s'était joint à un escadron de hussards qui précédait l'avant-garde. Près d'Ormont, un coup de feu retentit dans les vignes. On y courut; on saisit un paysan noir, barbu, sauvage, qui tenait à la main un pistolet de poche. Il soutenait obstinément qu'il n'avait tiré que pour effaroucher les oiseaux qui venaient becqueter ses raisins. On voulut le pendre; heureusement pour lui, il n'y avait pas d'arbre dans le voisinage. On le relâcha en lui donnant quelques coups de plat de sabre, et il s'enfuit à toutes jambes; son chapeau gisait sur le sol; on lui

[1] Minutoli, *der Feldzug*, 104; Témoin oculaire, I, 119, 129-131; Laukhard, III, 123-124.

criait gaîment de venir le reprendre, mais il courait plus fort. Entre Ormont et Samogneux, Gœthe et ses compagnons rencontrèrent une carriole menée par un jeune garçon : une belle jeune fille pencha au dehors un visage inquiet ; par peur des Prussiens, ses parents l'envoyaient au loin chez des amis. et voici qu'elle tombait dans la gueule du loup. Un galant officier, suivi de deux hussards, la ramena sur-le-champ à Samogneux, et quelques heures plus tard, debout sur un petit mur, au milieu des siens, la jolie fugitive saluait l'escadron d'un sourire reconnaissant [1].

Mais le reste de l'armée ne s'attardait pas aux aventures. Comme s'il se repentait de ses précédentes lenteurs, l'état-major avait prescrit une marche forcée. La chaleur était extrême [2] : bientôt une foule de fantassins restèrent en arrière : quelques-uns moururent d'épuisement ; le prince royal vit un mousquetaire du régiment d'Herzberg qui rendait le sang par la bouche. Le tiers de l'armée était répandu au hasard et comme dans une déroute, sur le chemin de Verdun. 4,000 hommes, et parmi eux, la moitié des régiments de Budberg et de Schönfeld n'arrivèrent qu'à la nuit tombante au camp de Bras. C'est une marche du diable, tel était le cri général des soldats.

Brunswick voulait asseoir son camp sur les hauteurs du mont Saint-Michel. On voyait de là Verdun entouré presque partout de coteaux plantés de vignes. On admirait ce « joli tableau » ; on se montrait, les uns aux autres, la ville au fond de la vallée où la Meuse coulait lentement au milieu des jardins et des prairies, les remparts bordés de tilleuls et de charmes magnifiques, plus à droite et sur une hauteur, la citadelle [3].

[1] Gœthe, 29-31, et *Gœthe-Jahrbuch*, IV, 323, récit du poète à Böttiger. Mais tous les Prussiens n'étaient pas aussi courtois et aussi chevaleresques. Dans un village, un officier frappa de sa canne une femme qui ne pouvait lui donner un verre d'eau, et un sous-officier souffleta une jeune fille qui le servait trop lentement (Laukhard, III, 130).

[2] Schmählichst, fürchterlichst, dit le prince royal, *Rémin.*, 151-152 ; cp. Gœthe, 25 ; Témoin oculaire, I, 128 ; Strantz, 31 ; Laukhard, III, 130.

[3] *Rémin.*, 152 : Gœthe, 35 ; Minutoli, *Erinnerungen*, 62-63 ; Forster, *Ansichten*, p. p. W. Buchner, 1868, II, 185.

Mais le duc, toujours prudent et circonspect, redoutait la grosse artillerie de la place. Il établit son armée derrière la ligne de collines qui domine Verdun, entre le Petit-Bras et Fleury. L'avant-garde de Hohenlohe campa sur la route d'Etain, à Bellevue et à Eix. Les généraux Köhler et Kleist se portèrent sur la route de Mars-la-Tour, pour arrêter le secours que Luckner voudrait jeter dans la ville. Kalkreuth passa sur la rive gauche de la Meuse et barra les deux routes de Varennes et de Clermont. Verdun était investi de toutes parts [1].

III. Située dans une étroite vallée, commandée de tous côtés par des collines, dépourvue de travaux avancés, la place devait être écrasée par les projectiles de l'assiégeant et n'aurait su résister à un assaut [2]. Dix bastions liés par des courtines, des fossés profonds, des ouvrages à cornes sur les deux rives de la Meuse, une citadelle consistant en un pentagone irrégulier qu'entourait une fausse braie et dont des tenailles ou des demi-lunes couvraient les courtines, voilà les fortifications de Verdun en 1792. Elles étaient dans le plus mauvais état. Dès le mois de juin 1790, le célèbre voyageur Forster notait au passage qu'elles n'étaient pas entretenues. Longwy, grâce à son rocher, pouvait encore supporter un long siège; mais Verdun, disait Dumouriez, est bien faible et ne résistera guère. C'est une place,

[1] Minutoli, *der Feldzug*. 130-134.

[2] On a consulté sur le siège de Verdun toutes les pièces relatives à la capitulation de la place et qui sont aux archives nationales (W. 352, dossier 718, entre autres le mémoire de Neyon), aux archives de la guerre (dépêches des généraux, mémoires de Visto, de Prille, des corps administratifs), aux archives de l'hôtel de ville et à la bibliothèque de Verdun. Un grand nombre de ces documents ont été réunis dans le livre d'Edmond Dommartin, *Beaurepaire, l'histoire, la légende* (1884, Extrait du tome IX des Mémoires de la Société philomathique de Verdun); c'est le meilleur travail sur le sujet, et bien supérieur à l'étude superficielle de Mérat, *Verdun en 1792* (1849). Citons encore le rapport de Cavaignac sur la capitulation (arch. guerre, 2 septembre, nº 15, et *Monit.* du 11 février 1793), la *Petition* de dom Ybert, les *Observations* de Galbaud. L'ouvrage de Grille, *Lettres, mémoires et documents publiés avec des notes sur la formation, le personnel, l'esprit du 1er bataillon des volontaires de Maine-et-Loire* (1850, 4 volumes) ne renferme guère que des documents tronqués ou forgés par l'auteur.

écrivait Luckner, peu en état de tenir longtemps, et si l'ennemi, avec sa force majeure, est déterminé à la prendre, il n'est pas possible de l'en empêcher. Le jour même où la ville se rendit, la Commune de Paris, annonçant à la population les dangers de la patrie, ajoutait que Verdun serait avant huit jours au pouvoir des ennemis [1].

Le lieutenant-colonel du 6e régiment d'artillerie, Galbaud, avait pris, le 21 juin, le commandement de la place. Il s'efforça d'achever les travaux de défense les plus urgents. Mais il était trop tard ; lorsque les ennemis se présentèrent devant la ville, ils trouvèrent des remparts inachevés, dépourvus en maint endroit de banquettes et de chemins couverts, des parapets qui n'avaient pas de terrasse et que formait un simple mur crénelé, des contrescarpes qui n'étaient pas revêtues, des revêtements d'escarpe presque partout découverts de la campagne ; du bastion Saint-Paul au bastion du Champ, le corps de place n'était défendu que par la vieille enceinte, flanquée de trois tours et épaisse de moins d'un mètre. Tout avait été culbuté, disent les corps administratifs, rien n'avait été rétabli et la ville se voyait ouverte par l'effet même des réparations. La plupart des ouvrages, écrit Galbaud, exigeaient plusieurs mois pour leur achèvement, et, non seulement ne pouvaient être d'aucune utilité contre l'ennemi, mais lui offraient des moyens sûrs et prompts de faire plusieurs brèches aux remparts [2].

La stricte défense de la place demandait 115 pièces de canon et 55 mortiers, obusiers et pierriers ; on n'avait que 10 mortiers, 6 pierriers et 32 pièces. Il eût fallu des canons de gros calibre, tirant à longue portée ; on

[1] *Tableau historique*, II, 83 ; Forster, *Ansichten*, II, 185 ; Dumouriez, *Mém.*, I, 254 ; arch. guerre, Luckner à Servan, 5 septembre ; *Moniteur* du 3 septembre. La citadelle, dit le prince royal (*Rémin.*, 153), est seule capable d'une réelle défense : la ville, quoique fortifiée, a une trop grande étendue pour faire une longue résistance. Verdun ne vaut rien, écrivait Bouillé dès novembre 1790 (Mém., *Tableau hist.*, I, 75).

[2] Mémoires de Prille et des corps administratifs (arch. guerre) ; Galbaud, *Observations sur la pétition présentée à la Convention le 28 octobre*, 4.

n'avait que 4 pièces de 24. Les approvisionnements étaient hors de proportion avec le matériel : 99,000 boulets pour les 4 pièces de 24 et 22,511 boulets pour le reste. Un ancien officier, du nom de Vercly, avait reçu le commandement de l'artillerie de la place, et Galbaud louait son zèle et son activité. Mais Vercly n'avait sous ses ordres que la compagnie incomplète du capitaine Grivel, composée de 44 hommes ; on dut former en hâte des canonniers, et des gardes nationaux, des soldats de la ligne furent dressés au service des pièces par le garde-magasin de la citadelle et le quartier-maître trésorier des mineurs. L'arsenal ne renfermait que 143 fusils d'infanterie, 368 fusils de dragons et 37 fusils d'artillerie [1].

Galbaud réclama des fusils, des canons, des bataillons. On lui promit des fusils et des canons qui n'arrivèrent jamais et on donna l'ordre au 1er bataillon de Seine-et-Marne de quitter Verdun. Galbaud crut à la trahison du pouvoir exécutif : il refusa de rester dans une place qu'il désespérait de défendre avec succès ; il pria Lafayette de le décharger de son commandement. Je ne veux, disait-il, ni tomber entre les mains de l'ennemi, ni me déshonorer ; j'aime mieux servir ma patrie au champ de bataille. Il déclarait qu'au besoin il donnerait sa démission et entrerait comme simple soldat dans un bataillon de volontaires [2].

Galbaud fut rappelé. Il partit le 12 août et remit le commandement à Beaurepaire, le plus ancien des officiers supérieurs de la garnison [3]. Nicolas-Joseph Beaurepaire, fils d'un épicier qui fut échevin de Coulommiers, avait alors cinquante-deux ans [4]. Il était né le 7 janvier 1740. Il étudia d'abord pour être avocat ou

[1] Galbaud, *Observations*, 4-10, mémoire de Visto « ...incurie la plus complète..., dénûment le plus absolu... »

[2] Galbaud, *Observations*, 10-11 : arch. nat., AA, 61, papiers de Galbaud, p. 25 et 35 (réponse de Le Veneur et de d'Hangest); bibl. de Verdun, *Verdun-Révolution*, II, p. 13 et 15 (lettres de Galbaud à Le Veneur et à Lafayette).

[3] En vertu de l'art. 2 de la section 6 de la loi du 3 février 1792.

[4] Il a signé néanmoins *de Beaurepaire* sur son acte de mariage et son nom figure avec la particule sur la liste de l'état-major du régiment des carabiniers de Monsieur (De Juzancourt, *Not. histor. sur le régiment des carabiniers*, 71).

prêtre, puis s'engagea à dix-neuf ans, comme soldat aux carabiniers de Monsieur, le 7 novembre 1759. Successivement porte-étendard (1768), sous-lieutenant (1770), lieutenant (1773) et sous aide-major (1774), il donna sa démission le 1er avril 1776, pour épouser, le 19 août suivant, la fille d'un négociant de Saumur, Marie-Anne Banchereau-Dutail. Trois ans après son mariage, il rentrait au service comme lieutenant en second (1779). Il devint lieutenant en premier (1784) et reçut la croix de Saint-Louis (1789). Il vivait, depuis le mois de juillet 1791, à Joué, près de Brissac, dans un beau domaine dont sa femme avait hérité, lorsque se formèrent les bataillons de volontaires nationaux. Beaurepaire venait souvent à Angers, où demeurait son beau-frère, le banquier Guerin. Il y fut bientôt populaire ; l'ancien lieutenant de carabiniers avait la taille imposante, le regard franc, le visage ouvert : on le savait partisan du nouveau régime ; on le saluait dans la rue ; les enfants se découvraient sur son passage et se disaient entre eux : c'est M. Beaurepaire. Il fut nommé, le 15 septembre 1791, lieutenant-colonel en premier du 1er bataillon des volontaires de Mayenne-et-Loire par 409 voix, sur 560 votants. Le lieutenant colonel en second fut Lemoine, qui devint général, fusilla sans pitié les prisonniers de Quiberon, s'enrichit en Italie par un pillage éhonté, dénonça Malet pour rentrer en grâce auprès de Napoléon et défendit Mézières en 1815 pendant deux mois contre les alliés. Lemoine était Saumurois, et Saumur, jaloux d'Angers, avait imposé son élection ; il n'eut cependant que 222 voix sur 436 votants ; ancien soldat du régiment de Brie-Infanterie, puis sous-officier instructeur, il était brave, mais orgueilleux et dur ; ses fanfaronnades et sa sévérité contrastaient avec la douceur et la simplicité de Beaurepaire, qui fut, selon le mot de David d'Angers, le chef paternel des volontaires. Beaurepaire, en effet, regardait ses soldats comme ses enfants ; il veillait à leur bien-être avec une tendre sollicitude, et son indulgence pour eux allait jusqu'à la faiblesse [1].

[1] Port, *Dictionnaire historique de Maine-et-Loire*, art. Beaurepaire;

Le bataillon de Mayenne-et-Loire, le premier qui se fût organisé dans l'ouest de la France, était cantonné près de Guérande, lorsqu'il reçut l'ordre, au mois de mai 1792, de se rendre à Verdun. Sa marche ne fut pas exempte de désordres, et Grille la compare à la sortie de six cents écoliers se ruant en vacances et mettant les vergers au pillage. Le bataillon passa par Rennes, Mayenne et Alençon. A Mayenne, Beaurepaire n'avait plus avec lui que la moitié de ses soldats; mais les absents rejoignirent par égreneaux. A Alençon, il sauva la vie d'un moine, que la populace voulait jeter dans un puits ; il tint tête à la foule en criant : *la loi et pas de meurtre !* Il quitta le bataillon à Dreux et alla se présenter au ministre de la guerre ; lorsqu'il revint à Saint-Denis, un grand nombre des volontaires avaient profité de son absence pour courir à Paris et y jeter l'argent à pleines poignées ; mais à Claye, où l'on séjourna deux jours, tous répondirent à l'appel. Le 27 mai, on traversait Epernay : on y but plus de mille bouteilles de champagne, en portant le toast traditionnel du bataillon: « Beaurepaire, les dames et la patrie. » Le 2 juin, Mayenne-et-Loire était à Verdun [1].

Beaurepaire ne prit qu'à regret le commandement de la ville. Attaché au sort de son bataillon, dit Galbaud, il se voyait à regret enchaîné dans une place où on ne lui laissait aucun moyen de développer ses talents et son courage ; il fondait en larmes quand il me fit ses derniers adieux ; il semblait qu'il pressentît déjà le sort qui l'attendait [2].

IV. A la nouvelle de la prise de Longwy, Beaurepaire envoya quatre détachements, composés chacun de 75 hommes, sur la route d'Étain, à Eix, à Abancourt, à Damloup, à Ornes. Il fit fondre des balles. Il ordonna le recensement de tous les habitants de la ville pour s'assurer que Verdun ne renfermait pas d'espions. Sa con-

Dommartin, *Beaurepaire*, 6-8 ; Jouin, *David d'Angers*, I, 500 ; Grille, I, 202-279.

[1] Grille. II, 11-13.

[2] Galbaud, *Observations*, 11.

duite, dit Visto, fut alors au-dessus du plus léger blâme. Il demanda des secours aux armées du Nord et du Centre. Il voulait défendre Verdun jusqu'à la dernière extrémité. Vous pouvez, écrivait-il au maréchal de camp Ligniville qui commandait à Montmédy, vous pouvez compter sur notre fermeté et notre courage, et il mandait au représentant de Mayenne-et-Loire, Choudieu : « Assurez le corps législatif que, lorsque l'ennemi sera maître de Verdun, Beaurepaire sera mort. » Les volontaires de son bataillon réunirent leurs épargnes et les envoyèrent à Choudieu en le priant de les transmettre à leurs parents : ils ajoutaient qu'ils n'imiteraient pas la garnison de Longwy et sauraient mourir pour la France. Un Angevin, du nom de Cordier, parut devant l'Assemblée, et au nom d'une députation de volontaires, déclara que le serment de Beaurepaire avait retenti jusque dans le cœur de ses camarades et qu'ils demandaient des armes pour aller mourir avec leurs braves concitoyens sous les murs de Verdun [1].

Mais l'irritation, la défiance, l'épouvante régnaient dans Verdun ; tout, dit un contemporain, y était dans la confusion. « Longwy s'est rendu après une faible défense, écrivait Beaurepaire à Ligniville, cet événement malheureux a mis la ville en alarme et les campagnes dans la consternation ; tous fuient leurs maisons pour se retirer ici. » On croyait que Longwy résisterait plus longtemps et que l'ennemi n'arriverait pas de si tôt sur la Meuse. On voyait passer la garnison désarmée et criant qu'elle était trahie. Un cri de douleur s'est élevé, écrivait-on de Verdun au *Moniteur*, à la nouvelle de l'abandon de Longwy. La municipalité et le district envoyèrent aussitôt un courrier extraordinaire qui se présenta le 25 août, à six heures du soir, devant l'Assemblée législative et annonça la reddition de Longwy ;

[1] Arch. de l'hôtel de ville de Verdun, p. 1 ; Dommartin, 12 et 72 ; Mém. de Visto ; lettre des commissaires de la Meuse (Biblioth. de Verdun. *Verdun-Révolution*, II, p. 16) ; lettre de Beaurepaire à Ligniville, 24 août (vente de la collection Dubois, mars 1866), et Lhuillier, *Beaurepaire*, Meaux, 1884, p. 19-20) ; Port, *Dict. de Maine-et-Loire* ; lettre des volontaires à Choudieu et discours de Cordier, *Monit.* du 31 août et du 5 septembre.

on ne le crut pas. Mais le lendemain, les commissaires du conseil général de la Meuse qui s'étaient rendus à Verdun, confirmaient la terrible nouvelle : Étain allait être occupé par les Prussiens ; Verdun n'avait que de mauvais remparts ; le département de la Meuse, envahi, manquant d'armes et de munitions, invoquait le dieu de la patrie et de l'humanité [1].

Servan commanda sur-le-champ au directeur de l'artillerie à Metz, M. de Rissan, d'envoyer 3,000 fusils à Verdun : mais il fallait tirer ces fusils des arsenaux de Bitche, de Sarrelouis et de Thionville ; l'ordre du ministre arriva trop tard. Dumouriez n'était pas encore à Sedan, et Chazot, qui commandait par intérim, n'osait rien prendre sur lui. Luckner répondit à Beaurepaire qu'il avait trop peu de troupes pour lui donner des secours ; plus je mettrais de canon dans Verdun, ajoutait-il brutalement, plus j'en livrerais à l'ennemi. Malgré cette réponse décourageante, Beaurepaire envoya un second courrier au maréchal. Cette fois, Luckner chargea le duc de Chartres de se jeter dans Verdun avec quatre bataillons et cinq escadrons. Le jeune prince poussa jusqu'à Mars-la-Tour ; mais Köhler et Kleist lui barraient le chemin ; cinq bataillons d'infanterie prussienne étaient établis entre Ronvaux et Haudiomont, la batterie du capitaine Ostendorf dominait la route, des hussards et des dragons, des fusiliers et des chasseurs remplissaient les villages et poussaient leurs avant-postes jusqu'à Manheulles ; le duc de Chartres revint camper à Gravelotte [2].

« En attendant le secours des armées, écrivait Beaurepaire à Ligniville, je crois indispensable de donner l'ordre à toutes les gardes nationales armées du district de Verdun et du département de se réunir à nous, et je vous prie de m'en envoyer l'ordre aussitôt, le temps

[1] Beaurepaire à Ligniville, 24 août (Lhuillier, *Beaurepaire*, 19) ; *Monit.* des 27, 28 et 31 août ; Mém. de Prille.

[2] Servan à M. de Rissan, 26 août, et Luckner à Servan, 5 septembre (arch. guerre) ; Mém. des corps administratifs de Verdun ; Minutoli, *der Feldzug*, 135 et 137 ; Discours de Louis-Philippe aux maires de Verdun et de Metz (9 et 11 juin 1831, *Monit.* des 12 et 14 juin). Le duc de Chartres avait avec lui les 5e, 44e, 90e et 102e de ligne, le 14e et le 17e dragons, et un escadron du 3e hussards, en tout 2,997 fantassins et 3,849 cavaliers.

étant infiniment précieux. » Ligniville envoya l'ordre de mettre sur pied toutes les gardes nationales armées. Celles des districts de Verdun et de Clermont gardaient les passages de la Meuse et de la forêt de Mangiennes ; celles des districts d'Étain et de Montmédy, où l'ennemi pénétrait déjà, ne purent obéir à la réquisition ; mais celles des quatre districts du midi, de Bar, de Commercy, de Gondrecourt, de Saint-Mihiel, se rassemblèrent à Verdun dans l'après-midi du 27 août. Pas un homme n'était resté dans les villages ; tous étaient venus, jusqu'aux officiers municipaux et aux juges de paix. Mais ces trois mille gardes nationaux, indisciplinés et mal instruits, se plaignaient hautement d'avoir interrompu la moisson. Beaurepaire comprit qu'ils épuiseraient les vivres et seraient plus nuisibles qu'utiles à la défense. Il les renvoya en leur recommandant de veiller à la garde des ponts et des gués de la Meuse [1].

Telle était la situation de Verdun au 30 août. Pouvait-on compter sur l'ardeur et le dévouement d'une population profondément ébranlée par la capitulation de Longwy, accusant d'indifférence, sinon de trahison, l'Assemblée, les ministres et les généraux, persuadée que tout l'abandonnait, certaine que des hauteurs avoisinantes l'ennemi bombarderait la ville sans danger et la dévasterait à plaisir ? Pouvait-on compter sur la garnison ? Elle comprenait : 1° les dépôts du 92e de ligne, du 9e chasseurs et du 2e dragons, du 1er bataillon de Seine-et-Marne ; 2° des détachements de volontaires du 1er et du 2e bataillon de la Marne, du 5e de la Meurthe, du 2e de la Meuse et du 3e de Paris ; 3° quatre bataillons de volontaires : le 1er de Mayenne-et-Loire, le 1er de l'Allier arrivé depuis quelques jours à Verdun, le 1er de la Charente-Inférieure que Ligniville avait envoyé de Montmédy, le 1er d'Eure-et-Loir qui venait de Sedan et entra dans la place, la veille de l'investissement. C'étaient, en somme, plus de 4,000 hommes, sans compter les gardes nationales de Verdun et des environs [2]. Mais cette gar-

[1] Beaurepaire à Ligniville, 24 août ; Mém. des corps administratifs de Verdun ; Rapport de Cavaignac.

[2] Mém. des corps administratifs ; Marceau à Maugars, 7 septembre Doublet de Boisthibault, *Marceau*, 1851, p. 141). Visto et Dufour

nison n'était pas une garnison de guerre. Elle n'avait qu'un nombre insuffisant de troupes régulières; la moitié des soldats du 92e régiment, du 2e dragons et du 9e chasseurs n'étaient que des recrues. Les détachements de volontaires, envoyés à Verdun pour s'instruire, manquaient d'armes. Les quatre bataillons de Mayenne-et-Loire, de l'Allier, de la Charente-Inférieure et d'Eure-et-Loir ne faisaient, depuis leur formation, que le service des places et n'avaient pas acquis sur la frontière au contact de l'armée de ligne les vigoureuses qualités du soldat. Le bataillon de l'Allier était très mauvais et Lamorlière, qui le vit à Moulins, se plaignait vivement de son indiscipline et de son inconduite. Les troupes que renferme Verdun, écrivaient les administrateurs de la Meuse à l'Assemblée, ne sont que des troupes non exercées. Beaurepaire confirmait ce témoignage; vous connaissez, mandait-il à Ligniville, nos faibles moyens en artillerie ainsi qu'en troupes aguerries pour nous défendre [1].

Il y avait pourtant dans cette garnison confuse, mal organisée et accessible aux sinistres rumeurs de la ville, des hommes qui se signalèrent plus tard dans les

donnent 3.000 hommes ; Mérat, 3,500 ; Jomini, 2,000. Mais le dépôt du 92e régiment, ci-devant Walsh irlandais, comptait 336 hommes ; le dépôt du 9e chasseurs, ci-devant Lorraine, 176 hommes ; le dépôt du 2e dragons, ci-devant Condé, 186 hommes (lettre des commissaires de la Meuse, Bibl. de Verdun, *Verdun-Révol.*, II, p. 16) ; les détachements de cinq bataillons de volontaires, 800 hommes (Neyon à Ligniville, 24 août, arch. nat., W, 352. doss. 718, I, p. 36 et 39); le bataillon de Mayenne-et-Loire, 730 hommes, et celui de l'Allier, 556. J'ignore l'effectif des bataillons de la Charente-Inférieure et d'Eure-et-Loir, ainsi que du dépôt de Seine-et-Marne : mais on peut l'évaluer, somme toute, à 1.300 hommes ; ajoutons 44 canonniers ; on obtient le total de 4,128 soldats de ligne et volontaires.

[1] Lettre des commissaires du département de la Meuse, 23 août (Bibl. de Verdun, *Verdun-Révol.*, II, p. 16) ; Neyon à Ligniville, 24 août (arch. nat., W, 352, doss. 718, I, p. 39 ; il demande des armes pour les détachements de volontaires, « n'en ayant pu trouver que quarante à Verdun et ayant déjà près de 800 hommes » ; le conseil de défense de Montmédy répond au bas de la lettre « nous n'avons que les armes nécessaires »); lettre de Lamorlière, citée par Rousset, *Les Volontaires*, 17-19, sur le bataillon de l'Allier ; lettre du conseil général de la Meuse, *Monit.* du 28 août ; Beaurepaire à Ligniville, 24 août ; Rousset, *Hist. ecclés. de Verdun*, II, 95 « volontaires inhabiles ».

guerres de la Révolution et de l'Empire : Lemoine, Radet, Delaage qui devint baron de Saint-Cyr et général de brigade, Marceau, lieutenant-colonel en second du bataillon d'Eure-et-Loir et le *lion* de l'armée de Sambre-et-Meuse. Marceau, ainsi que Lemoine et Beaurepaire, voulaient tenir jusqu'au bout Mais le commissaire des guerres Pichon et l'ingénieur de la place, le capitaine du génie Bousmard, le même qui défendit Danzig en 1807 contre le maréchal Lefebvre, combattaient toute idée de résistance : c'étaient de fervents royalistes ; ils restèrent à Verdun après la reddition et arborèrent la cocarde blanche ; ils partirent ensemble à l'approche des Français victorieux ; ils se jugèrent eux-mêmes, dit dom Ybert, par leur émigration. Pichon venait, deux jours après la capitulation, à la tête d'un détachement de hussards prussiens, saisir la caisse du receveur d'enregistrement et on trouva dans ses papiers une lettre où il se vantait d'avoir tout mis en œuvre pour livrer Verdun en vingt-quatre heures [1]. Bousmard est peut-être moins coupable, et on ne peut élever contre lui la même accusation avec autant de certitude. La plupart des contemporains ont prétendu qu'il avait à dessein négligé de fortifier la place et qu'il continua son service durant l'occupation prussienne. Mais le témoignage de Lafayette et des ouvriers français employés aux fortifications de Verdun défend le célèbre ingénieur contre cette double inculpation. M. de Bousmard, écrivait Lafayette le 25 juin 1792, était aristocrate à l'Assemblée constituante; mais il connaît fort bien la place de Verdun et sert avec autant de zèle et de loyauté que de talent. M. Bous-

[1] Dom Ybert, *Pétition prononcée à la barre de la Convention nationale sur la prise de Verdun*, p. 4 ; Rapport de Cavaignac ; Bibl. de Verdun, *Verdun-Révol.*, ms. 210. La lettre de Pichon est ainsi conçue ; il l'écrivait à un général alors en Savoie : « Vous savez la prise de Verdun à laquelle j'ose assurer n'avoir pas peu contribué en mettant en avant tous les moyens possibles pour conduire cette ville à une prompte obéissance qui la remit en vingt-quatre heures sous l'autorité légitime du roi mon maître. » *Rapport de Pons et de Drouet, commissaires au département de la Meuse*, 1793, p. 6-7. Le mémoire historique de Visto attribue faussement la lettre à Vercly ; Galbauld affirme très nettement la loyauté de Vercly qui commandait encore l'artillerie de Verdun en janvier 1793.

mard, disent le 18 décembre 1792, par-devant notaire, soixante terrassiers de la ville, n'a jamais paru sur les travaux ni donné aucun ordre pendant le temps que les Prussiens ont occupé la ville et citadelle de Verdun, et nous attestons son zèle et l'activité qu'il a apportée pour accélérer les ouvrages des fortifications avant l'arrivée des armées ennemies [1].

Quoi qu'il en soit, il existait dans le conseil de défense un parti favorable à la prompte reddition de la ville, et Beaurepaire n'eut pas assez d'influence et de vigueur pour le réduire au silence. Il eût fallu donner le commandement de Verdun, comme de Montmédy, de Thionville, de Lille [2] à un maréchal de camp. Toute la garnison, du simple soldat au lieutenant-colonel, aurait reconnu l'autorité de ce chef suprême. Beaurepaire n'était que le plus ancien des officiers supérieurs. Ni sa carrière passée, ni son caractère ne le préparaient à ce rôle périlleux de gouverneur d'une place assiégée. C'était un très brave homme, rapporte un contemporain, mais il avait peu d'habitude du commandement et il était peu propre, dit-on, à mettre l'ordre convenable dans des circonstances si nouvelles, si imprévues et véritablement difficiles [3]. On a vu qu'il n'accepta qu'à contre-cœur et en pleurant la succession de Galbaud. Ce colonel d'artillerie qui servait depuis trente-deux ans dans son arme et possédait, de son propre aveu, quelques connaissances dans l'art des fortifications [4], avait déclaré la place intenable, et on laissait à un ancien lieutenant de carabiniers le soin de la défendre ! Aussi, dès le 30 août, Beaurepaire

[1] Lafayette à Lajard, 25 juin (arch. guerre). La déclaration des soixante terrassiers de Verdun en faveur de Bousmard fut faite devant les notaires Dognon et Devivier (minutes de Me Dognon, aujourd'hui Me Perroux) et signée des noms suivants : Taillandier, Marie, Trompette, Pazieaux, Lamar, Olivon, Horas, Bourlois, Lebel, Piperoux, Gauny, Périn, Torrent, Hannequin, Degalle, Bourgeois, etc.

[2] Où commandaient les maréchaux de camp Lignivile, Wimpfen, Ruault.

[3] Mémoire de Prille (arch. guerre). il est daté du 30 fructidor an VI. Cp. Dampmartin, *Quelques traits*, p. 114 : « Jamais ses idées ne s'étaient élevées jusqu'à la commission importante qu'il devait aux circonstances. »

[4] Galbaud, *Observ.*, 4 ; Réponse des députés de Mayenne-et-Loire, 9.

voulut-il déposer le commandement. Il observa que le lieutenant-colonel du bataillon de la Charente-Inférieure, Lombard, entré la veille dans Verdun, avait une commission antérieure à la sienne ; mais Lombard n'avait pas sur lui son brevet, et le conseil de défense arrêta que Beaurepaire resterait commandant [1]. Il s'inclina devant cette décision ; il résolut stoïquement de faire son devoir et de sacrifier sa vie ; mais évidemment il ne pouvait se soustraire à une sorte de tristesse et de sombre résignation ; il ne sut pas exciter l'ardeur patriotique de la garnison et enflammer les habitants comme les soldats de la passion de la résistance.

V. Le 29 août, le conseil défensif tint sa première séance. Ses membres étaient les lieutenants-colonels et adjudants généraux de la garnison, les commandants de l'artillerie et du génie, le commissaire des guerres, le commandant de la garde nationale de Verdun, l'administrateur du district Lambry et le maire de la ville, Caré. Mais ces deux derniers n'avaient que voix consultative et ne signèrent aucune délibération. Le secrétaire-adjoint du district, Louis Moudon, était secrétaire du conseil [2].

L'ennemi étant à la distance de dix-huit cents toises fixée par la loi, Beaurepaire déclara Verdun en état de siège. La générale fut battue dans les rues et sur les places. Une proclamation annonça que l'autorité dont étaient revêtus les officiers civils, passait au commandant militaire qui l'exercerait entièrement sous sa responsabilité. Les habitants dépavèrent les rues et formèrent une brigade chargée d'éteindre le feu que causerait le bombardement. Les patrouilles de la garde citoyenne

[1] Arch. nat., W, 352, doss. 718, I, 23 ; Dommartin, *Beaurepaire*, 76.

[2] Les délibérations sont signées : Beaurepaire, Lemoine, Trochereau (lieutenant-colonel de l'Allier), Lombard (lieutenant-colonel de Charente-Inférieure), Huet et Marceau (lieutenants-colonels d'Eure-et-Loir), Bousmard (génie), Vercly (artillerie), Pichon (commissaire des guerres), Grivel (capitaine d'artillerie), Thevenon (commandant du dépôt de Seine-et-Marne), O'Brien (commandant du dépôt du 92e), Thiéry-Caré (commandant de la garde nationale), Gorcy, Poussivet, Latache, L.-F. Miorel, Bliard, F.-C. Martin le jeune, Radet (adjudant-général).

parcoururent la ville. Les corps administratifs s'installèrent en permanence à la maison commune qui fut gardée par un poste de douze hommes. Tout pétitionnaire qui les troublerait dans leurs fonctions, devait être puni de mort. La garnison, soldats de ligne, volontaires, gardes nationaux de Verdun et des environs, fut partagée en trois corps, « le premier, pour la défense de la place ; le second, pour travailler ; le troisième, pour demeurer en repos, et chaque corps fut en particulier divisé de la même manière ». On tira 600 servants des différents corps, afin de suppléer au petit nombre des artilleurs.

Dans la nuit du 29 août, les gardes nationales et tous les détachements qui tenaient la campagne aux environs de Verdun, rentrèrent dans la ville. Le lendemain, à huit heures, apparaissaient sur la route d'Étain les premiers escadrons de l'avant-garde prussienne ; c'étaient les hussards de Wolfradt et les dragons de Schmettau ; ils furent suivis de toute la cavalerie qui prit aussitôt possession des prairies entre Belleville et le Petit-Bras et fit boire ses chevaux dans la Meuse. Un parti vint même enlever un habitant de Verdun tout près de la porte Saint-Victor. En même temps le sommet de la côte Saint-Michel se couvrait de tentes, et au milieu des vignes se postaient les chasseurs et les grand'gardes des hussards d'Èben [1].

Pourtant, à l'heure même où se formait l'investissement, des renforts s'approchaient. Dumouriez venait d'arriver à Sedan et s'était empressé de renvoyer à Verdun ce même Galbaud qui refusait vingt jours auparavant de défendre la ville (29 août). Mais Dumouriez le fit maréchal de camp. « Ce grade, lui disait-il, qui donnera plus d'importance à votre mission, est pour vous une obligation de plus de vous sacrifier, s'il le faut, pour le salut de la patrie ; Verdun est en ce moment une des clés de la France ; une résistance opiniâtre peut sauver la chose publique et arrêter les opérations ultérieures de l'ennemi. » Galbaud avait avec lui le 17e régiment d'infanterie, le 2e bataillon de Saône-et-Loire, quatre canons et

[1] Mém. des corps administratifs ; Minutoli, *der Feldzug*, 131.

des vivres pour deux jours. Il partit du camp de Vaux sans tarder, dans l'après-midi du 29 août. Sur l'ordre de Dumouriez, son aide de camp avait pris les devants et couru jusqu'à Verdun à franc étrier ; il annonça l'arrivée des secours et repartit sur-le-champ. Son cheval était fourbu ; il dut s'arrêter en chemin à Dannevoux. « J'arrive à l'instant de Verdun, écrivait-il aussitôt à Galbaud, je vous ai annoncé pour leur général, cela a donné à tous les combattants tout le courage possible ; mais l'armée prussienne est devant la ville, on tire déjà le canon, je doute fort que nous puissions entrer. » Ses prévisions devaient se réaliser. Lorsque Galbaud atteignit Varennes, le 30 août, au soir, les troupes légères de Kalkreuth avaient passé la Meuse ; cinq escadrons d'Ében et les fusiliers de Schenk et de Legat occupaient Fromeréville et Sivry-la-Perche. Galbaud, manquant de cavalerie pour éclairer sa marche et certain qu'il ne pourrait avec son faible détachement percer les lignes prussiennes, tint un conseil de guerre ; on décida unanimement qu'il était impossible de se jeter dans Verdun et qu'il fallait se diriger sur Metz par Ligny, Toul et Nancy. Beaurepaire avait tenté de marcher à la rencontre de Galbaud et de faciliter son entrée dans la ville. A six heures du soir, le lieutenant-colonel des volontaires de la Charente Inférieure, Lombard, était sorti par la porte de France avec 500 hommes d'infanterie, toutes les troupes à cheval, trois compagnies de la garde nationale de Verdun et deux pièces de canon ; il traversa Jardin-Fontaine et Thierville, il poussa jusqu'à la côte de Varennes, sur la route que devait prendre Galbaud ; à huit heures, il rentrait dans la place sans avoir brûlé une amorce [1].

VI. Le 31 août, à huit heures du matin, la ville fut sommée de se rendre. Le parlementaire envoyé par le

[1] Arch. nat., AA, 61, papiers de Galbaud, p. 63 et 65, Dumouriez à Galbaud, 28 et 29 août ; Bibl. de Verdun, *Verdun-Révol.*, II, p. 19, 20 et 21. Dumouriez à Galbaud, 29 août ; Ficher à Galbaud, 30 août ; procès-verbal du conseil de guerre de Varennes, 30 août ; Galbaud, *Observations*, 13-14 ; Minutoli, *der Feldzug*, 134 ; Mém. des corps administratifs ; conseil de défense du 30 août ; Dommartin, *Beaurepaire*, 75-76.

duc de Brunswick, était un des plus étranges personnages qui fussent alors dans le camp prussien. Il se nommait Grothaus. Hanovrien de naissance, étudiant en droit à l'Université de Göttingue, puis auditeur de justice dans la petite ville de Stade, il apprit un jour que la folie était héréditaire dans sa famille ; il craignit de perdre la raison et, pour chasser cette pensée sinistre, il résolut de courir le monde et de mener une vie active, pleine de distractions et de dangers. Il voyagea dans toute l'Europe, il servit en Corse sous les ordres de Paoli, il prit part à la guerre de la succession de Bavière, il devint adjudant général dans l'armée hanovrienne et colonel à la suite dans l'armée prussienne. Il se vantait d'avoir fait la fortune politique de Lucchesini ; Hardenberg était son ami de jeunesse, la cour de Weimar l'accueillit avec distinction, et Gœthe vantait la noblesse de son caractère et l'originalité de son esprit. Cette existence aventureuse ne le préserva pas de la folie ; il fallut l'enfermer à Cüstrin, puis à Culmbach ; il crut jusqu'à son dernier jour commander la forteresse où il était prisonnier. C'était ce Grothaus qu'on avait chargé de sommer Verdun. Le hardi partisan vint demander au duc de Weimar un trompette-major de son régiment ; il vit en passant la voiture où dormait Gœthe, entrouvrit les rideaux de cuir et salua le poète, à son réveil, par une joyeuse plaisanterie ; puis, suivi d'un hussard et de son trompette, il s'achemina vers la ville. Les canonniers de Verdun, ignorant les usages de la guerre, tirèrent sur le parlementaire et son escorte. Mais Grothaus agita son mouchoir et ordonna au trompette de sonner plus fort ; enfin, un détachement sortit de la place et vint à sa rencontre [1].

Grothaus fut introduit, les yeux bandés, dans la salle du conseil défensif. Lorsque la lumière lui fut rendue, il remit une copie du manifeste du 25 juillet et deux sommations, l'une destinée au commandant de Verdun, l'autre « aux chefs des habitants et aux notables ». On

[1] Gœthe, 32 ; Hüffer, *Gœthe-Jahrbuch*, IV, 85 (Grothaus, né au Delm, près de Buxtehude en 1747, mourut à Culmbach, le 4 novembre 1801).

le mena dans une chambre séparée, et le conseil délibéra. Brunswick annonçait au commandant qu'il venait rétablir l'ordre et la justice, et réduire les rebelles sous l'obéissance de Sa Majesté très chrétienne, légitime souverain du royaume de France; si la ville s'obstinait dans une défense inutile et une coupable résistance, les habitants seraient soumis à la discrétion du vainqueur et à toutes les fureurs du soldat. Après la lecture de cette sommation, Bousmard et Vercly firent leur rapport sur la situation de la place. On convint unanimement que la ville ne pouvait être rendue tant qu'il resterait des moyens de la défendre, et la lettre suivante, signée de Beaurepaire et approuvée par dix membres du conseil, fut remise au parlementaire prussien :

Le commandant et les troupes de la garnison de Verdun ont l'honneur d'observer à M. le duc de Brunswick que la défense de cette place leur a été confiée par le Roy des Français, de la loyauté duquel il leur est impossible de douter. En conséquence ils ne peuvent, sans manquer à la fidélité qu'ils lui doivent, ainsi qu'à la nation et à la loy, remettre la place tant qu'il leur restera des moyens de la défendre. Ils espèrent être assez heureux pour mériter par là l'estime du guerrier illustre qu'ils vont avoir l'honneur de combattre.

La seconde sommation, adressée par le duc de Brunswick aux notables de Verdun, ne fut lue devant la municipalité qu'après une décision expresse du conseil défensif et en présence de trois de ses membres. L'administrateur du district et le maire de la ville signèrent la réponse qui fut ainsi conçue :

Monsieur, nous recevons la communication que vous nous adressez ; nous y répondons en vous déclarant que nos intentions sont pures ; que nous n'avons jamais eu d'autres guides que la loi ; que nous avons constamment employé nos efforts pour la faire exécuter ; que, dans la jouissance de la liberté, nous n'avons cessé de réprimer la licence ; que nous n'avons point violé les personnes, ni les propriétés ; et que nous avons usé de tous les moyens pour les faire respecter. Enfin nous avons fait notre devoir. Quant à la reddition de la place, la loi ne nous défère ni moyens, ni mission, et nous interdit toutes réquisitions ; ce sont les autorités militaires qui en répondent ; elles seront dignes de toute votre estime [1].

Brunswick, n'ayant pas de grosse artillerie, ne pouvait entreprendre un siège régulier ni faire de brèche. Il n'hésita pas à bombarder la ville et à faire payer au bourgeois l'obstination du soldat [2]. Il avait établi trois batteries, la première sur la hauteur de Saint-Michel, à près de 900 toises des fortifications ; la deuxième au camp de l'avant-garde, non loin des carrières qui bordent la route d'Étain, à la même distance que la première ; la troisième, au camp de Kalkreuth, sur la côte de Saint-Barthélemy, près de l'Hermitage, en face de la porte de secours de la citadelle, à six cents toises environ de la place. Le bombardement commença le 31 août à onze heures du soir et dura jusqu'au lendemain 1er septembre vers huit heures du matin. Debout près d'une des batteries, Gœthe regardait les obus qu'il compare à des météores ignés et chevelus, traverser l'air et tomber dans la ville. Il s'était muni d'une lunette d'approche et voyait de loin, par un beau clair de lune, les assiégés s'agitant au milieu des poutres embrasées et s'efforçant d'éteindre le feu. Mais bientôt assourdi par l'effroyable détonation des obusiers et craignant les boulets qui partaient de la ville, il se réfugia derrière le mur d'un vignoble et se promena de long en large avec le prince de Reuss qu'il entretint de ses expériences scientifiques et de sa théorie des couleurs [3].

La batterie de Kalkreuth, plus rapprochée de la ville que les deux autres, causa le plus de mal aux assiégés. Quatre-vingts maisons furent considérablement endommagées et quatre autres, réduites en cendres [4]. Le bom-

[1] Arch. nat., W. 352, doss. 718, I, p. 23 : arch. guerre, 2 septembre 1792 ; Mém. des corps administratifs ; Dommartin, *Beaurepaire*, 77-78.

[2] Expression de Lombard, 301.

[3] Gœthe, 36-37.

[4] Rapport de Cavaignac. Prille ne parle que de deux maisons brûlées entièrement, « l'une dans la ville, l'autre dans le faubourg du Pavé ». Il n'y eut, écrit Visto, que quelques maisons brûlées et quelques autres endommagées, les batteries (prussiennes) étaient trop éloignées et plusieurs trop élevées pour produire quelque effet. Le bombardement, disent les corps administratifs (adresse du 1er sep-

bardement ne fit qu'une seule victime : Gillon, ancien membre de l'Assemblée constituante, président du tribunal criminel de Saint-Mihiel, grand ami de Beaurepaire et autrefois son compagnon d'armes. Il commandait la légion des gardes nationales de la Basse-Meuse. Il fut atteint d'un éclat d'obus sur le quai de la Boucherie et mourut de sa blessure, le 6 septembre, dans la citadelle où Beaurepaire l'avait fait transporter[1].

L'artillerie de la place ne cessait de tirer. Dès le 30 août elle avait ouvert le feu sur tout ce qui paraissait et durant toute la journée du 31, elle dirigea ses projectiles sur les batteries qu'établissaient les Prussiens. Mais l'assiégeant était à la fois trop loin et trop haut ; la plupart des boulets français ne venaient pas jusqu'à lui. Pourtant, un projectile, parti de la ville, faillit être funeste au roi de Prusse. Frédéric-Guillaume était venu, à la pointe du jour, se placer avec son état-major, derrière la batterie de la côte Saint-Michel. On braqua sur ce groupe une grosse pièce de 24 ; le boulet laboura le sol à vingt pas du roi, couvrit de poussière le général Lottum et passa avec un sifflement terrible près de Gœthe qui pirouetta machinalement sur ses talons. Personne ne fut atteint, et lorsque l'émotion se dissipa, on courut après le boulet qui s'était enterré dans les vignes, et on le porta en triomphe[2].

VII. Le 1er septembre, le conseil défensif s'assembla comme la veille. Beaurepaire félicita le maire de la ville et l'administrateur du district ; il loua le courage des

tembre) a réduit en cendres ou considérablement endommagé les maisons de plusieurs habitants. On fit jouer les obusiers, rapporte Nassau-Siegen, 342, et, quoique nous fissions infiniment peu de dégât dans la place, elle se rendit comme avait fait Longwy.

[1] Mém. des corps administratifs ; Mérat, *Verdun en 1792*, 44 ; Bibl. de Verdun, *Verdun-Revol.*, II, p. 45, lettre de Gossin Gillon était né à Troyon-sur-Meuse, le 9 mai 1750 ; malgré les instances de sa jeune femme, et quoiqu'il fût dispensé du service militaire par ses fonctions, ce généreux patriote avait voulu s'enfermer dans Verdun.

[2] *Rémin.*, 152 ; Gœthe, 41 ; Mém. de Prille « ...sans effet sensible, à cause de leur éloignement et de leur élévation au-dessus de la place » ; Mém. de Neyon « l'artillerie de la place ne pouvait atteindre les batteries de l'ennemi »

citoyens de Verdun qui s'étaient portés aux remparts ; j'ai fait ma ronde, dit-il, pendant le feu le plus vif, et n'ai vu personne s'émouvoir. Mais le parti monarchique s'agitait déjà ; un assez grand nombre de familles, rapporte Galbaud, étaient anti-révolutionnaires et appelaient l'ennemi. Dès le 30 août, le conseil de défense avait dû déclarer qu'il sévirait contre ceux qui « par leur conduite seraient convaincus légalement de ne plus se prêter ou de s'opposer à ses ordres[1] ».

Les royalistes de Verdun qui, selon le mot de Visto, avaient leurs chefs jusque dans le conseil défensif, étaient d'autant plus opposés à la résistance qu'ils redoutaient les excès du parti populaire. Le secrétaire de Frédéric-Guillaume, Lombard, raconte qu'il logea chez un gentilhomme dont la populace aurait pillé l'hôtel, sans l'entrée des Prussiens ; la veille de la reddition, écrit-il, les jacobins avaient marqué la porte des monarchistes à la craie rouge. Dès le 29 août s'étaient produits quelques désordres. On avait fait aux « aristocrates » de violentes menaces et envahi leurs maisons. Le conseil défensif, disait un arrêté du 30 août, est instruit que le public paraît vouloir attenter à la violation du droit des citoyens, en forçant leurs habitations par des voies de fait ; il arrête que toutes personnes sans exception qui seront convaincues d'avoir voulu attenter aux propriétés de leurs concitoyens, pour quelque cause que ce soit, et notamment les chefs de complot, seront jugés par le conseil de guerre, et punis de la peine de mort, conformément à la loi[2].

Probablement excités sous main par le commissaire des guerres Pichon, les plus ardents monarchistes de Verdun résolurent de se rendre à l'hôtel de ville, d'entraîner à leur suite tous ceux qu'épouvantait le bombardement,

[1] Galbaud, *Observ.*, 6 ; arrêté du conseil de défense ; « au dedans de la place les citoyens inciviques travaillaient dans l'ombre » (arch. nat., W, 352, doss. 718, III, p. 36, déposition de Viart).

[2] Mém. de Visto ; Lombard, *Lettres*, 363 ; arrêté du conseil de défense (arch. nat., et Dommartin, *Beaurepaire*, 74) ; « ...la population jurait, criait en tirant la sonnette des paisibles rentiers, les forçant de sortir de chez eux... » (*Mém.* de Barbe Henry, cités par Cuvillier-Fleury, *Portraits polit. et révolutionnaire*, 400).

et de sommer le conseil défensif de rendre la place sur-le champ. Les chefs de cette manifestation furent le droguiste Philibert Périn et le marchand Ribière. Ce Ribière correspondait sans cesse avec les émigrés et connaissait intimement le baron de Pouilly. Quant à Périn, il avait été maire de Verdun en 1790 ; les patriotes l'accusaient de « tenir une société d'aristocrates fieffés » ; son fils, qu'il avait envoyé, avant l'investissement, à sa maison de campagne de Bellevue, était alors au camp de Bras et insultait les commandants de la garde nationale de Tilly faits prisonniers par les Prussiens[1].

Entre onze heures et midi, Périn et Ribière parcoururent la Grande-Rue et les rues adjacentes. Ils entrèrent dans les maisons, et appelèrent ceux qu'ils rencontraient à se rendre à la maison commune pour demander la reddition de la place. Cinquante personnes les suivirent et pénétrèrent avec eux dans la cour de l'hôtel de ville. « On ne reçoit aucun secours, criaient Périn et Ribière, la place n'est plus tenable, des batteries nouvelles s'établissent dans les environs, on sera brûlé cette nuit, il faut se rendre. » Périn fut chargé de prendre la parole au nom de tous. Il entra dans l'hôtel de ville ; un marchand, nommé Fanard-Dauphin, l'accompagnait. Le maire Caré était sorti pour commander le silence ; il revint avec Périn et Fanard-Dauphin dans la salle du conseil défensif. Périn somma le commandant et les officiers supérieurs, au nom du peuple de Verdun, de rendre aussitôt la place. Mais au même instant un grand bruit se fit entendre dans la pièce voisine. Beaurepaire et les membres du conseil sortirent de la salle et se virent en face de la municipalité conduite par le procureur-syndic du district Marchal, le président du tribunal Thirion, l'administrateur Sauvage le jeune et le procureur de la commune Viart. Marchal, Thirion, Sauvage demandèrent avec chaleur, au nom de la population, que la capitulation fût signée sur le champ et la ville préservée d'une complète destruction. Je n'entends pas, disait Sauvage d'un air effaré et l'écume à la bouche, qu'on se

[1] Arch. nat., W, 362, doss. 718, I, p. 26 (déposition de Delorme), et p. 28 (déposition de Lambert). Ribière émigra, Périn fut guillotiné.

défende plus longtemps et qu'on laisse *déchirer* les propriétés. Une vive discussion s'engagea. Viart, Caré, Lambry proposaient de faire une sortie désespérée. Il vaut mieux, s'écriait Viart, chercher une mort glorieuse au pied des remparts que de se laisser brûler chez soi. Caré assurait qu'il marcherait résolument, avec tous les membres du district et de la municipalité, à la tête des assiégés. Enfin, l'agitation s'apaisa ; à la voix de Caré les manifestants se retirèrent ; le conseil défensif rentra dans la salle de ses séances, après avoir promis de délibérer sur la nécessité d'une capitulation immédiate [1].

De même que le jour précédent, les commandants de l'artillerie et du génie firent leur rapport, et ce rapport fut désespérant. Sur douze mortiers, disait Vercly, deux sont hors de service ; sur trente-deux pièces de tout calibre, deux ont été démontées, et il n'existe pas d'affûts de rechange ; il n'y a pas dans la place de canon d'assez longue portée pour démonter les batteries prussiennes ; il ne reste presque plus de gargousses ; les canonniers, qui n'ont pas quitté les remparts depuis quarante-huit heures, tombent de fatigue et ne se soutiennent plus qu'à force d'eau-de-vie. Bousmard prit la parole après Vercly et retraça le triste état des fortifications ; il rappela que le rempart manquait de parapets en plusieurs endroits, que les chemins couverts n'étaient palissadés nulle part et n'avaient à certaines places ni traverses ni contrescarpe, qu'une portion de la vieille enceinte longue de plus de 200 toises n'était pas terrassée et n'avait d'autre parapet qu'une mauvaise maçonnerie à peine épaisse de deux pieds et d'autre terre-plein qu'une ruelle large de dix pieds au plus et formée par des murs de jardins ; il serait facile aux ar-

[1] Arch. nat., W, 362, doss. 718, dépositions devant le tribunal civil criminel de la Meuse. Tous les témoins sont unanimes sur le rôle de Ribière et surtout de Périn ; les deux dépositions les plus complètes sont celles du procureur de la Commune Viart (II, p. 36), et surtout de Lambert, secrétaire du district, commandant d'un bataillon de la garde nationale (I, p. 28). On a prétendu que le rassemblement se composait de six cents personnes ; il ne comprenait en réalité que « quarante à cinquante personnes » (dépos. d'Allix et de Guillet). Sauvage le jeune est inculpé par Fort et deux sergents de ville. L'expression « déchirer les propriétés » est rapportée par trois témoins.

tilleurs ennemis, ajoutait Bousmard, de faire brèche dans cette enceinte et de rompre les vannes du moulin qui retenaient les eaux du fossé. Le découragement s'empara des membres du conseil. Ils venaient de voir « l'état de fermentation et de désespoir où la vue de l'incendie de leurs maisons jetait les citoyens de Verdun ». Prolonger la résistance, n'était-ce pas allumer la guerre civile ? Les chefs de la garde nationale de la ville et des districts voisins ne cessaient de répeter que leurs hommes n'avaient que de mauvaises armes et peu d'expérience, qu'ils étaient presque tous pères de famille, qu'ils croyaient en venant a Verdun préserver la place d'un coup de main, mais qu'ils refusaient de partager avec la garnison les périls du siège et s'effrayaient à l'idée d'un prochain assaut [1]. Cependant personne n'osait prononcer devant Beaurepaire le mot de capitulation. Un des membres du conseil voulait écrire au duc de Brunswick pour lui remontrer qu'il était inhumain de bombarder la ville. Un autre ouvrait l'avis de demander une suspension d'armes, sous condition de rendre la place si les secours de Dumouriez et de Luckner n'arrivaient pas à jour fixe. Le maire Caré proposait pour la seconde fois de faire une sortie générale, de se jeter en masse, citoyens et soldats, sur l'assiégeant et d'enclouer les canons prussiens placés à Saint-Barthélemy. Tous ces projets qui marquaient plus de désespoir qu'ils n'étaient utiles, furent rejetés par la majorité. Enfin, de guerre lasse, sur la proposition de Caré et des corps administratifs, le conseil défensif permit à la municipalité « d'envoyer au duc de Brunswick un messager pour lui demander une manière de faire la guerre, moins désastreuse pour les citoyens [2] ». Ce messager allait partir

[1] Mém. des corps administratifs : Délibération du conseil défensif, 2 septembre ; Neyon au président du tribunal criminel de la Meuse (arch. nat., W, 362, doss. 718, I, 49) : « Les chefs de la garde nationale... ont fortement appuyé sur ce que les citoyens qu'ils commandaient n'étaient pas faits pour supporter un assaut ; ...ils étaient aidés de Pichon. C'est, joint à la réunion qui venait d'avoir lieu contre le conseil défensif, ce qui a forcé la reddition de la place » ; Mém. de Lemoine : « les gardes nationaux abandonnent en partie les postes qu'on leur avait confiés ».

[2] Mém. des corps administratifs ; Délib. du conseil défensif, 1er sep-

lorsqu'à la grande surprise du conseil, parut un nouveau parlementaire de Brunswick.

VIII. Le duc ignorait ce qui se passait dans Verdun et ne croyait pas que la place se rendrait de sitôt. Il avait ordonné de tracer une parallèle, et déjà le colonel Tempelhof avait fait commencer les travaux d'approche par neuf cents hommes, déjà les bataillons qui livreraient l'assaut étaient désignés. Mais auparavant Brunswick voulut tenter une démarche qui avancerait peut-être sans effusion de sang la chute de la ville. Il chargea le major de Hompesch de porter au commandant de Verdun une seconde sommation. Hompesch devait représenter à Beaurepaire que la place était cernée de tous côtés et ne pouvait plus compter sur les secours du dehors, que les renforts envoyés par Dumouriez et Luckner avaient dû se retirer, que tous les moyens étaient préparés pour forcer Verdun à la soumission et qu'en continuant à se défendre, on rendait inévitable la destruction totale de la ville. Brunswick offrait donc à la garnison une trève de vingt-quatre heures, pour laisser à ses chefs le temps de prendre une résolution définitive; passé ce délai, un détachement prussien prendrait possession d'une porte de la ville et d'une porte de la citadelle; la garnison se retirerait où elle voudrait avec armes et bagages, en n'abandonnant que l'artillerie et ses munitions de guerre [1].

Hompesch quitta le camp de la côte Saint-Michel vers une heure de l'après-midi. Deux heures après, il entrait à l'Hôtel-de-Ville de Verdun. Il remit la sommation du duc de Brunswick. Je demande, dit-il, un oui ou un non, car le roi de Prusse est très pressé [2].

Le conseil défensif délibéra de nouveau. La séance fut longue et orageuse; elle dura trois heures. La plupart

tembre; « fait assez bizarre », dit le comte de L*** dans ses Souvenirs (*Monit. de l'armée*, 1868, n° 67).

[1] Lettre de Brunswick, du 1er septembre (arch. nat., W, 362, doss. 718, I, p. 23, et Dommartin, *Beaurepaire*, 79-80); *Rémin.*, 152; Minutoli, *der Feldzug*, 139-140, et *Erinnerungen*, 68.

[2] Minutoli, *der Feldzug*, 138; dom Ybert, *Pétition*, 12; Mém. des corps administratifs.

des officiers déclarèrent qu'on obtenait plus qu'on ne pouvait espérer. La capitulation proposée par le duc de Brunswick leur semblait honorable ; il fallait, disaient-ils, la signer sur-le-champ ; un retard entraînerait de plus dures conditions ; on sauvait tout en rendant la place aussitôt, on détruisait tout en prolongeant la lutte. Les corps administratifs et judiciaires de Verdun intervinrent dans la discussion. La municipalité, avait dit Brunswick dans sa seconde sommation, « ne doit négliger aucun moyen de persuasion envers les autorités militaires ». Elle n'y manqua pas. Elle rédigea une adresse au conseil défensif. Elle déclarait qu'il lui paraissait *indispensable* d'accepter les conditions de Brunswick. On objectait, il est vrai, la loi du 26 juillet 1792 qui défendait au commandant de capituler avant qu'il y eût brèche accessible et que le corps de la place eût soutenu au moins un assaut. Mais l'attaque des ennemis qui portaient leurs efforts sur les maisons et les propriétés des citoyens, rendait impossible l'exécution de cette loi. D'ailleurs, la ville n'était-elle pas ouverte en plusieurs endroits qu'on pouvait regarder comme de véritables brèches ? Le bombardement « auquel aucune force humaine ne pouvait parer » n'était-il pas un véritable assaut ? On nous abandonne, disait la municipalité, quoiqu'on connaisse le dénûment absolu de nos ressources ; mais ni nos avertissements ni nos prières instantes n'ont obtenu le moindre secours de l'Assemblée et des armées qui nous environnent. Tous nos concitoyens ont émis leur vœu sur la reddition d'une place dont la défense est notoirement impraticable. Accepter la capitulation offerte par le duc de Brunswick, c'est conserver à la nation la garnison et ses armes ; la refuser, c'est ruiner entièrement la ville, et la ruine de Verdun ne serait d'aucune utilité pour la patrie [1].

Mais l'opinion de la majorité du conseil et l'adresse de

[1] La municipalité n'a pas sommé le commandant de livrer la ville ; l'art. 2 de la loi du 26 juillet disait que les corps administratifs ne pourraient requérir un commandant de rendre la place, sous peine d'être traités comme des révoltés et des traîtres à la patrie ; les corps administratifs, lit-on dans cette adresse du 1er septembre, *ont l'honneur d'observer...*

la municipalité n'ébranlèrent pas la résolution de Beaurepaire. Il s'opposait énergiquement à toute capitulation, quelle qu'elle fût et « invoquait les droits de la patrie ». Deux autres lieutenants-colonels, « conduits par lui, guidés par ses sentiments, animés du même patriotisme », Lemoine et Marceau, appuyaient son avis avec opiniâtreté. Lors même que la place ne serait pas tenable, disait Marceau, il faut résister deux jours encore. Verdun, ajoutait Lemoine, sera la proie des flammes plutôt que de passer en la puissance de l'ennemi. Enfin, après les plus vifs débats entre ces trois officiers et le reste du conseil, Beaurepaire déclara que la question ne serait résolue que le lendemain dans une nouvelle séance. Mais le duc de Brunswick proposait un armistice de vingt-quatre heures ; on pouvait accepter provisoirement cette suspension d'armes et ne répondre que le jour suivant aux offres de capitulation. A six heures du soir, Beaurepaire alla trouver le parlementaire prussien [1].

Pendant la délibération, Hompesch, demeuré dans une salle séparée, s'entretenait avec des citoyens de Verdun, et on observa qu'il connaissait parfaitement la situation de la place et la pénurie de ses moyens de résistance. Beaurepaire lui dit qu'il acceptait la trêve d'un jour offerte par le duc de Brunswick. Mais Hompesch exigea que l'armistice fût daté de l'instant de son entrée à l'hôtel de ville. La suspension d'armes commençait donc le samedi 1er septembre, à trois heures de l'après-midi et devait finir le dimanche à la même heure [2].

[1] Mém. des corps administratifs ; dom Ybert, *Pétition*, 12 ; lettre de Lemoine, du 10 septembre, Grille, II, 300-303 (cette lettre est un des rares documents authentiques que renferme le recueil) ; lettre de Marceau, du 7 septembre (Doublet, *Marceau*, 142) ; Mém. de Visto ; Mém. de Neyon : « trève... pendant laquelle il serait avisé au parti à prendre ». Le procès-verbal de cette séance ne fut pas dressé, soit parce qu'elle n'aboutit pas, soit parce que le secrétaire Moudon (ainsi que le maire Caré et l'administrateur Lambry) était resté dans la salle où siégeaient les corps administratifs ; on se contenta de transcrire, aux lieu et place de ce procès-verbal, la lettre que Beaurepaire écrivit à Brunswick et n'envoya pas ; voir plus loin.

[2] Mém. des corps administratifs ; dom Ybert, *Pétition*, 12.

Avant son entretien avec Hompesch, Beaurepaire avait écrit un billet qu'on trouva le lendemain sur la table du conseil. Il se souvenait que le bataillon de Mayenne-et-Loire et celui de la Charente-Inférieure avaient chacun deux pièces de campagne. Il ne voulait pas que ces canons achetés par les départements eussent le même sort que l'artillerie de la place. Il rédigea donc la lettre suivante qu'il data de trois heures du soir :

Le commandant de la place de Verdun aura l'honneur de faire parvenir demain à M. le duc de Brunswick, avant l'expiration de vingt-quatre heures, la réponse définitive aux conditions qui lui sont proposées ; mais il a l'honneur d'observer que deux corps de troupes de la garnison sont entrés chacun avec deux pièces de campagne, faisant partie de leur armement, et qu'ils espèrent qu'on voudra bien les leur accorder comme une des conditions intégrantes de la capitulation proposée.

Le commandant militaire de Verdun [1].

Beaurepaire n'a pas signé cette lettre et ne l'a pas remise au parlementaire. L'envoyer à Brunswick, c'était admettre l'idée d'une capitulation, et il avait juré de mourir plutôt que de capituler.

IX. Le conseil de défense se sépara à sept heures du soir. On ne sait ce que fit Beaurepaire jusqu'au lendemain. A-t-il visité les remparts pour se convaincre une dernière fois que toute résistance serait impuissante? S'est-il enfermé dans son logement de la citadelle où étaient les clés de la place? Aurait-il, comme le prétend Delaage, réuni le bataillon de Mayenne-et-Loire pour lui proposer de sortir de Verdun par la porte de secours de la citadelle et de se frayer un passage à travers les ennemis [2] ?

Ce qu'on sait, c'est que Beaurepaire rentra dans l'hôtel de ville à deux heures et demie du matin (2 sept.). L'édifice se compose de deux ailes à un étage. Les deux

[1] Arch. de la guerre, 1er septembre.

[2] Discours à la Convention. Ce discours n'est qu'une apologie du bataillon de Mayenne-et-Loire, et les documents authentiques le contredisent sur presque tous les points.

ailes sont unies au sud-ouest par une terrasse qui surmonte le portail et a vue sur la rue, au nord-est par un grand salon qui donne à la fois sur la cour intérieure et sur un jardin. Le premier étage de l'aile gauche renferme trois pièces : le cabinet du maire, une grande salle et une petite chambre ; la grande salle où se font aujourd'hui les adjudications, servait alors de bureaux à l'administration du district ; la petite chambre où logeait le secrétaire du district, Mondon, donne sur la rue et s'ouvre sur la terrasse. Le premier étage de l'aile droite se compose également de trois pièces. La première, éclairée par deux fenêtres sur la cour, était alors le prétoire du tribunal de commerce et de la justice de paix ; six volontaires nationaux y veillaient pendant la nuit du 2 septembre. La deuxième était la salle des séances du conseil défensif. La troisième était la chambre de Beaurepaire ; il l'occupait depuis quelques jours et y couchait sur un matelas ; cette pièce a deux fenêtres sur la rue et deux portes, dont l'une communique avec la salle du conseil défensif et l'autre avec la terrasse [1].

Beaurepaire traversa la salle où se trouvaient les six plantons de service. Il leur dit qu'il allait prendre un peu de repos, leur recommanda de l'éveiller dans une heure et entra dans sa chambre. Une demi-heure après [2] un coup de feu retentit au milieu du silence de la nuit. La détonation était si forte que les plantons crurent entendre un coup de fusil. Ils coururent aux fenêtres et se penchèrent au dehors. Ils ne virent que l'officier municipal Georgia qui se promenait dans la cour. Aidés de Georgia, ils cherchèrent de divers côtés et, ne découvrant rien, se rendirent à la chambre de Beaurepaire, la seule qui fût encore éclairée. Ils frappèrent à la porte plusieurs fois, sans obtenir de réponse. Enfin, Georgia prit sur lui d'ouvrir. Beaurepaire gisait de tout son long sur le parquet, « couvert d'un habit de garde national, avec une croix de Saint-Louis, une veste de satin blanc,

[1] Dommartin, *Beaurepaire*, 33 (avec plan), Mém. de Prille.

[2] Par conséquent à trois heures du matin ; cp. dom Ybert, *Pétition*, 12.

culotté de peau et botté, ceint d'une épée » ; deux pistolets déchargés étaient à côté de lui; la fumée de la poudre remplissait toute la chambre. Georgia et ses plantons se retirèrent aussitôt. Trois soldats et un caporal du bataillon d'Eure-et-Loir qui veillaient au corps-de-garde de l'hôtel de ville, furent placés à la porte de la chambre et reçurent l'ordre de ne laisser entrer personne avant l'arrivée d'un magistrat. Sur la réquisition du commissaire des guerres Pichon, qui fut aussitôt instruit de l'événement, le juge de paix du canton de la ville basse, Louis Perrin, assisté des deux officiers municipaux Cauyette et Collard, rédigea le procès-verbal. Le médecin Lespine, mandé au même instant — à six heures du matin — constata le décès. Beaurepaire s'était tiré deux coups de pistolet qui lui avaient enlevé le menton, les deux mâchoires, la moitié du front et tout le côté droit de la tête ; le crâne était entr'ouvert ; le cerveau dont on trouva plusieurs morceaux épars dans la chambre, était à moitié emporté ; le sang avait coulé en abondance et rejailli sur la boiserie, sur le matelas et jusqu'au plafond [1].

On a cru, d'après la disposition des lieux, que Beaurepaire avait été assassiné. La chambre du commandant à l'aile droite, et celle du secrétaire Mondon à l'aile gauche, ont chacune accès sur la terrasse. Le meurtrier serait sorti de la chambre de Mondon ; il aurait traversé la galerie, ouvert la porte de communication et tiré sur Beaurepaire ; puis, refermant la porte, il aurait traversé de nouveau la terrasse, la chambre de Mondon, les bureaux de l'administration du district, et se serait échappé dans la cour. « J'interrogeai, écrit Lemoine dans un mémoire sur la prise de Verdun, le secrétaire, le domestique et le soldat qui était en faction à la porte: ce dernier me déclara avoir entendu marcher sur la terrasse et ouvrir la porte de la chambre où reposait le commandant, et, après la détonation, il entendit encore fermer cette même porte et marcher sur la terrasse avec précipitation, se

[1] Arch. de la guerre, 2 septembre, procès-verbal du suicide et déposition des plantons ; Dommartin, *Beaurepaire*, 29-32 ; Mérat, *Verdun en 1792*, 51-56.

dirigeant vers l'appartement où étaient en permanence les membres de la municipalité [1]. »

Mais ce mémoire de Lemoine, rédigé plus de quarante années après l'événement, est un tissu de mensonges et de contradictions. Lemoine assure qu'il refusa de signer la capitulation et se renferma dans la citadelle de Verdun jusqu'au 4 septembre ; or, il a signé de son nom « L. Lemoine, commandant en second » la délibération où fut arrêtée la reddition de Verdun ; il a signé, le 3 septembre, à Sainte-Menehould, l'acte d'inhumation de Beaurepaire ; enfin il a, le 10 septembre, écrit aux administrateurs de Mayenne-et-Loire que Beaurepaire s'est brûlé la cervelle [2] !

D'ailleurs le secrétaire Mondon a déclaré formellement que l'assassin n'aurait pu passer par sa chambre qu'il fermait toujours avec soin [3]. Si le meurtrier avait traversé la terrasse, il aurait été vu par les plantons qui coururent aux fenêtres lorsqu'ils entendirent la détonation, car ces fenêtres, au nombre de deux, sont, l'une à dix mètres, l'autre à quinze mètres de la terrasse. Il aurait été entendu par le factionnaire de la rue et par les soldats du poste, car la galerie n'est pas voûtée et on perçoit aisément du rez-de-chaussée le bruit des pas. Il n'aurait pu ouvrir la porte qui donne de la terrasse dans la chambre de Beaurepaire, car cette porte était fermée à l'intérieur, comme elle l'est encore aujourd'hui, par deux forts crochets de fer, et on crut inutile d'y placer une sentinelle après la mort du commandant.

Le suicide de Beaurepaire est donc certain. Il n'y a point de doute, disait trois heures après l'événement le docteur Lespine, que Beaurepaire ne se soit donné la

[1] Mémoire remis à Louis-Philippe le 15 janvier 1835 (arch. guerre) ; l'opinion de Lemoine a été soutenue par Lachèze (*Observ. médico-légales sur la mort de Beaurepaire* « Revue d'Anjou », 1860), et de la Sicotière (*L'Amateur d'autographes*, n° 21, novembre 1862) ; cp. le mémoire de Visto.

[2] Délibération du 2 septembre ; Acte d'inhumation de Beaurepaire (3 septembre, registres paroissiaux de Sainte-Menehould ; voir dans le volume suivant le chapitre *l'Argonne*) ; lettre de Lemoine, datée de Chatrices, 10 septembre (Grille, II, 300-303).

[3] Dufour, *Mém. histor. et milit.*, 150, note.

mort[1]. Le commandant de Verdun a tourné contre lui-même les deux pistolets qu'on trouva déchargés à ses côtés; le sang a jailli jusqu'au plafond de la chambre, à une hauteur de quatre mètres, parce que Beaurepaire se tint debout pour se brûler la cervelle; la blessure horrible qu'il se fit, résulte d'un coup de feu tiré verticalement de bas en haut. Mondon et de nombreux témoins ont raconté depuis qu'ils avaient vu l'empreinte de deux balles au plafond[2].

Beaurepaire se tua pour ne pas signer une capitulation inévitable. Il jugea, écrivait Lemoine, qu'il ne pouvait plus rien. Mais peut-être se disait-il que, s'il survivait à la reddition de la ville, son nom couvrirait tout; qu'on l'accuserait de trahison, comme on avait accusé le commandant de Longwy; que Verdun, la France, l'Assemblée rejetteraient sur lui seul la responsabilité du désastre[3]. Peut être se voyait-il livré aux calomnies, traduit devant une cour martiale, condamné à une mort déshonorante. Peut-être aussi, en descendant au fond de sa conscience, se reprochait-il de n'avoir pas fait strictement son devoir. Avait-il dissipé le rassemblement et puni de mort les pétitionnaires? Devait-il permettre à la municipalité d'entrer en pourparlers avec l'assiégeant? Telles furent probablement les réflexions de Beaurepaire, lorsqu'il se retira dans cette chambre de l'hôtel de ville où s'écoulèrent les dernières minutes de sa vie. Mais sûrement, il se souvint qu'il avait juré de mourir plutôt que de livrer aux Prussiens la place qu'il commandait; il se rappela ses mots à Choudieu : « Lorsque l'ennemi sera maître de Verdun, Beaurepaire sera mort »; il voulut tenir son serment.

Ce suicide a été diversement commenté. L'Angevin Delaunay regrettait que Beaurepaire ne se fût pas conservé pour la patrie, et Cavaignac, chargé du rapport sur la reddition de Verdun, disait à la Convention : « Il vaudrait mieux qu'au lieu de se donner la mort, Beaure-

[1] Procès-verbal du 2 septembre.
[2] Cette empreinte n'existe plus. Cp. Dufour, p. 111, et surtout la démonstration de Dommartin et ses vigoureuses objections au mémoire de Lachèze (*Beaurepaire*, 36-44).
[3] Le successeur de Beaurepaire, Neyon, fut guillotiné.

paire l'eût reçue de la main d'un ennemi, à la tête de la garnison, sur un champ de bataille, sur la brèche ou dans la citadelle : c'est là que son sang pouvait couler utilement pour la patrie[1]. » Mais la plupart des historiens regardent le suicide de Beaurepaire comme un acte de sublime désespoir, et l'imagination populaire trouvera toujours dans cette mort tragique quelque chose de généreux et de magnanime. Les officiers prussiens admiraient hautement le défenseur de Verdun; ils le regardaient comme un vrai républicain et un héros des temps antiques ; ils le comparaient à Brutus et à Caton. Vingt-huit ans après, Gœthe, rédigeant ses impressions de la campagne, écrivait que Beaurepaire avait donné le plus noble exemple du dévouement à sa patrie et que son suicide était à la fois un acte d'héroïsme et un présage de la résistance que rencontreraient les alliés[2].

Cependant le conseil de défense s'était assemblé, comme les jours précédents, à cinq heures du matin. Il fallait remplacer Beaurepaire. Le plus ancien des lieutenants-colonels en premier, Lombard, déclara, cette fois encore, qu'il n'avait pas sur lui sa commission, et l'on nomma commandant de la place un lieutenant-colonel en second, nommé Neyon ou Deneyon. Ancien soldat, comme Beaurepaire, et capitaine au régiment de la Guadeloupe, Neyon

[1] Discours de Delaunay (*Monit.* du 14 septembre) ; Rapport de Cavaignac. L'auteur du *Tableau histor.*, II, 83, semble désapprouver le suicide : « M. Beaurepaire, dit-il froidement, jugea à propos de se casser la tête d'un coup de pistolet. » Dommartin montre que, d'après la loi, Beaurepaire n'a pas fait son devoir et que, fort de son autorité de commandant, il pouvait résister encore ; « il ne devait ni rendre la place avant un assaut ni quitter son commandement ».

[2] Minutoli, *der Feldzug*, 139, et *Erinnerungen*, 67, eine heroische That... unsere Bewunderung ; Témoin oculaire, I, 138, diese grosse echtrepublikanische Handlung, et 139, einen zweiten Cato ; Gœthe, 43, heroisch... ahnungsvoll. Manso, *Gesch. des preuss. Staates*, I. 243, « wackerer ». Laukhard (III, 132) applique à Beaurepaire le vers de Lucain :

Victrix causa Diis placuit, sed victa Catoni.

Cp. l'émigré Dampmartin (*Quelques traits*, 114) : « Sa mort prouva aux alliés jusqu'à quel degré d'exaltation pouvaient atteindre les Français », et Beaulieu, IV, 155 : « Beaurepaire mérita, par cet acte, d'être considéré comme un des premiers braves de l'armée. »

avait quitté le service avant la Révolution pour se retirer à Drillancourt, dans la Meuse. Nommé commandant de la garde nationale du canton de Sivry, il avait pris part à l'arrestation de Louis XVI, et lorsqu'à la fin de l'année 1791, ses concitoyens l'avaient élu lieutenant-colonel en second du 2e bataillon des volontaires de la Meuse, il n'avait pas hésité, disait-il, à quitter sa famille et un train de labourage qu'il présidait, pour faire à la patrie le sacrifice de ses propres intérêts. Il commandait à Verdun les détachements de volontaires nationaux.

Neyon devait, le matin du 2 septembre, distribuer le prêt. Il n'arriva que vers huit heures à l'hôtel de ville. Il apprit que le conseil lui déférait le commandement de la place, « vacant par le décès inopiné de Beaurepaire ». Sa surprise fut extrême ; il ignorait encore la mort du lieutenant-colonel de Mayenne-et-Loire, et il fallut, pour le convaincre, lui montrer le cadavre dans la chambre voisine [1].

Après quelques difficultés. Neyon accepta la succession de Beaurepaire. Mais déjà le conseil défensif avait résolu de capituler et rédigé presque au complet, sur des notes fournies par Bousmard, l'exposé de ses motifs. Il « opinait à ce que le commandant rendit la place dans les vingt-quatre heures ». Tenir plus longtemps, c'était vouer la ville à une destruction totale et la garnison à la captivité. Pourquoi retarder la reddition de quelques heures peut-être ou au plus de quelques jours? Le parti que prenait le conseil était dicté par les circonstances et la situation de la place ; il était le plus avantageux à la nation ; il était conforme sinon à la lettre, du moins à l'esprit de la loi du 26 juillet 1792. Tous les officiers supérieurs de la garnison, même Lemoine, signèrent cette résolution qui fut transcrite sur le registre des délibérations du conseil ; la signature de Marceau est la seule qui manque [2].

Mais, d'après l'article 3 de la loi du 26 juillet, le conseil

[1] Arch. nat., *id.*, I. p. 29 et 35. Mémoire et interrogatoire de Neyon.

[2] Arch. nat., *id.*, I, p. 23 ; Dommartin, *Beaurepaire*, 81-83 ; Mém. des corps administratifs ; lettre de Lemoine du 10 septembre : « la mort de Beaurepaire fut l'anéantissement de l'énergie du conseil défensif ».

de guerre ne pouvait capituler que du consentement du Conseil général de la commune. Quelques officiers se rendirent dans la salle où siégeait la municipalité de Verdun. On lut la délibération qui autorisait le commandant à rendre la place. Elle fut approuvée par les corps administratifs. Le conseil du district et le conseil général, « pénétrés des motifs insérés dans leur adresse du jour d'hier, consentaient à la capitulation[1] ».

Neyon écrivit au duc de Brunswick : « J'accepte la capitulation honorable que vous nous avez proposée hier et je n'y ajoute qu'une demande, c'est que les bataillons de Mayenne-et-Loire et de la Charente conservent les quatre pièces de campagne qu'en entrant dans cette ville ils avaient amenés avec eux. » Marceau, le plus jeune des membres du conseil de défense, porta cette lettre au camp prussien. Le prince royal qui le vit arriver, à midi, au quartier de la côte Saint-Michel, à l'heure où se donnait le mot d'ordre, ne soupçonnait guère que cet officier serait un des plus grands généraux de la Révolution. Dès que le roi de Prusse et le duc de Brunswick eurent pris connaissance du message de Neyon, ils firent suspendre les préparatifs d'assaut. Kalkreuth fut chargé de se rendre à Verdun et de régler les détails de la capitulation. Il arriva devant la porte Chaussée avec deux bataillons qui devaient occuper la ville. Les deux fils du roi avaient obtenu de leur père la permission d'accompagner Kalkreuth ; ils avaient décousu à la hâte leurs beaux galons et ôté l'étoile qu'ils portaient sur la poitrine ; ils passaient pour les aides de camp du général. Kalkreuth se fit reconnaître et entra dans Verdun avec les deux princes. Il se dirigea vers l'hôtel de ville ; les troupes et la population faisaient la haie sur son passage et le regardaient sans colère. Les soldats étaient prêts à partir, le fusil au pied, le pain embroché dans la baïonnette ; un grand nombre présentèrent les armes au général et à ses aides de camp ; un profond silence régnait dans les rues. Kalkreuth trouva dans la salle du conseil défensif Neyon, les chefs de corps, leurs adjudants

[1] Déposition de Viart ; Mém. des corps administratifs ; arch. nat., *id.*, I, p. 27 ; Dommartin, *Beaurepaire*, 83.

généraux et les membres de la municipalité. Il s'assit et prit la plume. « Les visages, dit le prince royal, étaient inquiets ; on y lisait la douleur et l'abattement ; chacun des assistants voulait parler ; tantôt l'un, tantôt l'autre faisait des objections ». Kalkreuth, froid et poli, résumait la discussion point par point. Enfin, au bout d'une heure, le texte de la capitulation fut définitivement adopté ; la garnison sortirait le jour même de la ville avec armes et bagages ; les bataillons de volontaires conserveraient leurs pièces de canon ; les habitants de Verdun et des environs étaient dès ce moment sous la protection de Sa Majesté prussienne à condition de remettre leurs munitions et leurs drapeaux[1].

La garnison quitta la ville aussitôt ; les volontaires prirent la route de Clermont, les troupes de ligne, celle de Saint-Mihiel ou celle de Metz. Le bataillon de Mayenne-et-Loire emmenait avec lui, dans un fourgon d'artillerie, le corps de Beaurepaire ; le cercueil était recouvert d'un drap noir et entouré de feuilles de chêne ; un crèpe flottait à la hampe du drapeau. On raconte que Brunswick demanda les pistolets de Beaurepaire et dit, en saluant Lemoine, qu'ils auraient la première place dans son cabinet d'armes[2].

Les Prussiens comptaient qu'une partie de la garnison se prononcerait en faveur du roi. Ils éprouvèrent le même désappointement qu'à Longwy ; les bataillons passèrent en désordre, mais, près de Regret, un soldat, apercevant le duc de Brunswick, lui cria fièrement : « *Au revoir, dans les plaines de Châlons !*[3] »

Pendant que les volontaires sortaient par la porte de France, les Prussiens entraient par la porte Chaussée.

[1] Lettre de Marceau, du 7 septembre ; *Rémin.*, 153 ; arch. nat., W, 362, doss. 718, I, p. 37, texte de la capitulation, écrit sans doute par Kalkreuth (avec cette mention « pièce précieuse » ; Dommartin, *Beaurepaire*, 84-85.

[2] Grille, II. 295.

[3] Massenbach, *Mém.*, I, 41. et Minutoli, *der Feldzug*, 19. Le mot n'est donc pas légendaire. Mais il est inexact que Marceau ait répondu quelques jours plus tard à un représentant qui lui demandait ce qu'il désirait : « *un sabre pour venger notre défaite* » ; Marceau perdit son manteau et ses épargnes pendant le siège, mais il avait gardé son épée (lettre du 7 septembre ; Doublet, *Marceau*, 144).

Le bataillon des grenadiers de Brunswick, un bataillon du régiment de Hohenlohe et un détachement des dragons de Bayreuth occupaient la ville. Neyon, Pichon, Vercly remettaient à Tempelhof et aux employés de l'intendance l'état des magasins et de l'artillerie. Les soldats abattaient l'arbre de la liberté sur la place de la citadelle et jetaient dans la boue aux cris de « à bas la marotte ! » le bonnet phrygien qui le surmontait, un bonnet de fer-blanc, teint en rouge et haut de trois pieds. Ils envahissaient les boulangeries et les pâtisseries ; ils se disputaient les miches de pain et les gâteaux qui sortaient du four ; ils faisaient la chasse, dit Minutoli, au moindre brin d'herbe ou de paille, et je rencontrai le chirurgien de mon bataillon portant sous son bras un peu de foin qu'il avait ramassé dans la rue et qu'il portait en toute hâte à sa rossinante. Le prince royal et son frère, le duc de Weimar, les officiers de l'avant-garde erraient curieusement dans les rues étroites de la ville, sur le pavé défoncé, le long des tas de pierres amassés contre le mur des maisons. Ils achetaient des flacons de liqueurs et ces dragées exquises que Gœthe se croit tenu de définir des petits grains d'épices couverts d'une couche de sucre et renfermés dans de petits cornets cylindriques[1]. Ils prenaient une collation au coin de la place Mazel, chez Leroux, le confiseur le plus achalandé de la ville. Soudain ils entendirent de grands cris ; de l'autre côté de la rue demeurait une jeune dame, parente de Beaurepaire ; elle venait d'apprendre la mort du commandant et se roulait sur le parquet de sa chambre en proie à une crise de nerfs[2].

La nuit tombait lorsque les princes sortirent de Verdun. Mais les détachements de volontaires, les gardes nationales du département, les chasseurs à cheval n'avaient pas encore quitté la ville. On vit se produire les

[1] Déjà, pendant le siège, le trompette-major qui accompagnait le parlementaire, avait, à chaque sommation, demandé des dragées et des liqueurs aux membres du conseil défensif (arch. nat., W, 362, doss. 718, I, p. 33, interrogatoire de Neyon).

[2] Minutoli, *Erinnerungen*, 69-70 ; *Rémin.*, 153 154 ; lettre du duc de Weimar à Einsiedel, 3 septembre (Düntzer, *Gœthe und Karl August*, 1865, II, 72) ; Gœthe, 45 ; Témoin oculaire, I, 140.

désordres qui suivent presque toujours une capitulation. Les uns, malgré le procureur de la commune Viart, qui menaçait de les dénoncer et de les faire sévèrement punir, pillèrent les magasins d'approvisionnements et vendirent le lard et la viande à vil prix. Les autres, irrités de la reddition de la place, criant à la trahison, couraient par les rues et tiraient au hasard des coups de fusil. Cette garde nationale, disait le duc de Weimar, est à moitié ivre et à moitié folle. Plusieurs, raconte Lombard, étaient si furieux, que notre commission des vivres fut exposée pendant quelques heures à de sérieux dangers. Il fallut prendre des mesures énergiques; le rude général Courbière fut nommé gouverneur de Verdun; les deux bataillons de Brunswick et de Hohenlohe passèrent la nuit sous les armes et bivouaquèrent dans les rues et sur les places[1].

Néanmoins, un officier prussien, le comte de Henkel, lieutenant des hussards de Köhler, fut tué dans la rue Saint-Sauveur, par un soldat du 9e régiment de chasseurs à cheval. Le meurtrier s'était caché à l'étage supérieur de l'avant-dernière maison, en amont du pont de Saint-Airy. Il fut arrêté. On le mena au corps-de-garde du pont Sainte-Croix. Gœthe le vit le lendemain et raconte qu'il avait la figure belle, le regard assuré et une calme contenance. En attendant que le roi eût décidé de son sort, on lui avait lié les bras avec une corde au-dessus du coude. Mais le 6 septembre au matin, il se fit conduire aux latrines, sur le bord du parapet, à côté du pont; la sentinelle s'était éloignée; il resta quelque temps immobile, puis se renversant en arrière, se jeta dans la Meuse. Quelques heures plus tard on vit, de la galerie d'une maison, le cadavre du chasseur « dans le fond de l'eau, ayant le visage et les mains en l'air ». On le retira de la rivière, et malgré les protestations de plusieurs officiers qui déclaraient l'assassin de Henkel indigne d'une sépulture honorable, on l'enterra dans le cimetière de la ville[2].

[1] Arch. nat., W, 352, doss. 718, III, p. 36, déposition de Viart; Lombard, *Lettres*, 303; Charles Auguste à Einsiedel « eine halbbesoffene und halbtolle Nationalgarde ».

[2] *Rémin.*, 154; Lombard, *Lettres*, 303; Strantz, 34; Gœthe, 47-48;

A la nouvelle du meurtre, Courbière fit arrêter Neyon, et le déclara responsable de l'événement. Neyon répondit qu'il n'était plus commandant et que le nouveau gouverneur aurait dû prendre les précautions nécessaires à la sûreté de ses soldats. Courbière le relâcha, mais ajouta que ses bataillons exaspérés demandaient à grands cris le pillage de Verdun. Neyon se rendit sur-le-champ à l'hôtel de ville et avertit la municipalité. Une députation fut envoyée au roi de Prusse : l'exécution militaire dont Courbière avait menacé la population, n'eut pas lieu[1].

Est-ce à cette occasion que fut rédigée la fameuse adresse des habitants de Verdun au roi de Prusse ? On y lit les phrases suivantes : « Le Dieu par qui règnent tous les rois, ses plus parfaites images sur la terre, a choisi Votre Majesté pour rétablir sur le trône notre infortuné monarque. Sire, nous nous faisons gloire d'être les plus fidèles sujets de notre bon roi, et nous regardons comme le plus beau jour de notre vie celui qui nous rendra, à la suite de votre armée triomphante, nos pasteurs et nos braves émigrés. » Mais cette adresse n'est pas signée ; on n'en connait pas l'original ; on ne sait même pas si le roi de Prusse en eut connaissance ; ni le prince royal, ni le secrétaire Lombard, ni le major Massenbach, ni les lieutenants Strantz et Minutoli n'en font mention dans leurs souvenirs de la campagne. Il est très probable qu'elle fut forgée par les émigrés[2].

On croit ordinairement que la population de Verdun accueillit les Prussiens avec enthousiasme et les salua comme des sauveurs. Les monarchistes, en effet, ne cachèrent pas leur joie et applaudirent à l'entrée des envahisseurs. Ils illuminèrent leurs maisons le soir du 2 septembre. L'ancien colonel d'artillerie Grimoard s'em-

Mém. de Visto ; *Annales patriot.* des 16 et 24 septembre ; voir sur cet épisode mes deux articles de la *Revue critique*, 22 octobre 1883 et 13 octobre 1884 (procès-verbal de la levée du cadavre). De 1793 à 1807, le pont et le quai Saint-Airy portèrent le nom de *pont du chasseur* et de *quai du chasseur*.

[1] *Mém.* de Neyon (arch. nat., W, 352, doss. 718, I, p. 29) ; Souvenirs de Barbe Henry (Roussel, *Hist. ecclés. de Verdun*, II, 96, note, et Cuvillier-Fleury, *Portraits polit. et révol.*, 411).

[2] Arch. nat., W, 352, doss. 718, I, 34, et *Monit.* du 5 octobre.

pressa de porter une écharpe blanche. Les deux promoteurs du rassemblement qui pesa sur la résolution du conseil défensif, Périn et Ribière, allèrent à la rencontre des bataillons prussiens ; Périn s'entretint familièrement avec les officiers ; Ribière embrassa son ami l'émigré Pouilly qui marchait à la tête des troupes. Dans une rue de la ville haute, une belle jeune fille courut au prince royal pour lui serrer la main et lui souhaiter la bienvenue. Le major de la citadelle, d'Aubermesnil, dont l'emploi avait été supprimé en 1791, et l'adjudant-major de la place, Brunelly, exercèrent leurs fonctions au nom du roi de Prusse [1].

Mais la plupart des habitants sentaient ce que l'occupation étrangère apporte avec elle de douleurs et de hontes. Ils faisaient, selon l'expression du prince royal, bonne mine à mauvais jeu. Ils arboraient la cocarde blanche, mais, comme dit Lombard, sous réserve de la fouler aux pieds à la première occasion, et sur l'ordre exprès du général Courbière. Ils poussèrent quelques vivats sur le passage de Frédéric-Guillaume, mais ces acclamations, ajoute le fils du monarque, étaient forcées et contraintes. Ils accueillirent très froidement les comtes de Provence et d'Artois. Ces gens-là, écrit Massenbach, nous recevaient avec aigreur et une rage dissimulée; sans doute, cette irritation n'était pas générale, et la classe éclairée nous traitait avec une humanité qui lui fait honneur, mais elle aussi gardait cette douleur digne et silencieuse que doit montrer une nation vaincue [2].

On a parlé d'un bal qu'aurait donné le roi de Prusse. Mais Frédéric-Guillaume n'avait pas le temps de faire danser les Verdunoises. Dans ses *Réminiscences* où il se rappelle si complaisamment ses promenades avec les dames de Verdun et les baisers qu'il a pris à Mlle Morland, le prince royal ne dit pas un mot de ce prétendu bal. Le rapporteur de la Convention, Cavaignac, n'ose affirmer qu'il ait eu lieu. L'accusateur public du tri-

[1] Minutoli, *der Feldzug*, 141 ; arch. nat., W, 352, doss. 718, I, p. 28, dépos. de Delorme; *Rémin*., 153 ; Rapport de Cavaignac, etc.

[2] *Rémin*., 153 et 154 ; Lombard, *Lettres*, 303 ; Témoin oculaire, I, 141 ; Massenbach, *Mém.*, I, 41 : « Erbitterung und verbissene Wuth... verehrungswürdiger Schmerz ».

bunal révolutionnaire l'oublie dans son exposé des griefs contre les « donneuses de bonbons ». Toutes les personnes interrogées plus tard par la commission extraordinaire du département, déclarent qu'on ne donna pas de bal durant l'occupation prussienne ni à Verdun, ni ailleurs[1].

Un grand nombre de dames et de demoiselles allèrent au camp prussien, soit à Bras, soit à Regret, par curiosité et en partie de plaisir[2], pour voir de brillants uniformes et ces batteries dont les bombes les avaient effrayées. Il n'y eut pas, comme on l'a dit, de députation officielle chargée de haranguer le roi de Prusse et de lui offrir des dragées. La baronne de Lalance de Mongaut, Mme et Mlle Tabouillot, Mme Masson, les trois demoiselles Henry, accompagnées d'un M. d'Espondeilhan, se rendirent au camp de Bras, le 3 septembre, en petit équipage, sur un chariot destiné à la rentrée des foins ; mais d'Espondeilhan ne put entrer, les dames seules eurent la permission de parcourir le camp, et la baronne de Lalance n'osa donner au roi ni même aux officiers le panier de dragées qu'elle avait apporté. Deux demoiselles Watrin et une dame Bonviller allèrent à Bras et virent le roi de Prusse qui leur demanda s'il y avait comédie dans la ville. Voilà le crime des femmes qui périrent sur l'échafaud le 25 avril 1794 et que les poètes ont chantées sous le nom des *Vierges de Verdun*[3].

[1] Arch. nat., W, 352, doss. 718, II, p. 28, dépositions diverses ; cp. Cuvillier-Fleury, *Portraits polit. et révol.*, 408-409.

[2] Cette expression échappe au président de la commission extraordinaire Sommellier (arch. nat., W, 352, doss. 718, II, p. 28).

[3] Les demoiselles Hélène et Anne Watrin, ainsi que leur sœur Henriette, furent guillotinées parce qu'elles avaient donné 2,000 livres à un ami de la famille, M. de Rodez, ex-président du parlement de Metz et émigré. Mme Bonviller, nommée dans le rapport de Cavaignac, ne fut pas inquiétée. Massenbach raconte (I, 41-42) que les demoiselles Watrin offrirent au roi de Prusse des bouquets et des rafraîchissements. « Les émigrés, ajoute l'emphatique officier, dirent à Frédéric-Guillaume que, sous ces roses et ces jasmins, se cachaient des serpents, et sous ces pêches, du poison Le roi sourit et prit ce poison des mains de l'innocence, comme Alexandre avait pris la coupe des mains de son médecin calomnié. » Voir sur l'épisode des *Vierges de Verdun* Cuvillier-Fleury (*Portr. polit. et révol.*), Ternaux et Wallon ; l'examen des pièces du procès nous a conduit aux mêmes conclusions.

En réalité, la majorité de la population verdunoise était sincèrement attachée au nouvel ordre de choses et détestait l'étranger. Louis XVI, traçant l'itinéraire de sa fuite, n'osait entrer dans Verdun. Tout ce pays, dit Mme de Tourzel, était révolutionné, toutes les villes étaient mauvaises et c'était pour éviter Verdun qu'on avait fait passer le roi par Varennes. Lorsqu'on apprit l'arrestation de Louis XVI, la garnison de la ville marcha sur Clermont, et, rapporte le marquis de Bouillé, elle était animée d'une rage contre le roi qu'on ne peut exprimer : toutes les gardes nationales, ajoute Bouillé, et tout le peuple du pays furent en mouvement ; la disposition de la population qui se manifesta promptement à Metz et à Verdun, était un délire de fureur. Aussi, le jour où les Prussiens entrèrent dans la ville, la municipalité de Verdun jetait au feu le registre-courant de ses délibérations. Elle avait, il est vrai, protesté contre le 10 août et envoyé à Bar-le-Duc un de ses membres, Anchelon, pour inviter le directoire de la Meuse à se rallier au directoire des Ardennes[1]. Mais comme le reste de la France, elle avait accepté les événements et accueilli les commissaires de la Législative aux cris de « vivent la nation, la liberté, l'égalité et l'Assemblée nationale ! » Dès 1791 (13 août) elle sollicitait de la Constituante les secours les plus prompts en hommes et en artillerie et réclamait contre le décret qui plaçait Verdun dans la deuxième classe des villes de guerre. Au mois de juin 1792, elle demandait l'éloignement du commandant Gallois dont elle suspectait le patriotisme. A la voix de Galbaud, elle avait fait réparer les remparts de la corne Saint-Victor par les habitants de la ville, et ses membres eux-mêmes avaient manié la pelle et traîné la brouette. Elle avait, à la nouvelle de la prise de Longwy, supplié la Législative de lui donner les moyens de défense qui lui manquaient. Pendant l'occupation prussienne, elle montra tant de mauvaise grâce que Courbière disait au maire Caré et au procureur de la com-

[1] Voir arch. nat., AA, 61, le jugement du trib. crim. de la Meuse, 2 floréal an II ; *Réponse des députés de Mayenne-et-Loire à Galbaud*, 5 ; Dumont, *Hist. de Saint-Mihiel*, II, 262-266.

mune Viart : « Vous êtes de vraies Pénélopes, détruisant la nuit ce que vous avez l'air de faire le jour; vous sentez toujours l'écharpe, et la cocarde nationale est dans votre cœur, mais je l'en arracherai[1]. » Enfin, si Verdun avait été royaliste, les Prussiens et leurs alliés ne l'auraient pas écrasé de réquisitions, ni traité en ville conquise[2].

Et pourtant, cette population, attachée à la France et à la Révolution par ses sentiments intimes, hâta la reddition de la place. Elle eut peur du bombardement et n'osa pas vivre deux jours de plus sous la menace de l'incendie. Elle mit le salut de ses propriétés au-dessus de l'intérêt de la défense nationale. Il y avait des patriotes à Verdun comme à Longwy, écrivait Lombard, mais, dès que nous étions à leurs portes, il ne leur restait d'autre sentiment que le sentiment du danger; à la première bombe prussienne, on ne parlait plus d'opinions politiques; les bourgeois forçaient la garnison à capituler : ils comparaient les avantages de leur chère liberté aux maux qu'elle leur attire[3].

[1] Me de Tourzel, *Mém.*. I, 315 ; Bouillé, *Mém.*, 261 et 265 ; Mérat, *Verdun en 1792*, 113 ; *Monit.* du 26 août, lettre des commissaires à l'armée du Centre ; Galbaud, *Observations ; Mém.* des corps administratifs ; Déposition de Viart (arch. nat., W, 352, doss. 718, III, 36 *bis*) ; articles de l'officier Beulwitz dans le *Magazin der neuesten Kriegsbegebenheiten*, III, 226-277, et IV, 241-312.

[2] Ils se firent livrer 12,000 livres de pain, 5,000 livres de viande, 140 sacs de froment, 380 sacs d'avoine, 48 milliers de foin, 400 bottes de paille et 1,500 paires de souliers. Ils mirent à la charge de la ville les dépenses des hôpitaux, des corps-de-garde, etc. Une somme de 10,128 livres « provenant du produit des cloches et destinée à l'établissement de réverbères, fut comptée à l'entrepreneur des fortifications exécutées sous la direction du major Laurens. » En outre, la ville dépensa 45,521 livres 4 sols 6 deniers (pièce remise le 16 octobre 1792 aux commissaires de la Convention. Arch. munic. de Verdun, carton I", n° 10), et les entrepreneurs des lits militaires réclamèrent une indemnité de 84,408 livres qui leur fut payée en mars 1793 (*id.*, n° 47). Le 18 décembre 1793 eut lieu la répartition de l'indemnité accordée aux habitants de Verdun qui « avaient souffert des pertes par le séjour des ennemis » ; on distribua 64,522 livres 5 sols, à raison de 3 sols pour livre (*id.*, n° 48).

[3] Tous les documents sont unanimes sur ce point. Cp. Lombard, *Lettres*, 301 et 303 ; Gœthe, 43 ; Roussel, *Hist. ecclés. de Verdun*, II, 95 ; Neyon, interrogatoire du 18 germinal an II (arch nat., W,

Mais faut-il croire, avec Delaage et Marceau, que la responsabilité de la capitulation incombe uniquement à la bourgeoisie de Verdun? Les habitants de cette exécrable ville, s'écriait Marceau, sont les seuls coupables. Le procureur de la commune, disait Delaage devant la Convention, a menacé de faire égorger la garnison si elle tirait un seul coup de fusil. Comme si l'attroupement des bourgeois qui ne compta que cinquante personnes, devait intimider plus de quatre mille hommes armés! Comme si, selon le mot de Cavaignac et de dom Ybert, cette garnison n'était pas assez forte pour contenir les habitants! Les troupes qui défendaient Verdun étaient sans expérience et sans énergie ; si Beaurepaire avait eu confiance en leur courage, il aurait repoussé la seconde sommation de Brunswick, sans se soucier des terreurs de la bourgeoisie. Le bataillon de Mayenne-et-Loire dénonçait, par la voix de Delaage, les manœuvres des traîtres qui avaient « enchaîné ses bras et sa valeur ». Pourquoi ne se renfermait-il pas dans la citadelle qui était sa caserne et qui renfermait des munitions de bouche de toute espèce? On verra plus tard quelle fut le 3 septembre la conduite de ce bataillon ; on le verra désorganiser par son indicipline et ses lâches alarmes le détachement qui gardait la côte de Biesme ; on verra le reste de la garnison de Verdun, les bataillons d'Eure-et-Loir, de l'Allier, de la Charente-Inférieure, refuser obéissance à leur général et abandonner leur drapeau. Il y avait à Verdun, leur disait justement Galbaud, des hommes plus attachés à leurs propriétés qu'à leurs serments, mais quand vous partagez leurs torts, de quel droit osez vous les accuser[1]?

352, doss. 718, I, 31) ; on lui demandait quels motifs l'avaient déterminé à capituler : « le manque de tout pour se défendre, répondait-il, et l'on craignait une guerre civile, parce que les habitants craignaient que le bombardement ne ruinât entièrement leurs domiciles ». Dumouriez, *Mémoires*, I. 264, et lettre à Servan, 5 septembre : « Verdun s'est rendu par la lâcheté des officiers municipaux et des administrateurs du district » ; Luckner à Servan (arch. guerre, 5 septembre) : « la crainte des habitants de voir leurs maisons incendiées influe principalement sur la conduite du soldat ».

[1] Delaage (disc. à la Convention, 28 octobre, *Monit.* du 30), et les députés de Mayenne-et-Loire (*Réponse aux observations de Galbaud*),

On doit ajouter que les royalistes qui siégeaient dans le conseil de défense, Pichon, Bousmard, précipitèrent la capitulation ; tous les aristocrates et modérés, écrivait Marceau, ont voté pour la reddition de la place. Mais, comme disait Cavaignac, le grand coupable, celui qui est plus coupable que tout le monde dans l'affaire de Verdun, c'est le pouvoir exécutif qui n'avait rien préparé pour la défense de la ville. La forteresse était sacrifiée d'avance ; l'ennemi n'avait qu'à se présenter et à jeter ses bombes ; elle devait, de façon ou d'autre, succomber aussitôt.

XI. Dès le soir du 2 septembre, deux détachements prussiens traversaient Verdun et marchaient, l'un sur Varennes, l'autre sur Saint-Mihiel, pour saisir ceux qu'on appelait les *arrestateurs* du roi de France. On était trop loin de Sainte-Menehould, où demeurait le maître de poste Drouet, et peut-être savait-on qu'il briguait à Reims les suffrages des électeurs de la Marne [1]. Mais on pouvait mettre la main sur deux autres personnages dont l'Europe connaissait le nom depuis le 21 juin 1791 : le maire de Varennes, Georges, et le procureur de la commune, Sauce. Ce dernier avait retenu le roi dans sa maison jusqu'à l'arrivée de Romeuf, l'aide de camp de Lafayette. Georges, député à la Constituante, avait vanté à la tribune le courage du dis-

et, de nos jours, le fabuleux Grille ont tenté de justifier la garnison de Verdun et en particulier le bataillon de Mayenne-et-Loire ; mais la lettre authentique de Lemoine, celle de Marceau, celle de Billaud-Varennes (voir plus loin), le rapport de Cavaignac, la *Pétition* de dom Ybert et surtout les *Observations* de Galbaud sont irréfutables. Galbaud dit même (p. 32-33) : « Bataillon de Mayenne-et-Loire..., vous osez accuser les habitants de Verdun d'avoir causé la mort de Beaurepaire. Ah ! si vous aviez été aussi pénétrés que lui de cet héroïque courage qui ne l'abandonna jamais, il ne se serait point livré au désespoir. Sûr de votre fermeté, il aurait bravé tous les dangers. Mais votre découragement lui donna la mort... Il vous aimait, il n'a pu survivre à votre honte, vous seuls êtes ses assassins. » Cp. Dumouriez, *Mémoires*. I, 264 : « Beaurepaire, ne trouvant pas dans l'inexpérience et la faiblesse d'une garnison peu nombreuse un appui assez fort... »

[1] Drouet fut élu dans la nuit du 3 au 4 septembre, le septième sur treize, par 135 voix sur 203 votants (Ternaux, III, 329, note).

trict de Clermont et présenté à l'assemblée les gardes nationaux de Varennes qui avaient arrêté la berline royale, et parmi eux, son fils Justin, capitaine de la compagnie de grenadiers [1]. Sauce avait reçu de la Constituante une somme de vingt mille livres et la place de greffier du tribunal criminel de Saint-Mihiel. Georges était toujours maire de Varennes.

Le détachement qui marcha sur Saint-Mihiel se composait de 100 hussards d'Eben et de 100 fusiliers de Legat, commandés par le major Velten et le lieutenant Minutoli. Il longea la rive droite de la Meuse. Les fusiliers, ne pouvant aller aussi vite que les hussards, s'entassèrent sur des chariots qu'ils réquisitionnèrent dans un village. A cinq heures du matin, les Prussiens arrivaient à Saint-Mihiel. Ils désarmèrent une trentaine de gardes nationaux qui veillaient aux portes et entrèrent dans la ville en criant qu'ils venaient en amis et ne feraient de mal à personne. Cinquante fusiliers, sous les ordres de Minutoli, restèrent dans la grande rue, entourés de curieux qui leur demandaient des nouvelles, et de royalistes qui leur offraient du chocolat et du café [2]. Quelques hussards coururent à la maison de Sauce. Le reste du détachement s'empara du château.

Au même instant, arrivait un peloton de cuirassiers français. Le commandant marchait en tête ; il prit les hussards d'Eben pour des hussards de sa nation : « Bonjour, camarades, cria-t-il de loin, nous venons chercher la caisse de guerre et les chevaux du haras. » Il s'approcha et fut fait prisonnier. Ses hommes voulaient résister ; ils poussaient des jurons en agitant leurs sabres ; enfin, ils se rendirent, mais on n'osa leur enlever leurs armes. Les Prussiens les mirent au milieu d'eux et revinrent dans la grande rue : ils relâchèrent les gardes nationaux, ils se firent livrer deux drapeaux, les étalons du

[1] Séances des 24 et 26 juin 1791, *Monit.* du 25 et du 27.

[2] Il y avait à Saint-Mihiel, comme partout, quelques partisans de l'ancien régime, entre autres, Nicolas Durand, ancien cuisinier de Voltaire et chef d'office du roi Stanislas, MM. de Spada, de l'Isle de Moncel, de Bousmard ; le marquis de Moy, Joseph Regnault, Ch. Ant. de Rosière, Félix Boudet s'enfuirent au mois d'octobre, après la retraite des Prussiens.

haras et la caisse militaire ; ils ouvrirent les portes de la prison à deux émigrés qu'on devait mener le lendemain à Paris.

Cependant les hussards chargés d'arrêter Sauce étaient arrivés sur la place des Halles. Un sieur Coutant, maire de Rouvrois, qu'ils avaient emmené de force avec eux, leur montra la maison du greffier [1]. Heureusement, Sauce était parti la veille pour Gondrecourt où siégeait l'assemblée électorale de la Meuse. Madame Sauce [2], épouvantée, voulut s'enfuir en passant chez le voisin par une ouverture pratiquée dans le mur mitoyen au-dessus d'un puits. Elle tomba dans ce puits. Un vieux sous-officier de hussards y descendit à l'aide d'une longue échelle et une lanterne à la main. Il retira de l'eau la pauvre femme et lui fit donner les premiers secours ; mais au bout de quelques instants elle expira. Elle était enceinte ; l'enfant qu'elle portait dans son sein et qu'on tenta vainement d'extraire par l'opération césarienne, mourut avec elle.

A neuf heures, le détachement prussien quittait Saint-Mihiel ; quelques cavaliers, en avant-garde, précédaient le chariot qui portait la caisse militaire ; les cuirassiers prisonniers marchaient entre deux rangs de hussards ; venaient ensuite les fusiliers, montés sur les voitures qu'ils avaient réquisitionnées ; le reste des hussards formait l'arrière-garde. On avait fait une lieue lorsqu'on vit s'avancer une troupe d'infanterie française qui venait de Verdun. Minutoli, conservant son sang-froid, courut dire au commandant que les cuirassiers qu'il menait avec lui, allaient rejoindre les émigrés, et il le pria de maintenir l'ordre et le silence dans sa troupe. Nous dûmes néanmoins, dit le lieutenant prussien, voir plus d'un sombre visage et entendre plus d'une menace. Le 3 septembre, au soir, le détachement rentrait au camp de Bras ; les cuirassiers français furent désarmés ; le major Velten, chef de l'expédition, reçut

[1] « En frappant du pied d'une façon particulière ». Dumont, *Hist. de Saint-Mihiel*, II, 236.

[2] C'est elle qui répondait à Marie-Antoinette qui la priait de sauver Louis XVI : « Si vous pensez au roi, moi je pense à M. Sauce. »

l'ordre pour le mérite et des lettres de noblesse ; Minutoli obtint, comme récompense, un bel étalon qu'il s'empressa de vendre ; on ne donna rien aux soldats, quoiqu'on leur eût promis les armes, les chevaux et une part de la caisse militaire [1].

Les Prussiens étaient arrivés trop tard à Saint-Mihiel pour s'emparer de Sauce. Ils eurent meilleure chance à Varennes. Plus d'une fois les amis du vieux Georges l'avaient prié de se soustraire à la vengeance des royalistes. Mais Georges croyait avoir fait son devoir et refusa de quitter son poste. On l'arrêta, on pilla sa maison, on lui prit son argenterie et tout ce qu'il avait, jusqu'à deux chandeliers et un pommeau de canne. Des émigrés s'étaient joints aux Prussiens ; ils demandèrent qu'on fit marcher Georges à pied entre deux cavaliers ; le chef du détachement, plus humain, l'installa dans un chariot. « Vous voilà donc, Monsieur Georges, dit le duc de Brunswick, lorsqu'il vit le maire de Varennes, nous désirions vous avoir depuis longtemps ; vous n'êtes qu'un jacobin et un serviteur de Pétion. » — « Vous m'avez trouvé à mon poste, répondit Georges, et je ne connais dans ce monde que deux classes d'hommes, les bons et les méchants ; je me fais gloire d'appartenir aux premiers. » Brunswick lui reprocha d'avoir donné de l'argent aux volontaires. « Je l'avoue, répliqua Georges, je leur ai donné de l'argent ; si j'avais été plus riche, ils auraient reçu davantage. » — « Savez-vous, dit Brunswick, que vous paierez cher tous vos actes ? » — « Je n'attends pas de bienfait des ennemis de mon pays, repartit Georges, et vous êtes du nombre. » Cet entretien avait eu lieu sur la route [2]. Les émigrés ne pouvaient contenir leur rage et voulaient écraser Georges sous les pieds de leurs chevaux. Il fut conduit à la citadelle de Verdun et y resta

[1] Minutoli, *Erinnerungen*, 71-92 ; Dumont, *Hist. de Saint-Mihiel*, II, 236-246 ; Biblioth. de Verdun, *Verdun-Révol.*, II, p. 35 ; lettre du 9 septembre, signée par André, Sutières et Fréron, *Rév. de Paris*, XIII, 487.

[2] Un autre fois Brunswick, que Georges appelait Monseigneur, lui dit en plaisantant : « Vous oubliez la Constitution. » Je vous appellerais Monsieur, répondit Georges, si vous étiez soumis à la loi française.

pendant un mois. On le vit souvent derrière les barreaux de sa prison, et Gœthe nous dit qu'il ne craignait pas les regards des curieux et paraissait tout à fait tranquille, malgré l'incertitude de son sort. Les émigrés prétendaient qu'il avait « mérité mille morts » et ne cessaient de réclamer le châtiment de ce grand coupable, « un des plus enragés et des plus punissables jacobins [1] ». Mais les officiers prussiens admiraient la constance et la sérénité du vieillard. Un d'eux observe même que les hommes de cette trempe étaient rares parmi les chevaliers de Saint-Louis. Le 23 septembre, Georges fut échangé contre le secrétaire du roi de Prusse, Lombard, fait prisonnier dans la journée de Valmy. Les commissaires de la Convention le virent à Sainte-Menehould le 2 octobre. « Le récit naïf de la manière cruelle dont il a été arrêté, écrivaient-ils à l'Assemblée, de la misère qu'il a éprouvée dans sa prison, de la fermeté qu'il a mise dans ses réponses, et peut-être encore le costume attendrissant dans lequel il a paru au milieu de nous, ont arraché des larmes de tous les spectateurs ; nous l'avons consolé en le serrant dans nos bras et en l'assurant que la Convention nationale approuverait la conduite mâle et énergique qu'il a tenue [2]. »

En même temps qu'ils arrêtaient Georges et poussaient jusqu'à Saint-Mihiel pour arrêter Sauce, les Prussiens sommaient le président du conseil général et le procureur-syndic du département de la Meuse de se rendre à Verdun. La sommation était ainsi conçue : « Nous, les députés du grand conseil de guerre de Sa Majesté le roi de Prusse, au nom et par l'autorité de Sadite Majesté et du commandant-général en ses armées, maréchal duc régnant de Brunswick et de Lünebourg,

[1] Lombard, lettre du 24 septembre ; Hüffer, *aus dem Nachl Lombards und Lucchesinis*, 26.

[2] Lettre du correspondant d'Archenholz (*Minerva*. décembre 1792, p. 134-139 ; il a causé avec Georges) ; Témoin oculaire. I, 184-187 ; Gœthe, 52 ; *Monit.* du 4 octobre 1792. Il est curieux que la plupart des contemporains, Massenbach, Gœthe, le Témoin oculaire lui-même aient confondu Georges avec Drouet ; ce dernier fut fait prisonnier l'année suivante (2 octobre), en essayant de sortir de Maubeuge assiégé.

enjoignons à M. le président de la Meuse, Ternaux, et le procureur-général-syndic Gossin, de se rendre sans faute demain, 4 septembre, à trois heures précises après-midi, à Verdun, pour y régler les affaires concernant le département ; et ce, sous peine d'une exécution militaire, et d'être poursuivis chacun en sa personne et ses biens. » Ternaux et Gossin étaient patriotes ; le premier, ancien capitaine au régiment de la Couronne, avait reçu la croix de Saint-Louis sur le champ de bataille de Fontenoy ; le second, lieutenant-criminel avant la Révolution, avait siégé à la Constituante. Ils refusèrent d'obéir à l'ordre de Brunswick et offrirent leur démission. Mais Bar-le-Duc est une ville ouverte ; le conseil général et la population, rassemblés sous les fenêtres de la maison commune, supplièrent les deux administrateurs de préserver la cité de l'invasion étrangère ; Ternaux et Gossin se rendirent à Verdun. A peine arrivés, ils furent sommés de signer les réquisitions prussiennes [1].

[1] *Monit.* du 7 septembre ; Biblioth. de Verdun, *Verdun-Révolution*, II. 120 ; Harmand de la Meuse, *Anecdotes*, 1814, p. 106-107 ; Ternaux, IV, 150-151. 507-517.

CHAPITRE VIII

LES ÉMIGRÉS

I. Rôle des émigrés. — Place que leur assignent Louis XVI et les coalisés. — Plaintes des princes. — II. L'armée du Centre. — Son indiscipline. — Ses espérances. — III. L'emigration à Coblenz. — Comment la jugent les Prussiens. — Ordre de Brunswick. — Orgueil des émigrés. — Leurs dépenses. — Leur ignorance de la situation. — Soif de représailles. — Patriotisme. — IV. Marche de l'armée des princes. — Grevenmaker. — Roussy. — Entrée en France. — V. Calonne, gouverneur-général civil. — Ses mesures d'administration. — Manifestation de Longwy. — Entrée a Verdun. — Réaction. — Indulgence des Prussiens. — VI. Renvoi de Calonne. — Régence de Monsieur. — Projets de Breteuil. — Intrigues du baron et de Fersen. — Acloque. — Batz. — Dumouriez. — La baronne d'Angel et Rivarol. — Sainte-Foix. — — VII. Mot de Bertrand de Molleville. — Désillusions.

Pendant que les Austro-Prussiens pénétraient en France et s'emparaient de Longwy et de Verdun, l'émigration qui les suivait, essayait d'organiser le gouvernement du pays conquis. Mais il faut, avant de retracer ce qu'elle fit en Lorraine à la fin d'août et dans les premières semaines de septembre 1792, exposer brièvement le rôle que lui réservaient les alliés, les sentiments qu'elle leur inspirait, les forces qu'elle avait réunies, la part qu'elle prit aux commencements de la campagne.

On sait assez les fautes et les folies des émigrés jusqu'au début de l'invasion. On connaît leur haine contre les modérés de leur propre parti qu'ils détestaient autant que les jacobins, l'influence funeste de Calonne sur les princes, la jalouse opposition que fit au baron de Breteuil l'ancien contrôleur des finances. Les cours étrangères virent les agents de Breteuil et ceux de Calonne entrer en lutte, se noircir à l'envi, s'imputer les uns aux autres les progrès de cette grande calamité de la Révolution.

Aussi les coalisés s'étaient-ils résolus de longue date à ne pas employer ces incommodes auxiliaires. Ils voulaient, selon le mot de Fersen, travailler pour eux et non par eux. Ils étaient fatigués de leurs réclamations importunes, de leurs plans absurdes, surtout des appels incessants qu'ils faisaient à leur bourse. Ils craignaient leur insubordination et leur légèreté. Si les émigrés participaient activement à la lutte, auraient-ils la discipline et la patience dans les fatigues? Ne donneraient ils pas un mauvais exemple aux troupes alliées? Ne regarderaient-ils pas leur haine contre la Révolution comme le premier de leurs intérêts? N'était-il pas évident qu'ils troubleraient les opérations militaires par la frivolité proverbiale de leur caractère, par leur esprit d'indépendance, par leur désir aveugle de représailles [1]? Ne les laissez pas agir, faisait dire Louis XVI, ils ne respireront que la vengeance et la satisfaction de leurs insultes personnelles; ils feraient une contre-révolution encore plus fatale que la Révolution, et, s'il fallait opter, j'aimerais mieux me livrer aux jacobins; qu'ils forment une armée; mais qu'elle marche derrière celle des alliés et tienne garnison dans les places fortes; elle sera mon armée de confiance lorsque les coalisés quitteront le territoire, après avoir vaincu l'anarchie [2]. Marie-Antoinette ne voulait être sauvée que par les alliés; elle se révoltait à la pensée de devoir sa délivrance au comte de Provence qu'elle n'avait jamais aimé et au comte d'Artois qu'elle n'aimait plus; le comte d'Artois, disait-elle avec amertume, serait donc un heros [3]! « Le roi et la reine, écrit Clermont-Gallerande, répugnaient avec raison à mettre une partie de la nation en guerre contre l'autre;

[1] *Fersen,* II, 337; Vivenot. *Quellen*, I, 443, 447.

[2] Mission de Goguelat, Vivenot, *Quellen*, I, 432.

[3] Lafayette, *Mém.*, III, 300.

ils avaient tous deux soigneusement recommandé au baron de Breteuil d'éloigner les émigrés. Lorsque je passai à Bruxelles le 29 mai 1792, il m'y encouragea, m'assurant très positivement qu'ils ne seraient de rien. Les gens instruits qui avaient vu les deux côtés ne doutaient pas qu'ils ne marchassent en seconde ligne et ne fussent simplement destinés à garder les places et les provinces conquises. A peine fus-je arrivé à Paris que je fus confirmé dans cette idée, non seulement par les personnes qui approchaient le plus familièrement de Leurs Majestés, mais encore par la bouche même de la reine[1]. »

Les princes s'indignèrent du rôle que leur imposaient les coalisés. Ils protestèrent de leur courage et de leur belliqueuse ardeur. C'étaient eux qui devaient occuper les postes les plus avancés, qui devaient s'interposer entre leurs concitoyens égarés et les armées étrangères. On ne pouvait les mettre à l'arrière-garde avec les bagages. Ne rendraient-ils à la plus belle des causes d'autres services que ceux de gardes-magasins? Mais Kaunitz déclara brutalement au duc de Polignac, leur envoyé, que les émigrés devaient attendre avec une confiance sans bornes la décision des deux souverains alliés[2].

Brunswick et Hohenlohe-Kirchberg avaient décidé, dans la conférence militaire de Sans-Souci, que l'armée des princes se rassemblerait à Philippsbourg afin de s'étendre sur le Rhin, de passer le fleuve à Bâle, et, avec l'aide des Suisses qu'on croyait entraîner, de faire en Franche-Comté une diversion utile. Le ministre autrichien combattit vivement cette combinaison. Laisser les princes agir seuls ! Leur permettre d'entrer en France à la tête de quinze à vingt mille hommes ! Mais ils n'en feraient qu'à leur tête ; ils ne suivraient que les plans dictés par l'égoïsme et la rancune de leurs conseillers; ils causeraient aux deux cours les plus graves embarras; ils compromettraient de gaieté de cœur la vie du roi, de la

[1] Clermont-Gallerande, *Mém.*, 1826, III, 485. Cp. les lettres de Montmorin à La Marck : « on ne saurait trop les mettre à l'écart », III, 313 et 300-301.

[2] Vivenot, *Quellen*, II, 56.

reine et de la famille royale! Seuls et livrés à eux-mêmes, ils gaspilleraient follement tout l'argent qu'on leur donnerait! Il fallait, au contraire, les éloigner entièrement du théâtre de la guerre et, comme disait Kaunitz, les laisser hors du jeu [1].

Mais Nassau-Siegen protesta vivement au nom de la tsarine. Breteuil et Caraman représentèrent au roi de Prusse et à Bischoffswerder qu'il serait à la fois utile et généreux d'assigner à la noblesse française une place digne de son dévouement et des sacrifices qu'elle avait faits. Bouillé montra dans les conférences de Magdebourg que les émigrés, joints aux alliés, pourraient attirer les déserteurs et rallier les troupes de ligne dont la défection semblait certaine [2].

Les diplomates et les généraux austro-prussiens réglèrent à Mayence dans les conférences du 20 et du 21 juillet l'emploi des troupes que leur offraient les princes français. Il fut convenu que les émigrés formeraient trois corps. Ceux qui se trouvaient alors aux environs de Mayence, sous les ordres immédiats de Monsieur et du comte d'Artois, suivraient l'armée prussienne; ils devaient être au nombre de 8,000 et l'on ne pouvait dépasser ce chiffre sous aucun prétexte. 5,000 autres émigrés se joindraient aux Autrichiens qu'Esterhazy commandait dans le Brisgau; ce fut le corps du prince de Condé; on y remarqua deux gentilshommes de la chambre du roi, le duc de Richelieu et le marquis de Duras, le fils du duc de la Vauguyon, les jeunes ducs de Crussol et de la Trémoille, le marquis de Bouillé; le roi de Prusse, écrit ce dernier, ne m'avait pas dit de le suivre et les princes me traitaient assez froidement [3]. 4,000 autres émigrés « et non au delà », devaient être attachés au corps d'armée autrichien des Pays-Bas; il fut dirigé par le duc de Bourbon. Tous ces émigrés recevaient des alliés le pain et le fourrage; mais ils devaient s'armer et s'équiper à leurs frais. Le duc de Brunswick nommerait le gouverneur des provinces conquises. L'empereur

[1] Vivenot, *Quellen*, II, 52-54.
[2] Bouillé, *Mém.*, 326 et 420.
[3] Bouillé, *Mém.*, 339.

donnait aux princes une somme de 200,000 florins, mais c'était le dernier subside qu'il leur accordait, et on les prévint que les cours d'Autriche et de Prusse avaient résolu de ne plus les secourir de leur argent. S'ils refusaient ces conditions et voulaient agir pour leur propre compte, le généralissime des troupes alliées annoncerait dans une proclamation qu'il abandonnait les émigrés à leur sort[1].

Les princes s'emportèrent. Ils vinrent trouver Schulenbourg et réclamèrent un subside de deux millions de livres. La scène fut vive, et, comme disait Schulenbourg, des plus agitées ; « cette réclamation, écrivait-il à ses collègues de Berlin, fut énoncée de la manière la plus urgente et la plus opiniâtre, mais je n'ai rien ménagé de mon côté, et à force de remontrances, de réfutations et de duretés, je suis parvenu enfin à l'emporter; voilà une première pointe de gagnée[2] ».

Les comtes de Provence et d'Artois se résignèrent. Ils prirent les 200,000 florins que leur donnaient les alliés, et consentirent à former l'arrière-garde de l'armée d'invasion. « Ces messieurs, écrivait Cobenzl le 17 septembre, connaissent bien peu la situation; les deux cours les introduisent de nouveau dans le pays sous la protection de leurs troupes, mais elles doivent guider leurs pas, leur donner de sages conseils et de meilleures vues ; on ne peut les livrer, même dans leur propre intérêt, à leurs imprévoyants conseillers et à leur imagination exaltée qui éterniserait les désordres actuels ou en causerait d'autres encore[3] .»

II. Le corps d'émigrés qui suivait l'armée prussienne s'intitulait pompeusement *l'armée du centre*, comme l'armée nationale qui campait sous les murs de Metz. Il était sous les ordres de deux maréchaux de France, Broglie, le vainqueur de Bergen, et Castries, l'ancien ministre de la marine. Il se composait de troupes de ligne, de la mai-

[1] Vivenot, *Quellen*, II, 145.
[2] Ranke, *Ursprung*, appendice, 365.
[3] Vivenot, *Quellen*. II, 205 ; voir ci-dessus, chap. III, les arrière-pensées des deux cours au sujet de l'émigration.

son du roi, des coalitions de province et de brigades. Les troupes de ligne comptaient trois régiments : Berwick infanterie, Royal-Allemand et les hussards de Saxe ; ce dernier régiment qu'on regardait comme un modèle d'instruction et de discipline, était commandé par le baron de Gottesheim, le comte de Fresnel et le baron de Wardner. La maison du roi avait été réorganisée sur le sol étranger. Ses quatre corps, mousquetaires, chevau-légers, grenadiers à cheval et gendarmes, avaient pour chefs le marquis du Hallay, le comte de Montboissier, le vicomte de Virieu et le marquis d'Autichamp. On y joignit les chevaliers de la Couronne, sous le comte de Bussy, la compagnie de Saint-Louis des gardes de la porte, sous le marquis de Vergennes, la maison militaire de Monsieur, sous les comtes d'Avaray et de Damas, et celle du comte d'Artois, sous le bailli de Crussol et le comte François d'Escars. Le reste de l'armée était formé des *coalitions* de la noblesse divisée par provinces : celle de Languedoc, celle de Bretagne, où servait Chateaubriand, celle d'Auvergne composée de 450 gentilshommes et commandée par le marquis de Laqueuille. Mais il y avait encore des brigades d'officiers émigrés qui servaient comme simples soldats, ainsi, la brigade des officiers de Navarre, conduite par son colonel, le marquis de Mortemart. La brigade la plus brillante et la plus nombreuse était celle de Monsieur, ainsi nommée parce que la plus ancienne compagnie était composée d'officiers de Monsieur-Dragons ; on y remarquait l'escadron de Chartres-Dragons et de Périgord-province sous les ordres du marquis de Verteillac, et l'escadron de Franche-Comté-chasseurs et de Picardie-chasseurs que dirigeaient le marquis de Coigny et le comte Erasme de Contades. Les officiers de marine, dont un ancien colonel de dragons-Lorraine, le marquis de Treson, s'était fait l'instructeur, formaient deux compagnies d'infanterie sous MM. d'Hector et Albert de Rioms et un escadron de cavalerie sous M. de Laporte-Vezin. Ils venaient tous de Brest, de Rochefort, de Toulon et avaient pour étendard le pavillon déchiré de la *Belle Poule*, « sainte relique du drapeau blanc[1] ».

[1] Marcillac, *Mém.*, 106 ; Chateaubriand, *Mém. d'outre-tombe*, II, 23 ;

Mais cette armée manquait de tout. Elle ne traînait avec elle que douze pièces de campagne du plus faible calibre, et des officiers d'artillerie faisaient le service de simples canonniers. Les fusils de l'infanterie étaient des armes de rebut extrêmement pesantes ; ils nous cassaient l'épaule, dit Chateaubriand, et souvent n'étaient pas en état de tirer, j'avais un mousquet dont le chien ne s'abattait pas. Quoiqu'on eût falsifié les assignats [1], on ne put payer la solde des troupes de ligne. Erasme de Contades demanda vingt-cinq louis au comte de Provence pour vivre pendant la campagne et il assure que la plupart de ses compagnons n'avaient pas de quoi acheter un peu de fromage et d'eau-de-vie.

L'indiscipline régnait dans cette armée où figuraient les plus beaux noms de France. Elle formait, dit Las Cases, une cohue désordonnée, et un seul bataillon de la garde impériale de nos derniers temps l'aurait mise en déroute sans difficulté [2]. Les uns étaient trop jeunes et les autres trop âgés ; on trouvait dans les rangs des enfants et des vieillards incapables de supporter les fatigues ou les privations d'une campagne. J'ai vu, racontait plus tard Chateaubriand, de vieux gentilshommes à mine sévère, à poil gris, habit déchiré, sac sur le dos, fusil en bandoulière, se traînant sur un bâton et soutenus sous le bras par un de leurs fils ; j'ai vu M. de Boishue marcher seul et triste, pieds nus dans la boue, portant ses souliers à la pointe de sa baïonnette, de peur de les user [3].

Aussi les émigrés avaient-ils interdit aux Prussiens

Forneron, *Hist. des émigrés*, I, 261 ; Dampmartin, *Mém.*, 277 et 297 ; Contades, *Souvenirs*, 1885, p. 53-54.

[1] Sur le conseil de Calonne. Gœthe vit près d'Arlon les deux voitures, de forme singulière, qui renfermaient la fabrique de faux assignats (*Camp. de France*, 172 ; cp. d'Allonville, *Mém. secrets*, III, 114). Après Calonne, Breteuil recourut sans scrupule à la contrefaçon et proposa de distribuer aux alliés, sous cette forme, 150 millions de livres ; n'était-ce pas l'exercice d'un droit royal ? François II répondit qu'il ne pouvait « accepter un projet aussi infâme » (Vivenot, *Quellen*, II, 437-444).

[2] Chateaubriand, *Mém. d'outre-tombe.*

[3] Las Cases, *Mém.*, 1819, p. 20 (il servait dans le corps de la marine), et *Mémorial de Sainte-Hélène*, V, 213.

l'entrée de leur camp. Ils ne veulent laisser entrer personne, écrivait Lombard, sous prétexte qu'ils ne sont pas encore prêts, mais évidemment ils rougissent de la différence entre eux et nous. Un officier allemand les vit s'exercer aux environs de Bingen ; il lui sembla que chacun de ces orgueilleux gentilshommes était son propre maître ; ils prétendent, s'écriait-il, que l'anarchie désole la France, mais elle règne dans leur propre camp ! En huit mois, on dut enfermer plus de deux cents turbulents dans la citadelle de Coblenz [1].

Il eût fallu punir tout le monde. Le moindre hobereau n'obéissait qu'avec impatience. Hélas ! disait M. de Durfort, les plus petits d'entre nous sont aussi tristes d'avoir perdu leur castel ou leur sous-lieutenance que je le suis d'avoir perdu mon rang de lieutenant-général et mon appartement au Palais-Royal. Que d'émigrés au cœur de l'expédition regrettèrent leurs aises et se plaignirent des corvées ! Vainement le marquis de Toulouse-Lautrec assemble ses cavaliers autour de lui, se fait la barbe devant eux, se verse une rasade d'eau-de-vie, jette son verre en l'air, et crie *Vive le roi !* en ajoutant : « Voilà, mes camarades, les véritables gestes des gens de guerre » ; ses cavaliers ne goûtent pas la leçon et l'accueillent par des railleries et des murmures. Une autre fois, le marquis de Montazet ordonne que trois cavaliers aillent chercher une vache dans une ferme, à quelque distance du campement ; mais on se moque de lui. Montazet assemble la compagnie : « Messieurs, dit-il doucement, au nom de l'honneur, allez prendre cette vache, nous manquons du nécessaire et bientôt nous souffrirons de la faim. » Personne ne bougea ; ce furent trois officiers supérieurs qui ramenèrent la vache. Excepté le jour de bataille, écrit Contades, un corps de gentilshommes est difficile à conduire et embarrassant à employer ; ils avaient en général bonne volonté, mais quand il s'agissait d'aller en vedette par la pluie, celui qui devait marcher ne se hâtait jamais

[1] Lombard, *Lettres*. 247 ; Témoin oculaire, I, 62 et 100 ; Montrol, *Hist. de l'émigration*, 95 ; Las Cases, *Mémorial*. V, 213 : « c'était l'anarchie s'agitant au dehors pour établir l'ordre au dedans ; une véritable démocratie combattant pour rétablir son aristocratie ».

de se présenter, et quelquefois il n'arrivait pas du tout[1].

Des distinctions à la fois puériles et odieuses subsistaient encore. Les sept compagnies d'infanterie de la noblesse bretonne portaient un uniforme couleur bleu de roi avec retroussis d'hermine; la huitième compagnie, formée de jeunes gens du tiers-état, était vêtue d'un habit gris de fer. Des hommes attachés à la même cause et exposés aux mêmes périls, dit Chateaubriand, perpétuaient ainsi des inégalités politiques[2].

Les princes avaient prodigué sans choix les grades et les décorations. Ils donnaient tous les jours des cordons, des croix, des épaulettes. Un officier se plaignit de n'avoir rien reçu ; ils lui conférent le commandement d'un corps d'Illyriens, et le maréchal de Broglie eut soin, en l'informant de cette faveur singulière, de lui glisser quelques sages conseils sur la façon de manier des étrangers d'humeur irritable ; mais pas un Illyrien ne se présenta[3].

Tout ce monde exaltait les princes et les rabaissait tour à tour. Tantôt on leur reprochait de se montrer trop souvent, tantôt on les blâmait de n'être pas abordables. On accueillait leurs discours avec enthousiasme, pour les tourner en ridicule l'instant d'après. On détestait leur état-major. On criblait de brocards les nombreux aides de camp dont ils s'entouraient, et lorsqu'on les vit entrer en campagne avec un train considérable de tartares et de cuisiniers, les plaintes et les huées éclatèrent de toutes parts. On souffrait de la faim, et ces beaux messieurs se faisaient suivre d'innombrables fourgons chargés de comestibles ! En avant les aides de camp ! criait-on devant Thionville, lorsque s'engageait la fusillade[4].

On n'était d'accord que sur un seul point : le retour en France était proche, et cette bizarre comédie de la Révolution touchait à sa fin. Calonne assurait que l'expédi-

[1] Dampmartin, *Mém.*, 299-300 ; Contades, *Souvenirs*, 58 et 65. On punissait à tort et à travers ; Chateaubriand raconte qu'il subit une faction correctionnelle pour avoir pris, sans y penser, deux poires dans le jardin d'un château.

[2] Chateaubriand. *Mém. d'outre-tombe*, II, 23.

[3] Dampmartin, *Mém.*, 281.

[4] Contades, 12 ; Neuilly, *Dix années d'émigration*, p. p. de Barberey, 1865, p. 51 ; Chateaubriand, II, 31.

tion ne serait qu'une promenade, qu'il avait partout des intelligences et que les deux tiers de la nation étaient favorables aux princes. « Assis nonchalamment entre Madame de Poulpry et Madame de Lage, il entrait en France et envoyait un trompette sommer les villes de se rendre, les portes s'ouvraient et les murailles tombaient, on arrivait à Paris au milieu des acclamations et on courait à Versailles, on rétablissait Madame de Polignac dans son salon, M. le comte d'Artois au quinze, tous les freluquets au pied de ces dames, et M. de Calonne à la tête des affaires. » Les émigrés étaient persuadés que trois semaines après avoir franchi la frontière, ils camperaient sur la place des Victoires. Quelques-uns prétendaient qu'il suffirait d'envoyer quelques bataillons ou même de déployer un mouchoir blanc sur la frontière pour recevoir la soumission de la France. Je croyais, raconte Las Cases, que nous n'aurions qu'à nous montrer et que tout serait à nos pieds. La cavalerie déserterait, l'artillerie même passerait en masse J'apporte dans ma poche, disait Heymann, les clés des forteresses[1]. Des officiers se disputaient le droit de profiter du congé de semestre au 1er octobre 1792[2].

III. Il est curieux de connaître l'impression que firent les émigrés sur l'armée prussienne. Ils l'accueillirent avec allégresse lorsqu'elle arriva dans les électorats ecclésiastiques. Le nom de Prussien, écrivait un secrétaire de Frédéric-Guillaume, est aux yeux des émigrés un si beau titre qu'ils nous poursuivent partout. Ils abandonnèrent les modes anglaises et ne s'habillèrent plus qu'à la prussienne. Ils avaient remplacé les petites bottes collantes par de grosses bottes très larges ; leurs cheveux étaient coupés court ; ils portaient un grand chapeau retapé à la suisse, chiffonnaient leur cocarde et fumaient de longues pipes. Ils firent une ovation au

[1] Vous trouverez peut-être les serrures changées, lui répondit le chevalier de Borghese.

[2] Archenholz. *Minerva*, 1792, novembre, 119 ; Contades, 26-27 ; Dampmartin, *Mém.*, 289-292 ; Metternich, *Mém.*, I, 15 ; *Lettre sur la vie de Dumouriez* (Massenbach, I, 321) ; Minutoli, *Erinnerungen*, 14 ; Las Cases, *Mémorial*, V, 219 ; Chateaubriand, II, 22.

premier officier prussien qui vint à Coblenz pourvoir au logement des troupes. C'était Minutoli; ils l'invitèrent à dîner, burent à sa santé, portèrent des toasts à Frédéric-Guillaume, au duc de Brunswick, à l'armée prussienne. Ils saluèrent le roi par les acclamations les plus vives, ils l'entourèrent d'hommages, ils lui donnèrent des fêtes somptueuses, ils l'appelèrent Achille et Agamemnon. Une noble dame raconte qu'elle prit, pour lui faire honneur, quatre jours de suite, quatre robes différentes, dont l'une de taffetas, couleur de rose, garnie de primevère, en blonde et en gaze d'argent. Tous les émigrés admiraient la haute taille du monarque et sa prestance. Les femmes ne tarissaient pas en louanges sur sa beauté virile; il était leur idole; voilà un roi, disaient-elles, et l'on ne prétendra pas, après l'avoir vu, que tous les hommes sont égaux[1].

Le roi fut affable à tout le monde et les émigrés portèrent aux nues sa courtoisie. Mais l'armée prussienne, du général en chef au simple soldat, apprit bientôt à les détester. Le duc de Brunswick ne voyait en eux que des indiscrets et des fanfarons. Il faisait bonne mine aux comtes de Provence et d'Artois, leur rendait compliment pour compliment, et s'inclinait jusqu'à terre devant eux. Mais, rapporte Massenbach, son teint s'allumait et ses regards étincelaient comme ceux d'un tigre; on sentait que les émigrés l'obsédaient dans le vrai sens du mot et ne lui laissaient pas ses coudées franches[2]. Vainement ils l'accablaient d'éloges et de flatteries, et le nommaient le héros du Rhin, le libérateur de la France et le bras des rois. Ils ne réussiront pas, s'écriait-il, à m'*enfariner*. Dès son arrivée à Coblenz, il défendit à ses troupes de les fréquenter; il y avait dans la ville, disait-il, des espions jacobins. Cette mesure irrita les émigrés qui virent les officiers prussiens repousser froidement leurs avances; j'aimais quelques-uns d'entre eux, raconte un lieutenant de fusiliers, et plus d'une fois je dus les écarter

[1] Lombard, *Lettres*, 242 et 247; Contades, 47; *Monit.* du 18 juillet, lettre de Bonn; Minutoli, *Erinnerungen*, 13; Las Cases, *Mémorial*, V, 221: « le ciel s'ouvrait devant nous ».
[2] Massenbach, *Mém.*, I, 33.

brusquement, à contre-cœur, et non sans embarras[1].

Ce qui blessa surtout les Prussiens, ce fut l'orgueil de l'émigration. Tout Coblenz et les trois électorats de Cologne, de Trèves et de Mayence fourmillaient de Français aux grandes prétentions et au langage arrogant. Beaucoup d'entre eux n'étaient cependant que des bourgeois qui venaient sur le Rhin suivre la mode, respirer le même air que les princes et obtenir par leur présence un certificat de noblesse. D'Argens, s'inscrivant sur un registre d'auberge, remarquait avec surprise que ses compagnons, roturiers et simples gentillâtres, se donnaient le titre de comte ou de marquis. Mais tous ces nobles, vrais ou faux, tranchaient du grand seigneur. Ils traitaient l'aristocratie prussienne d'aristocratie bâtarde et de roture; à les entendre, un colonel prussien n'était pas digne de servir comme mousquetaire dans la maison du roi, et le duc de Brunswick, ce pauvre diable de prince allemand, ne méritait pas de commander l'élite de la noblesse française[2].

Les Allemands frémissaient de les voir jeter l'argent à pleines poignées, payer tout sans marchander et en disant qu'*un Français ne rabat point*, dépenser quinze écus par repas, mépriser le pain noir, ne manger que la croûte du pain blanc et faire avec la mie des boulettes qu'ils s'amusaient à se lancer au visage. On prétendait qu'ils se lavaient les pieds dans du vin. On racontait que l'un d'eux avait acheté vingt louis d'or la nuit d'une courtisane, qu'ils avaient séduit toutes les femmes des électorats et fait de Coblenz la Sodome de l'Allemagne. Tout renchérissait depuis leur arrivée; les denrées les plus nécessaires se vendaient à un prix exorbitant; un vêtement se payait le quadruple de ce qu'il coûtait ailleurs[3].

Leur ignorance, leur frivolité, leur rage de vengeance indignaient les officiers prussiens. Ils ne daignaient pas

[1] Minutoli, *Erinnerungen*, 15; lettre de Coblenz, du 2 août (*Monit.* du 15); Fersen, II, 22.

[2] D'Argens, 47; Laukhard, III, 40, IV, 76.

[3] Laukhard, III, 36-37; Gœthe, *Camp. de France* (novembre); Dampmartin, 283; Lombard, *Lettres*, 244; Gust. Freytag, *Bilder aus neuer Zeit*, 353-354.

apprendre l'allemand qu'ils nommaient la langue des chevaux et des porcs. Ils ne cachaient pas leur surprise lorsqu'un simple fourrier parlait couramment leur langue. Comme ces marquis de 1768 qui s'étonnaient qu'on pût être Allemand et s'imaginaient que Hambourg était tout proche de la Nouvelle-Zemble, ils regardaient les soldats venus de Saxe et de Breslau comme des habitants des régions hyperboréennes. « Ils ne causent, dit Lombard, que des affaires de France, et même sur ce chapitre leur ignorance nous stupéfie ; lorsqu'on leur fait l'honneur d'une conversation raisonnable, ils ne répondent que par de grands mots et de sots rires ; plus je les connais, plus j'admire la politesse et la grâce de leurs manières, mais quelle nullité dans tout le reste[1] ! »

Ils n'avaient pas en effet l'intelligence politique de la situation. Selon eux, Mirabeau était un fripon ; les chefs du parti populaire, des hommes perdus de dettes et de vices qui ne cherchaient qu'à s'enrichir aux dépens de la nation ; les membres de la Législative, des imbéciles qui ne cessaient de se quereller et tiraient l'épée en pleine assemblée ; la France, un pays livré à la plus affreuse anarchie où l'on violait les lois à tout instant, où personne n'était sûr de sa vie, où pas un jour ne se passait sans meurtre et sans pillage. Ils disaient de Louis XVI qu'il était bon, mais faible, et que la faiblesse de son caractère avait causé la Révolution ; ils le traitaient de « béat », de « pauvre homme » et de « soliveau ». Ils reconnaissaient que Marie-Antoinette avait montré plus d'énergie que le roi et un courage digne de la fille de Marie-Thérèse ; mais ils lui reprochaient sa prodigalité, ils l'accusaient de dominer Louis XVI, et même d'être un peu démocrate. Necker et Lafayette étaient l'objet de leur haine la plus vigoureuse ; ils ne prononçaient le nom de ces deux hommes qu'avec horreur et les accablaient des épithètes les plus outrageantes ; tous deux avaient causé le mal, tous deux avaient eu la fatuité de croire qu'ils sauraient diriger la Révolution et la « pousser comme une balle où il leur plairait ; mais la balle était trop pesante

[1] Laukhard, III, 35 ; Lombard, *Lettres*, 242 ; Minutoli, *Erinnerungen*, 14 ; sur les marquis de 1768, voir Sturz, *Werke*, 1819, I, 207.

et ils avaient dû la laisser rouler au gré du hasard[1] ».

Lorsque ces émigrés parlaient de la campagne qui s'ouvrait, ils n'avaient à la bouche que menaces et cris de fureur. Ils juraient de tout détruire par le fer et par les flammes. Ils promettaient de châtier la nation, ou, comme ils disaient, cette *populace réfractaire.* Leur exagération est extrême, mandait Lombard à ses amis de Berlin; ils ne tiennent que d'horribles discours, et, si la France était abandonnée à leur vengeance, elle ne serait bientôt qu'un immense tombeau. Le secrétaire royal s'entretint à Trèves avec une comtesse de Bourmont; il croyait que la conversation serait légère et amusante; on causa politique, et la dame, prenant les traits d'une furie, déclara qu'on n'épargnerait pas un seul révolutionnaire[2].

Ce monde de l'émigration, superbe, insolent, étourdi, avide de cruelles représailles, n'inspira donc à l'armée prussienne qu'un sentiment d'aversion et de dégoût. Nous combattons pour eux, disait un officier supérieur dans une lettre que publia la *Minerva* d'Archenholz, mais nous les méprisons et voulons, pour les humilier, conquérir la France sans leur secours. « C'est le rebut de la nation, écrit encore Lombard, et je comprends le dédain profond qu'on montre partout à ces gentilshommes. J'espère que la fleur de la noblesse est restée en France, et que ceux-là seuls ont émigré qui n'ont rien à perdre, ou qui veulent faire fortune, ou qui suivent aveuglément l'impulsion de quelques chefs; la plupart sont des *vauriens.* » Il se promenait un soir dans une rue de Coblenz; des émigrés, échauffés par la boisson, vinrent à passer; parbleu, dit l'un d'eux, en le toisant avec hau-

[1] Témoin oculaire, I, 30-31, 46-47, 51-53; Goguelat, *Mém.* (Mém. sur l'émigr., 1877). 239; Forster, VIII, 218 (lettre du 2 septembre). Voir le supplice raffiné que Senac de Meilhan veut infliger à Necker (Meilhan, *Le gouvernement, etc., portraits*, p. p. de Lescure. 276). La marquise de Lage, rentrant en France au mois de juillet, dit que Lafayette eût été charmé de lui faire un affront et de laisser massacrer par des soldats une femme de bonne compagnie, attachée à ceux qu'il avait offensés. Sa domestique lui montrait de loin les tentes des Français qu'elle prenait pour des troupeaux de moutons; des tigres! répondit la marquise (*Souv. d'émigration*, 1869, p. 5 et 10).

[2] Lombard, *Lettres*, 246; Las Cases, *Mém.*, 18.

teur, je parie que c'est un démocrate. Messieurs, répondit Lombard, je le serai bientôt, si tous les aristocrates vous ressemblent. Ils se turent, ajoute le secrétaire royal, et c'est beaucoup pour un Français [1].

Mais pourquoi insister sur des fautes qui furent si chèrement expiées? Souvenons-nous qu'il y avait parmi les émigrés des gens de cœur, venus du fond de leur province pour servir leur roi sans espoir de récompense. Souvenons-nous que pour beaucoup d'entre eux la place n'était plus tenable en France et que des officiers furent chassés de leurs régiments par les soldats. Souvenons-nous enfin que tous ou presque tous restaient et se disaient Français. Je marchais contre la révolte, écrit Caraman, mais j'étais Français de cœur. Aux fêtes que donna l'électeur de Mayence, les émigrés s'abstinrent de figurer dans les danses ; le jeune Villeneuve Laroche-Barnaud voulait entrer dans une colonne anglaise que menait le prince royal de Prusse ; le duc de Guiche vint lui dire à l'oreille : « Songez que notre roi est prisonnier et que dans quelques jours nous allons combattre des Français. » Comme Mme de Genlis passant près de Mayence et entendant avec douleur les coups de canon dirigés contre la garnison française, comme le régent et le prince de Condé détestant cette Autriche dont ils recevaient les subsides, comme Chateaubriand et Mme de Staël apprenant avec larmes le désastre de Waterloo, la plupart des émigrés aimèrent toujours la patrie. Leur sentiment national fut indestructible. Par une généreuse inconséquence, il leur arriva souvent de s'attrister sur les défaites de la France républicaine et d'applaudir à ses victoires. Après la déroute de Mons, on vit à Coblenz de vieux gentilhommes pleurer l'échec de leurs compatriotes et Monsieur s'écria qu'il avait le cœur déchiré ;

[1] *Minerva*, 1792, p. 503 ; Lombard, *Lettres*, 242. A Verdun, le prince royal de Prusse, invité à souper par Nassau-Siegen et tombant en pleine réunion d'émigrés, se trouvait « très déplacé » en semblable compagnie ; Sombreuil le présentait à son hôtesse, mais le jeune homme, qui « comptait trouver quelque chose d'intéressant », se voyait reçu « de la façon la plus solennelle et la plus ennuyeuse par une vieille dame habillée à l'ancienne mode » ; il s'empressait de prendre congé (*Rémin.*, 155).

« Ce sont, disait-il, des Français qui sont battus, des Français qui s'enfuient! » Un général prussien assurait devant le comte de Provence que les Français avaient besoin d'une telle leçon qu'elle ne pût s'effacer de leur mémoire; prenez garde, répondit le prince, on ne les a pas toujours battus, et ils sauront disputer le terrain [1].

Les émigrés s'alliaient à la Prusse et à l'Autriche; mais ils s'opposaient avec autant d'énergie que les jacobins au démembrement du territoire. S'il faut céder une province, pensait Fersen, pour le rétablissement de la monarchie et de son autorité, il n'y a pas à balancer. Mais Fersen était Suédois. Les émigrés refusaient de faire une seule concession aux dépens de la France. Ils affectaient de croire au désintéressement des coalisés. Ils vantaient adroitement la générosité de leurs alliés qui n'avaient pas, disaient-ils, d'arrière-pensée de conquête. Ils répétaient, comme le marquis de Lambert aux habitants de Longwy, que l'Autriche et la Prusse employaient leurs armes pour porter l'ordre et la paix chez une nation rivale, et non pour la gloire passagère et funeste d'enlever quelques provinces. Ils demandaient instamment les secours de Catherine II, afin de sauvegarder la frontière nationale après la guerre lorsque se règlerait la question des indemnités. Ils comptaient, non sans raison, que la Russie réprimerait les exigences de ses alliés et garantirait les limites de la France [2].

[1] Les plus nobles types de l'émigration sont peut-être d'Argens (voir ses *Mémoires*), ce comte de Bridge dont nous parle Montlosier, Chateaubriand, etc. ; les vrais héros, dit ce dernier, étaient les soldats plébéiens, puisqu'aucun intérêt personnel ne se mêlait à leur sacrifice. Cp. *Mém.* de Caraman, 13 ; Mme de Staël, *Consid. sur la Révol. fr.*, I, 7 ; Montrol, *Hist. de l'émigr.*, 110 ; Las Cases, *Mémorial*, V, 222 (Jeunesse insensée, disait Cazalès, malheur à qui appelle l'étranger dans son pays !) ; Villeneuve Laroche-Barnaud, *Mém. sur Quiberon*, 1819, p. 80 ; *Souv.* de la duchesse de Gontaud, p. 17 ; Malmesbury, *Diary*, II, 413 ; lord Auckland, *Corr.*, III, 60. Cp. encore le mot d'un émigré à François II : « Voilà de quoi battre vos sans-culottes ! — C'est ce qu'il faudra voir » (Mme Campan, *Mém.*, p. 358).

[2] *Fersen*, II, 274-275 (et la corresp. de Bombelles et de Breteuil) ; réponse du marquis de Lambert aux habitants de Longwy (arch. nat., procès de Lavergne).

IV. La petite armée des émigrés avait quitté Coblenz à l'approche des troupes prussiennes. Elle se rendit à Bingen, puis à Trèves et défila (11 août) devant le roi de Prusse qui, malgré la chaleur, tint constamment son chapeau à la main. Le jour où l'on devait franchir la frontière était proche : on voulut implorer solennellement la protection du dieu des armées. L'archevêque de Narbonne, assisté de plusieurs évêques et entouré d'un nombreux clergé, dit la messe dans la cathédrale de Trèves. La foule des émigrés, silencieuse, recueillie, emplissait le chœur et la nef. Mais lorsque l'archevêque entonna le *Domine salvum fac regem*, l'enthousiasme éclata bruyamment, et toutes les voix s'unirent à celle du prélat[1].

On se porta de Trèves sur Grevenmaker, dans le Luxembourg. Ce fut là que Gœthe vit ce campement de gentilshommes qui menaient eux-mêmes leurs chevaux à l'abreuvoir ou chez le maréchal-ferrant. Mais, dit-il, par un contraste singulier, ces futurs combattants qui n'avaient ni domestiques, ni brosseurs, emmenaient avec eux leurs maîtresses, leurs enfants, toute leur parenté ; la prairie où ils campaient était remplie de voitures et de chariots de toute sorte. On avait permis aux femmes de suivre l'armée, et l'empressement, écrit la duchesse de Gontaud, fut général ; « des équipages encore nombreux couvraient les routes, et ce reste d'élégance parisienne, la confiance que chacun témoignait, rendaient ce voyage joyeux ; chacun se séparait gaiement, se donnant presque rendez-vous à Paris[2] ».

De Grevenmaker on se rendit à Stadtbredimus par de mauvais chemins et sous une pluie abondante. On y resta dix jours. Les princes avaient établi leur quartier général dans le château, à un quart de lieue du camp, sans prendre les plus simples précautions pour leur sûreté ; une poignée d'hommes déterminés aurait pu les enlever aisément[3].

Enfin, le 29 août, les émigrés entrèrent en France par

[1] Neuilly, 49 ; Dampmartin, 284-295 ; Strantz, 25.
[2] Gœthe, *Camp. de France*, 12 ; Duchesse de Gontaud, *Mém.*, 18.
[3] Marcillac, 107 ; d'Argens, 53.

Rodemack et Roussy. Le comte d'Artois avait annoncé la prise de Longwy, en ajoutant que les patriotes n'étaient pas si terribles et qu'on les mettrait facilement à la raison. Tout le monde était plein d'ardeur. Les visages ne respiraient que la joie et l'espérance ; on se disait les uns aux autres que la campagne serait de courte durée ; on comptait sur un soulèvement des royalistes de Normandie et de Bretagne; on calculait les jours de souffrance que Louis XVI avait encore à supporter ; on marchait en chantant : *O Richard, ô mon roi!* et *Pauvre Jacques*. Il n'était pas un de nous, raconte Las Cases, qui ne se vit à quinze jours de là chez lui, triomphant, au milieu de ses vassaux humiliés et soumis. La pensée d'un prochain succès adoucissait les désirs de vengeance; une lettre des princes recommandait l'indulgence, et le 28 août, Monsieur avait dit à son entourage que la noblesse française devait prouver à l'Europe qu'elle savait à la fois vaincre ses ennemis et pardonner les erreurs de ses compatriotes[1].

V. Monsieur établit son quartier général à Hettange-la-Grande (30 août), et pendant que son armée, jointe aux Autrichiens de Hohenlohe-Kirchberg, investissait Thionville, Calonne prit ses mesures pour percevoir les contributions.

L'ancien contrôleur des finances s'était fait le gouverneur général civil du pays reconquis. Il se qualifiait « ministre d'État, chargé par les princes français, frères du roi, de faire vérifier l'état des recettes et recouvrements des droits ». Il confiait la perception des contributions aux employés émigrés ; il rétablissait les anciens impôts ; il faisait main basse sur l'argent qui restait dans les caisses des districts. Un M. Ostome, receveur principal des douanes à Sierck et émigré de France au mois de juillet, était chargé de contrôler les registres de recettes dans les districts de Thionville et de Longwy. Un M. Goulard, « administrateur des droits du roi », devait établir dans les pays occupés une régie exacte et suivie

[1] Minutoli, *der Feldzug*, 120 ; d'Argens, 54 ; Contades, 55-56 ; Beaulieu, IV, 78 ; Neuilly, 49 ; Las Cases, *Mémorial*, V, 224.

pour le compte des princes. Il avait sous ses ordres un inspecteur général, M. Laires, des inspecteurs particuliers et tout un personnel de préposés munis de passeports et de leurs anciennes commissions, autorisés à se servir de l'épée et à porter une plaque aux armes de France. Goulard reconnaissait dans ses instructions que la guerre rendait le service de la nouvelle administration à peu près nul, puisque les denrées qui circulaient étaient pour la plupart destinées aux armées. Mais tous les marchands et détaillants devaient se pourvoir d'acquits à caution visés par les commissaires des guerres; s'ils entraient en France avec du sucre ou du café, ils étaient tenus de payer les droits ordinaires; on ne leur remboursait la somme perçue que s'ils présentaient un certificat signé par les officiers auxquels ils avaient vendu leur marchandise[1].

Les princes avaient demandé aux alliés qu'on leur remît la place de Longwy. On leur répondit que la forteresse appartenait au roi de France et non au parti de l'émigration[2]. Mais ils avaient encore assez d'influence pour essayer sur-le-champ dans la petite ville et les environs le rétablissement de l'ancien régime. Le curé constitutionnel avait pris la fuite; on le remplaça par son prédécesseur, Folbeker, qui avait refusé de prêter le serment. On expulsa du district tous les ecclésiastiques *intrus*[3]. On interdit les clubs. On édicta les peines les plus sévères contre quiconque tiendrait des propos séditieux. Deux officiers municipaux de Longwy, Jacqueminot et Béguinet, suspectés de jacobinisme, durent donner leur démission, et, sur l'ordre de Lucchesini, le curé insermenté et deux avocats qu'on croyait royalistes, Thibessard et Courselle, assistèrent aux séances du conseil

[1] *Correspondance originale des émigrés*, 209 et suiv.; cp. Ternaux, IV, 148-149, 530-532.

[2] Häusser, I, 369.

[3] Voir dans la *Gazette de France*, du 2 octobre, le modèle des circulaires : « Il est enjoint aux officiers municipaux de... de rétablir dans l'exercice public des fonctions ecclésiastiques... et aussi d'expulser sur-le-champ tous les prêtres intrus, résidant à..., lesquels seront tenus de se conformer au présent ordre, sous peine de punition corporelle. »

général de la commune. Le maire ne put sortir de la ville sous peine d'être arrêté partout où il serait rencontré. Les gendarmes que le commandant Lavergne avait envoyés à Luckner, furent retenus à Villers-la-Chèvre par les hussards impériaux et remis en liberté sous la condition expresse de porter les ordres du nouveau gouverneur. Un commissaire autrichien, accompagné de deux grenadiers hongrois, vint examiner les registres du receveur du district Nicolas et vérifier sa caisse. Deux émigrés, dont l'un, M. de Villy, se disait « receveur général des princes », ordonnèrent à Nicolas de continuer ses fonctions et d'envoyer à toutes les communes du district une circulaire imprimée qui prévenait la population que tous les impôts seraient désormais perçus au nom des frères de Louis XVI [1]. Deux anciens commissaires des guerres de Sedan et de Longwy, Ruville et Moreau, firent effacer le mot *nationale* au-dessus de la porte de la douane, mirent les registres sous les scellés et déchirèrent de leurs propres mains les placards de l'Assemblée législative affichés à l'hôtel de ville [2].

Mais il importait surtout de provoquer à Longwy une manifestation éclatante en faveur des princes. Déjà les notables d'Audun-le-Tiche avaient, dans une adresse publique, demandé à Monsieur et au comte d'Artois, ces « héros magnanimes », le pardon de leurs erreurs passées. M. de Lambert, commissaire des princes près du duc de Brunswick, fit venir au camp de Praucourt le procureur du district, Bernard, et le secrétaire de la mairie, Collin. Il leur dit qu'on sévirait contre les partisans de la Révolution si l'on n'envoyait pas à Monsieur une adresse de soumission et de repentir signée par les personnes les plus considérables de la ville. Il ajouta que les boutiquiers et les petits marchands devaient « désigner leur qualité au superlatif » et s'intituler négociants. L'adresse, rédigée par l'administrateur du district Lhotte, signée par ses deux collègues Hugot et Jeanjean, par

[1] Nicolas toucha près de 400 francs qu'il avait encore dans sa caisse lorsque les Français rentrèrent à Longwy.

[2] Arch. nat., dossier de la capitul. de Longwy ; *Relation* du siège, 23-25.

Bernard et Collin, fut portée de maison en maison. Tous ceux auxquels on la présenta n'osèrent refuser leur signature, excepté le juge de paix Claude, ancien membre de l'Assemblée constituante, qui fut aussitôt arrêté et envoyé à la citadelle de Verdun. Les habitants de Longwy, disait l'adresse, étaient convaincus que la France ne pouvait subsister sans le pouvoir royal ; ils regardaient Louis XVI comme leur seul et unique souverain; ils priaient Monsieur d'accepter la régence du royaume, de se faire reconnaître en cette qualité par le peuple et les armées et de former lui-même son conseil de gens instruits, éclairés, vertueux, propres au rétablissement du bon ordre. Monsieur félicita les habitants de Longwy; je ne doute pas, leur écrivait-il, que tous les Français n'imitent le grand exemple que vous venez de donner, et je m'estimerai toujours heureux d'avoir été le premier dépositaire de vos véritables sentiments. Il ignorait que la plupart des signataires avaient, dès le lendemain, protesté secrètement contre l'adresse qui leur avait été « suggérée et extorquée » par les agents des princes [1].

Il put se convaincre, le 26 août, lorsqu'il traversa la ville, que la population de Longwy n'avait cédé qu'à la crainte. On a dit qu'il fit une entrée ridicule, qu'il était monté sur un cheval blanc du nom de Commode et tenait à la main une branche d'olivier, symbole de la paix. Ce qu'on sait, c'est que la municipalité se rendit au devant de lui, sur l'ordre du commandant autrichien, et le salua sans prononcer de compliment. Aussi ne fit-il que

[1] *Id.*, Arch. nat., dossier de la capitul. de Longwy; *Corresp. originale des émigrés*, I, 254-264 ; *Relation* du siège de Longwy, 30-33. La protestation, rédigée le 30 août et enregistrée le 22 septembre, était ainsi conçue : « Les soussignés déclarent qu'en signant l'adresse ils n'ont cédé qu'à la force, qu'ils en désavouent et en exècrent le contenu. » Les seuls qui ne la signèrent pas furent Lhotte, Hugot et Jeanjean ; aussi prirent-ils la fuite lorsque les Français rentrèrent dans Longwy. Mais Bernard et Collin qui avaient colporté l'adresse, le maire Guillemard, le receveur Nicolas et l'avocat Courselle qui l'avaient signée, furent transférés dans les prisons de Metz. On réussit à faire évader les quatre premiers. Courselle, que les Prussiens avaient imposé au conseil de la commune, fut traduit devant le tribunal révolutionnaire et acquitté.

passer; il entra par une porte et sortit par l'autre, sans s'arrêter[1].

Quelques jours plus tard (7 sept.) Monsieur et le comte d'Artois quittaient le camp de Hettange-la-Grande et arrivaient à Verdun. On les reçut aussi froidement qu'à Longwy. Le prince royal de Prusse les vit de la fenêtre des dames Morland; il y avait, dit-il sur un ton indifférent, quelques voitures, mais l'événement ne produisit pas une grande sensation. Les frères de Louis XVI logèrent à l'évêché. Verdun devint le rendez-vous de l'émigration. C'était là qu'accouraient les couples séparés par la guerre, et durant quelques jours, raconte un contemporain, la ville fut un autre Paphos[2].

Breteuil entrait à Verdun presque en même temps que les princes. Il représentait le roi; il s'efforça de rétablir l'ancien ordre de choses. Les Prussiens n'avaient pas changé l'administration; ils avaient gardé le maire, le conseil général de la commune, le directoire du district. Mais le 12 septembre, le gouverneur Courbière, à l'instigation de Breteuil, imposa deux nouveaux membres à la municipalité[3]. Les corps administratifs durent prêter serment de fidélité au roi de France et de Navarre entre les mains d'un officier qu'on nommait le grand juge. La formule du serment était ainsi conçue : « Je jure fidélité à mon roi Louis XVI de France et de Navarre, de lui obéir en tout ce qui concernera le service du roi, de même de ne rien entreprendre contre Sa Majesté prussienne, mais en tout cas, de vivre et de mourir fidèlement à mon roi[4]. » On hissa le drapeau blanc sur une

[1] *Relat.* du siège, 27; *Rémin.*, 155.

[2] *Rémin.*, 155; Mérat, *Verdun en 1792*, 127; lettre de M. Jussy au *Franc-parleur de la Meuse*, citée par Mérat.

[3] Lamèle, ancien procureur au bailliage et greffier de la maréchaussée, en dernier lieu avoué et receveur principal à la vente aux sels, et Barthe, avocat en parlement au bailliage et secrétaire de la subdélégation, puis receveur de la commune et juge de paix. Tous deux furent condamnés à mort par le tribunal révolutionnaire et exécutés le 5 floréal an II. Un arrêté du comité de sûreté générale, rendu le 15 vendémiaire an III en faveur de plusieurs habitants de Verdun émigrés ou suspects, reconnut l'innocence de Barthe et ordonna sa mise en liberté.

[4] Biblioth. de Verdun, *Verdun-Révol.*, II, p. 46; lettre de Ternaux

des tours de la cathédrale. L'évêque constitutionnel Aubry avait quitté Verdun pour se rendre à l'assemblée électorale de Gondrecourt et s'était bien gardé de revenir. On réinstalla dans le palais épiscopal son prédécesseur l'évêque insermenté Desnos[1]. On réintégra dans leurs bénéfices les chanoines et les curés dits réfractaires. On chassa de la ville les prêtres assermentés et les plus chauds partisans de la Révolution, entre autres le médecin Lespine, membre de la municipalité, le même qui avait constaté le décès de Beaurepaire. Jean-Baptiste Georgia, président du tribunal du district et Périn, directeur de la poste aux lettres, furent jetés en prison « comme patriotes ». Dom Etienne Ybert, ancien procureur général du couvent des Bénédictins de Saint-Vanne, vicaire épiscopal de la Meuse et plus tard bibliothécaire de Verdun, fut enfermé pendant vingt-deux jours dans la citadelle. A Etain et dans les environs, le prévôt général de l'armée des princes fit arrêter par les cavaliers de la gendarmerie nationale ou, comme on disait, de la maréchaussée, tous les citoyens coupables d' « avoir tenu des mauvais propos et des menaces propres à échauffer la tête du peuple ». En une seule journée, on amena d'Etain à la citadelle de Verdun onze prisonniers. Des sauvegardes furent envoyées aux plus énergiques adhérents de la royauté, par exemple à l'émigré Fournier de Dugny, ancien sous-lieutenant au 2e dragons et à son beau-frère de la Bessière, seigneur d'Ancemont. « J'ai ordre, écrivait Fournier au maire d'Ancemont, de vous prévenir de la part du prince de Hohenlohe de ne faire contribuer en rien M. de la Bessière, l'intention des princes étant que ses propriétés soient respectées, comme les miennes le sont à Dugny ; sinon, vous en répondrez personnellement et votre village serait mis au pillage[2]. »

et de Gossin au directoire de la Meuse, billet signé Nordmann, juge-auditeur.

[1] Son premier soin fut de purifier la cathédrale ; il s'y promena gravement — dit le conventionnel Cavaignac dans un curieux passage de son rapport — à la tête de son clergé, pour la purifier de l'intrusion, avec des gestes et des contorsions magiques.

[2] Témoin ocul., I, 141 ; Roussel, *Hist. ecclés. de Verdun*, II, 96 ; lettre d'André, Sutières et Fréron, *Révol. de Paris*, XIII, 487 ; pé-

Mais Breteuil ne trouvait dans les Prussiens, ses alliés, que d'indociles instruments, plus portés à l'indulgence qu'à la rigueur. « Rien de ce qui nous regarde, écrivait-il à Fersen, ne se fait en règle; il n'y a pas un objet sur lequel il ne faille aller doucement quand tout requerrait promptitude, et vous ne sauriez vous faire d'idée à quel point la généralité et les sous-ordres sont contraires aux mesures qui peuvent rétablir notre antique administration. » Courbière avait fini par déclarer qu'il n'enfermerait plus à la citadelle que les Français qui seraient pris les armes à la main ou dont il ordonnerait l'arrestation. Breteuil pria Lucchesini, qui venait d'arriver à Verdun, d'être plus dur envers une population récalcitrante; mais, disait-il avec dépit, « Lucchesini n'a pas l'autorité ministérielle, et c'est de plus un étranger, un Italien: jugez d'après cela le chapitre des ménagements. Aujourd'hui seulement, 12 septembre, quelques factieux seront arrêtés et mis en prison pour servir d'exemple ; jusqu'ici les plus méchants se montraient encore avec le front de l'assurance : ils y célébraient comme si les jacobins dominaient dans la ville[1]. »

Il supplia Frédéric-Guillaume de châtier Varennes. C'était, aux yeux de l'émigration, la ville la plus coupable de France après Paris, et celle qu'il fallait traiter le plus rigoureusement. Si les émigrés entrent, s'écriait dès 1791 devant Marie-Antoinette une dame de la cour, je compte qu'ils foudroieront Varennes. Fersen écrivait que puisque Verdun était pris, on devait punir Varennes. Il me paraît, mandait au maréchal de Castries Mallet du Pan, qu'on a totalement abjuré les mesures de sévérité, et nous n'avons pas appris qu'on ait fait encore aucun exemple sur Varennes. Tous les émigrés voulaient livrer cette ville au pillage et à l'incendie. Mais, disait tristement Breteuil, le duc de Brunswick ne veut pas qu'on lui reproche des sévérités comme en Hollande, et le roi de Prusse est le meilleur des hommes; je ne croirai à

tition de dom Ybert, 3 ; arch. municip. de Verdun, nos 7 et 8 ; arch. nat., W, 352, doss. 718, III, p. 7 et 7 *bis*.

[1] *Fersen*, II, 367-368 et 373. Arch. municip. de Verdun, 1792, n° 8, mém. de Brunelly à M. de Bressac. Ce ne fut que le 16 septembre que Breteuil réussit à rétablir solennellement l'évêque et les chanoines.

l'exécution de Varennes qu'autant qu'elle sera faite[1]. L'exécution n'eut jamais lieu.

VI. Breteuil avait, il est vrai, de plus graves soucis que le sac de Varennes : il combattait l'influence de plus en plus prépondérante des comtes de Provence et d'Artois.

Il réussit à se débarrasser de Calonne, son rival. Le favori des princes faisait à Frédéric-Guillaume les honneurs du château de la Malgrange qui appartenait à son neveu, le marquis de Fouquet, lorsqu'il reçut l'ordre de quitter l'armée. Breteuil avait exigé son renvoi, et les frères de Louis XVI, un peu revenus de leurs illusions, avouaient que Calonne avait gaspillé leur argent[2].

Mais une affaire plus importante que la disgrâce d'un favori se débattait au quartier général des alliés. Monsieur voulait se faire reconnaître régent du royaume de France par la Prusse et l'Autriche. Déjà, au camp de Montfort, à la nouvelle du 10 août, Nassau-Siegen avait proposé de donner ce titre au comte de Provence ; ce serait, disait-il, un avantage incalculable si l'on savait en tirer parti. Brunswick, Bischoffswerder, le roi de Prusse avaient accueilli sa proposition sans répugnance. Mais Caraman et le prince de Reuss eurent vent de la démarche de Nassau ; ils accoururent de Luxembourg. Reuss déclara qu'on ne pouvait prendre une si grave résolution sans l'assentiment de l'empereur. Caraman ajouta qu'il fallait entendre auparavant le baron de Breteuil, véritable représentant de Louis XVI. On résolut d'attendre la réponse du ministère autrichien et l'arrivée de Breteuil.

La question fut tranchée le 9 septembre à Verdun dans une conférence à laquelle assistaient Schulenbourg, Reuss, Nassau-Siegen, Breteuil. Le comte de Provence était représenté par M. de Moustier, le marquis de Lambert et l'abbé Marie. Moustier lut un mémoire

[1] *Corresp.* entre Mirabeau et La Marck, III, 286 ; *Fersen*, II, 361 et 367 ; Mallet du Pan au maréchal de Castries, *Monit.* du 5 novembre (lettre du 17 septembre) ; Lombard, *Lettres*, 247 (mot du comte de Bourmont).

[2] *Fersen*, II, 34 ; Dampmartin, *Mém.*, 203.

des princes, qui démontrait la nécessité d'un centre d'autorité ; Monsieur devait prendre, non pas le titre de lieutenant-général du royaume qu'avaient porté Antoine de Navarre et Gaston d'Orléans, mais, à l'exemple de Marie de Médicis et d'Anne d'Autriche, le titre de régent qui donnait seul la plénitude du pouvoir royal. Mais Schulenbourg n'avait jamais aimé les émigrés : il était profondément blessé d'avoir été tenu à l'écart de la négociation, car ni le roi, ni Bischoffswerder, ni Brunswick ne l'avaient consulté ; il donna donc, selon sa propre expression, un avis négatif au possible. Louis XVI, disait-il, sera ou bien délivré par les alliés, ou bien mis à mort par les jacobins, ou bien encore emmené dans le midi de la France. S'il est immolé par la populace, nous reconnaîtrons volontiers les droits de Monsieur à la régence. S'il est emmené dans le Midi, nous nous bornerons à châtier Paris et à faire justice des principaux rebelles ; Monsieur sera proclamé régent, il s'entourera des régiments de ligne qui seront rentrés dans le devoir et de troupes suisses et hessoises, il organisera la contre-révolution dans les provinces conquises par les alliés. Mais, ajoutait Schulenbourg, Louis XVI vit encore, et nous allons à son secours. A quoi bon créer une régence qui ne serait qu'un fantôme de royauté, qui n'aurait que l'apparence de l'autorité, qui ne ferait qu'augmenter l'anarchie ? C'était l'avis de Breteuil ; il n'y a rien à gagner, disait le baron, dans cette régence chimérique, puisque la délivrance du roi est prochaine. L'intervention du prince de Reuss termina le débat ; l'empereur était contraire au vœu des princes et le roi de Prusse avait promis de suivre la même ligne de conduite que ses alliés [1].

Breteuil l'emportait. Il se crut désormais premier ministre et maître de l'État. Il distribua les portefeuilles. Il donnait la guerre à La Galissonnière, la marine à Moustier, les sceaux à Barentin, les affaires étrangères à Bombelles, le ministère spécial de Paris à Laporte,

[1] Nassau-Siegen, 338-339 ; Goguelat, *Mém.*, 240-241 ; *Fersen*, II, 353 ; Ranke, *Ursprung*, 297 ; *Monit.* du 23 octobre (lettre des princes à Moustier) ; Beaulieu, IV, 156-157.

les finances à l'évêque de Pamiers qu'il regardait comme « un homme d'ordre et de fermeté » et qui serait assisté d'un conseil de six personnes, La Tour, d'Amécourt, Fouache, négociant du Havre, etc. Il renouvelait le personnel diplomatique ; il laissait le duc de la Vauguyon en Espagne, le comte de Saint-Priest en Russie, etc.[1].

Il essayait en même temps, de concert avec Fersen, de gagner des partisans à Louis XVI et de trouver à Paris, dans l'Assemblée, dans les armées, des hommes qui tenteraient de sauver le roi, la reine et le dauphin. Il craignait pour la vie des prisonniers du Temple. Il ne doutait pas que les jacobins, les *scélérats*, comme il les appelait, s'enfuiraient à l'approche des Prussiens. Mais que feraient-ils de la famille royale ? Pouvait-on raisonner avec des fous et des forcenés ? Il fallait donc, se disaient Breteuil et Fersen, que dans le désordre et l'anarchie qui précéderaient l'entrée des alliés, un homme à la fois influent et dévoué se fît le protecteur du roi, de la reine et de leurs enfants. Le seul homme en qui Fersen eût confiance, était Acloque, chef de la deuxième légion de la garde nationale. « Il a l'avantage, écrivait le Suédois, d'être connu de la canaille et l'avoir menée longtemps ; il s'est dans tous les temps bien montré pour le roi ; il a même rendu des services. Il a assez d'esprit pour sentir ce qu'il doit réparer ; il a des vengeances particulières à exercer ; il a été opprimé ; il sent que son parti est anéanti pour jamais ; il veut écraser celui des jacobins. Tout le détermine évidemment à se déclarer pour Louis XVI. C'est d'ailleurs un homme qui peut être fort utile pour *la recherche des coupables d'une classe plus obscure.* »

Fersen pensait même qu'on ferait bien de négocier avec l'Assemblée dès qu'on serait à Châlons. Il fallait, à son avis, tout sacrifier pour assurer l'existence du roi et de sa famille, ralentir au besoin la marche des troupes prussiennes, prodiguer aux révoltés les plus belles promesses. Breteuil entrait avec ardeur dans les vues de

[1] *Fersen*, II, 336 et 341. L'évêque de Pamiers, César de Bonneval d'Agoult, était l'amant de la fille de Breteuil, Mme de Matignon.

Fersen ; oui, lui répondait-il, il faut leurrer ces gueux de Parisiens, leur promettre hautement leur pardon, assurer tout bas les plus coupables de la clémence royale, en un mot, faire des ouvertures pacifiques et bienfaisantes.

Un ancien député de la Constituante, le baron de Batz, devait entamer cette négociation secrète avec les factieux. C'est ce même Batz, conspirateur infatigable, qui réussit plus tard à pénétrer dans le Temple et brava si longtemps les recherches de la police révolutionnaire. Mais, disait Fersen à Breteuil, vous savez que sa réputation n'est pas des meilleures, qu'il est regardé par beaucoup comme un chevalier d'industrie et nos ennemis ne manqueraient pas de dire que vous ne vous entourez que de gens de cette espèce ; n'ayez pas l'air de lui donner trop de confiance et dites que vous vous servez de lui à cause de ses liaisons banquières.

Breteuil tenta même de négocier avec Dumouriez. Il lui dépêcha successivement deux émissaires, et de Moustier écrivit au général pour lui rappeler les conversations qu'il avait eues avec lui. Dumouriez déchira froidement la lettre du comte de Moustier en petits morceaux ; je répondrai, dit-il, à coups de canon.

Il n'y a donc rien à faire avec ce drôle ! s'écria Breteuil. En désespoir de cause, il imagina de s'adresser à la maîtresse de Dumouriez, la baronne de Barruel-Beauvert, dite la baronne d'Angel : c'était la sœur de Rivarol qui se trouvait ainsi, selon le mot de Camille Desmoulins, le frère *in partibus* de Dumouriez [1]. Déjà, lorsque le général commandait le camp de Maulde, Breteuil conseillait à Rivarol de donner rendez-vous à Dumouriez sur la frontière pour « bien l'endoctriner ». Cette fois, Rivarol aurait écrit à sa sœur de se rendre au camp de Dumouriez ; elle aurait prié son amant de se retirer sous les murs de Paris, de soulever son armée en faveur du roi, de tirer du Temple Louis XVI et sa famille, de faire la paix avec les alliés ; je ne sais point de bornes, disait Breteuil, à mettre aux grâces que Dumouriez pourrait

[1] *Hist. des Brissotins*, 38.

demander pour lui et ses adjoints en pareille circonstance.

Le baron chargea Fersen de faire des ouvertures à Rivarol. La négociation n'eut pas lieu ou n'aboutit pas. Le brillant causeur répugnait-il au métier que lui proposait Breteuil et croyait-il se charger d'une vilaine besogne ? Fersen ne voyait-il dans Rivarol qu'un homme de plume passablement sceptique et moins docile qu'un Limon? Quoi qu'il en soit, il déclara qu'il fallait se passer de Rivarol et recourir à Sainte-Foix, ancien agent de la cour, grand agioteur, lié avec tous les partis, ami de Danton et de Talleyrand. On aurait envoyé à Sainte-Foix une lettre ostensible et conçue en termes très vagues; entre les lignes, la nièce de Breteuil, Mme de Matignon, écrirait les propositions du parti [1].

VII. Voilà ce qu'avaient fait les émigrés jusqu'à l'heure où les alliés s'enfonçaient en Champagne. La plupart croyaient toucher au terme de l'expédition; encore quelques jours, et le drapeau blanc flotterait dans la capitale. L'arrivée des armées étrangères à Paris, dit Bertrand de Molleville, me paraissait indubitable et très prochaine depuis la prise de Verdun; il ne restait plus à gagner qu'une bataille que le mauvais temps empêchait de livrer, mais je n'avais pas le moindre doute que le premier jour où la pluie cesserait, l'armée de Dumouriez ne fût taillée en pièces; l'impatience de voir ce beau jour me réveillait et me faisait lever plusieurs fois dans la nuit, pour aller voir le temps qu'il faisait, et je quittais toujours ma fenêtre en maudissant cette pluie fatale qui semblait ne devoir jamais finir [2].

Néanmoins, quelques émigrés, voyant l'opiniâtre résistance de la nation et les lenteurs de Brunswick, commençaient à craindre que ces belles espérances ne fussent trompées dans la suite de la guerre. J'ai toujours vu du louche dans cette aventure-là, mandait le prince

[1] *Fersen*, II, 360-361. 370. 377.
[2] *Mém. partic.*, 1816, II, 224-225.

de Condé à son fils, et je crois qu'elle finira encore plus mal; il y a une main invisible qui retient et empêche de tenter des succès plus que certains[1]. On avait cru que la reddition de Longwy et de Verdun entraînerait la soumission du pays entier et la défection des troupes de ligne. On oubliait que ni Longwy ni Verdun ne s'étaient rendus au premier coup de canon. Partout les officiers émigrés sollicitaient leurs camarades, restés fidèles à la nation, de se joindre à l'armée des alliés; partout ils éprouvaient un refus. Un ami de Lavergne le priait d'ouvrir les portes de Longwy au duc de Brunswick en ajoutant qu'un pareil zèle ne resterait pas sans récompense; Lavergne lisait la lettre aux corps administratifs. Le baron de Fumel écrivait à Custine que, s'il livrait Landau, les princes le maintiendraient dans son grade de lieutenant-général et rétabliraient ses affaires personnelles; Custine faisait imprimer la lettre et la distribuait à profusion dans son camp. Les soldats, rapporte Dampmartin, se resserraient autour des enseignes nationales et les habitants cherchaient un refuge loin de leurs foyers. On nous avait assuré, dit Caraman, que la population s'empresserait d'aller au-devant de nous, mais on nous faisait un accueil peu encourageant, et je reconnaissais les progrès de l'esprit révolutionnaire. « Nos compatriotes, raconte Las Cases, ne nous témoignaient que de l'éloignement et de la répugnance; quelques seigneurs châtelains ou autres venaient nous joindre, mais la masse entière de la population fuyait à notre approche; on nous considérait hostilement avec l'œil du reproche et le silence morne de la réprobation. Un jour, on nous logea dans une assez belle maison, à Etain; tous les propriétaires avaient disparu, à l'exception de deux jeunes demoiselles très jolies. Nous voulûmes faire les aimables. Messieurs, dit assez aigrement l'une des deux amazones, nous sommes restées parce que nous nous sentons le courage de vous dire en face que nos prétendus sont en armes contre vous, et qu'ils ont nos vœux

[1] Condé au duc de Bourbon, 31 août (De La Boutetière, *L'armée de Condé*, 1869, p. 6).

au moins autant que nos cœurs. Nous allâmes nous loger ailleurs [1]. »

L'invasion prussienne, annoncée depuis le mois de mai, n'avait entamé la frontière française que le 19 août; elle avait pris Longwy quatre jours plus tard; elle venait de s'emparer de Verdun (2 sept.). Mais celui qui la dirigeait ne se méprenait pas sur l'importance de ces succès et ne partageait pas la confiance excessive qu'ils inspiraient à son entourage. L'armée de Sedan et celle de Metz que Brunswick avait séparées l'une de l'autre, étaient encore intactes et pouvaient se rejoindre par un long détour. Les Autrichiens, il est vrai, observaient l'une et l'autre : Clerfayt se rapprochait de Stenay; Hohenlohe-Kirchberg investissait Thionville et envoyait des partis de cavalerie aux environs de Metz. Mais ni Clerfayt ni Hohenlohe-Kirchberg n'étaient assez hardis et assez forts pour tenir en respect les généraux français. Dumouriez, laissant Clerfayt s'établir aux environs de Stenay, allait quitter Sedan et, à tire d'aile, occuper les principaux défilés de l'Argonne, Grandpré et les Islettes. Kellermann, laissant Hohenlohe-Kirchberg bloquer Thionville, allait quitter le camp de Frescaty et, par Toul et Bar-le-Duc, se porter lentement au sud de l'Argonne à la rencontre de son collègue. Après diverses péripéties et grâce aux fautes de l'adversaire, les deux armées devaient faire leur jonction à la veille même de la journée qui décida de l'issue de la campagne. Vainement Dumouriez fut forcé dans son poste de Grandpré. Vainement son armée fut saisie d'une terreur panique. Brunswick perdit un temps précieux; ses troupes s'embourbèrent dans les routes de l'Argonne, et, comme les Suédois se traînant vers Pultava pour y trouver leur défaite, les Prussiens arrivèrent devant le tertre de Valmy, diminués, dégoûtés de la guerre, épuisés par les

[1] Lettre de l'émigré d'Allebrade à Lavergne (*Monit.* du 2 septembre) ; lettre de Custine (*Monit.* du 18 août) ; Dampmartin, *Mém.*, 302 ; Caraman, *Mém.*, 13 ; Las Cases, *Mémorial*, III, 109, et V, 226-227 ; Montrol, *Hist. de l'émigr.*, 110.

marches, les maladies et la faim. Il suffisait de faire face a un pareil adversaire, et le 20 septembre, lorsque s'engagea la plus violente canonnade qu'on eût entendue depuis longtemps, l'armée française tint bon et personne ne lâcha pied. A vrai dire, la victoire fut indécise, mais dans leur situation, les Prussiens devaient la gagner; ils étaient donc battus, et l'adversaire leur devenant supérieur par le nombre et par les ressources dont il disposait dans son propre pays, il ne leur resta plus qu'à se retirer.

FIN.

TABLE

CHAPITRE Ier

LA DÉCLARATION DE GUERRE.

CHAPITRE II

L'ARMÉE FRANÇAISE.

CHAPITRE III

L'ARMÉE PRUSSIENNE.

CHAPITRE IV

FONTOY.

CHAPITRE V

LONGWY.

CHAPITRE VI

METZ.

CHAPITRE VII

VERDUN.

CHAPITRE VIII

LES ÉMIGRÉS.

ERRATUM

P. 77, ligne 23, au lieu de « lé 1er de la Haute-Saône », lire *le 1er de Saône-et-Loire*:

P. 87, ligne 17, lire *Boyé* et non « Boyer »;

P. 144, ligne 24, lire On sait *du reste* ;

P. 210, ligne 25, au lieu de « 8e, 30e et 62e régiments », lire *50e 62e et 96e régiments*.

VERSAILLES, IMPRIMERIE CERF ET FILS, RUE DUPLESSIS. 59.

www.ingramcontent.com/pod-product-compliance
Ingram Content Group UK Ltd.
Pitfield, Milton Keynes, MK11 3LW, UK
UKHW021054270726
13967UKWH00012B/1200